香港杏范教育基金会资助出版

电子商务企业模式创新
典型案例分析
（第4辑）

主　编　杨坚争　张宝明

副主编　朱小栋　杨立钒　牛天娇　邢晶晶

中国商务出版社
CHINA COMMERCE AND TRADE PRESS

内 容 提 要

由香港杏范教育基金会资助的"沪杏杯"电子商务企业调研大赛，是香港杏范教育基金会与上海理工大学电子商务发展研究院共同举办的电子商务企业模式创新典型案例调研比赛。本书汇集了第四届"沪杏杯"电子商务企业模式创新典型案例调研大赛的 15 件获奖作品。这些作品从不同角度反映了我国电子商务企业在模式创新方面所做的积极探索，总结了具有可推广价值的典型案例，同时也反映了大学生通过调查对电子商务企业改革创新的深刻认识。本书对于电子商务企业模式创新和传统企业转型发展具有重要的参考价值，也为广大教育工作者引导大学生开展企业实际调研提供了参考文本。本书也可作为大专院校电子商务专业案例教学的参考书。

图书在版编目（CIP）数据

电子商务企业模式创新典型案例分析．第 4 辑/杨坚争主编 . —北京：中国商务出版社，2018.12
ISBN 978-7-5103-2740-7

Ⅰ.①电… Ⅱ.①杨… Ⅲ.①电子商务–商业模式–案例–中国 Ⅳ.①F724.6

中国版本图书馆 CIP 数据核字（2018）第 120536 号

电子商务企业模式创新典型案例分析（第 4 辑）
DIANZI SHANGWU QIYE MOSHI CHUANGXIN DIANXING ANLI FENXI (DI SI JI)
主　编　杨坚争　张宝明
副主编　朱小栋　杨立钒　牛天娇　邢晶晶

出　　　版：中国商务出版社
地　　　址：北京市东城区安定门外大街东后巷 28 号　　邮　　编：100710
责任部门：商务事业部　010-64245686
总 发 行：中国商务出版社发行部（010-64266193）
直销电话：010-64245686
网　　　址：http://www.cctpress.com
邮　　　箱：cctpress1980@163.com
排　　　版：北京科事洁技术开发有限责任公司
印　　　刷：北京九州迅驰传媒文化有限公司
开　　　本：787 毫米×1092 毫米　　1/16
印　　　张：15　　　　　　　　字　　数：334 千字
版　　　次：2019 年 6 月第 1 版　　印　　次：2019 年 6 月第 1 次印刷
书　　　号：ISBN 978-7-5103-2740-7
定　　　价：58.00 元

序 言

2017 年是我国电子商务发展平稳增长的一年，全国电子商务交易额达 29.16 万亿元，同比增长 11.7%。在促消费方面，我国电子商务优势进一步扩大，网络零售规模全球最大、产业创新活力世界领先。网上零售额 7.18 万亿元，同比增长 32.2%，实物商品网络零售对社会消费品零售总额增长的贡献率达 37.9%，对消费的拉动作用进一步增强。在促就业方面，电子商务带动的相关行业发展迅速，2017 年全国快递服务企业业务量累计完成 400.6 亿件，同比增长 28%；电子商务直接从业人员和间接带动就业达 4250 万人。在带动农村经济发展方面，2017 年农村网络零售额同比增长 39.1%，农产品网络零售额同比增长 53.3%，农村电商有效拓宽了农村边远地区的消费渠道，推动农业结构升级。

2017 年，在政府和市场共同推动下，我国电子商务发展更加注重效率、质量和创新，取得了一系列新的进展。在壮大数字经济、共建"一带一路"、助力乡村振兴、带动创新创业、促进经济转型升级等诸多方面发挥了重要作用，成为我国经济增长的新动力。

2017 年，面对极其错综复杂的国内外形势，我国电子商务企业不畏艰难，大胆探索，在实践中摸索出来许多新的模式和方法。诸如"闲鱼"二手商品交易平台的交易流程、"易果生鲜"的全渠道运营体系、"小红书"跨境进口的电商社区模式、"EVCARD"电动汽车的分时租赁等，"智能云科"的工业互联＋智能制造＋在线交易运营模式、"微课信息"的微客在线教育等，都非常有特色。认真总结和提炼这些模式和方法，不仅对于快速发展的我国电子商务企业具有非常重要的借鉴意义，而且对于正在转型过程中的传统企业也有很好的借鉴意义。

毛泽东同志说过，"没有调查就没有发言权。"[①] 特别是对于电子商务这样一个新生事物，通过调研引导大学生充分认识这一新事物在国民经济发展中的重要作用，引领大学生接触世界经济发展的最前沿，激发他们的创新热情和投身前沿领域的重要措施。上海理工大学电子商务发展研究院充分认识到调研对大学生综合素质提高的必要性，在香港杏范教育基金会的

---

① 毛泽东. 反对本本主义 [G] // 毛泽东选集（第一卷）. 北京：人民出版社，1991.

资助下，共同举办了第四届"沪杏杯"电子商务企业调研大赛。比赛采用"研究生和本科生共同组队参赛"的形式，以研究生带动本科生一起参与调研，提高了整个学校的调查研究风气。该项比赛引导学生学习如何走进企业，如何对一个企业进行全面分析，如何将企业宝贵的实践经验归纳总结，上升为可推广、可复制的理论模型。学生通过深入企业调研，将所学的知识应用到实践中去，进一步促进了理论与实际的联系。同学们通过比赛，还学会了如何开展团队合作，学会了如何在团队中更好地发挥自己，提升了团队协作的能力。

本次调研范围非常广泛。在旅游电商领域，有携程网等；在跨境电子商务领域，有小红书、网易考拉海购等；在生鲜电商领域，有易果生鲜、盒马鲜生等；在电子商务的一些新领域，如共享经济领域（如闲鱼二手交易网站）、新东方在线教育、数字营销领域和社区电商领域，同学们也都进行了大量的调研。2017 年我国传统企业积极开拓线上市场，参赛同学分别对苏宁云商、百联等传统企业转型电子商务的平台进行了调研，总结传统企业转型的新思路和新途径。

本书出版得到香港杏范教育基金会、上海理工大学电子商务发展研究院、上海市一流学科（S1201YLXK）、上海理工大学国际商务专业学位研究生实践基地建设项目、国家社科基金重大项目（13&ZD178）上海张江国家自主创新示范区人才培养产学研联合实验室的资助。在出版过程中，得到上海理工大学管理学院的支持，也得到中国商务出版社赵桂茹编辑的大力协助。华东政法大学杨立钒副教授对本书进行全文校对指导，牛天娇、邢晶晶同学参与了全程的编辑，在此表示衷心的感谢。

大学生深入基层开展调研活动是提高大学生素质的一项重要途径。笔者希望通过本书的出版，能够调动更多的大学生参与这项活动。书中不足之处，恳请业内专家和关心大学生电子商务能力发展的人士给予斧正。

主　编

2018 年 11 月 5 日

目　　录

导　言

电子商务调查报告写作指导

华东政法大学　　杨立钒

调查报告是调查研究成果的书面文字载体，是应用文体的一种。调查报告同其他文章一样，有着共同的写作原则、方法和规律，但又有其特殊的写作原则、方法和规律。

要写好一篇调查报告，不但需要懂得写文章的一般道理和方法，而且更需要懂得和掌握调查报告写作的要领。

一、撰写调查报告的五大要领

撰写一篇好的调查报告，需要掌握五个要领：

（一）必须懂得和掌握调查报告写作的指导思想、出发点和目的

即从实际出发，提出问题、分析问题、解决问题；需要撰写电子商务调研提纲，明确调研的主要内容。

（二）必须懂得和掌握调查报告的构成要件

即有情况、有问题、有分析、有对策，这是一篇调查报告应当具有的四大要件。但四大要件不是互不相干的，而是应当具有内在的、必然的和因果的联系。不能离开情况谈问题，也不能离开情况和问题去做分析，当然更不能离开情况、问题和分析去拟订对策。只有抓住主题，抓住事物的内在联系，才能写出情况明、问题准、分析透、对策好的调查报告。

（三）应当懂得和掌握调查报告写作的基调和最基本的特征

调查报告必须让事实说话，让材料说话，让数据说话，让典型说话。

（四）要懂得和正确处理观点与材料的关系

一篇调查报告既要有材料，又要有观点，两者同等重要，缺一不可。观点来源于材料，由占有材料中形成观点；观点统帅材料，材料说明观点，观点与材料统一；同时，还要正确处理观点与材料之间数量关系。

（五）应当注意把握调查报告的文风

如实、准确、鲜明，是调查报告的文风特点。第一，体现在调查报告的总体和主

题上，务必使反映总体和主题的材料、数据和典型事例件件都准确、鲜明、真实。第二，调查报告的标题，要讲究准确性和鲜明性。第三，调查报告的结构布局也要注意体现准确性和鲜明性。第四，要注意语言的准确性和鲜明性。

二、调查报告的基本结构

调查报告的基本结构包括三个部分。

（一）引言

1. 阐明调查的目的，交代调查主体。

2. 说明选择的调查方法：问卷、高层访谈、现场考察等。

3. 说明调查样本、调查数据处理的思路。

（二）正文

1. 调查情况介绍。

2. 对材料和数据的分析（包括建模和数据检验）。

3. 对问题及原因的分析。

4. 对策建议。

（三）结束语

1. 调查的基本结论。

2. 本次调查存在的问题及改进的方向。

三、调查报告示范文本

《湖南农民运动考察报告》① 是 1927 年 3 月 5 日由毛泽东发表，此文是为了答复当时党内党外对于农民革命斗争的责难而写的。为了这个目的，毛泽东到湖南做了 32 天的考察工作，并写了这一篇报告。当时党内以陈独秀为首的右倾机会主义者，不愿意接受毛泽东的意见，而坚持自己的错误见解。他们的错误，主要是被国民党的反动潮流所吓倒，不敢支持已经起来和正在起来的伟大的农民革命斗争。《湖南农民运动考察报告》提出了解决中国民主革命的中心问题——农民问题的理论和政策。

该报告具有五个鲜明的特点：有全面确凿的事实、有中肯深刻的分析、有鲜明深邃的观点、有凸显个性的特色、有切实管用的建议。

该报告主要包括两个部分：农村革命和 14 件大事。

第一部分 农村革命，包括如下几个问题：

一、农民问题的严重性

---

① 毛泽东．湖南农民运动考察报告［G］．//毛泽东选集（第一卷）．北京：人民出版社，1991.

二、组织起来

三、打倒土豪劣绅，一切权力归农会

四、"糟得很"与"好得很"

五、所谓"过分"的问题

六、所谓"痞子运动"

七、革命先锋

第二部分　14件大事，包括具体的14件农村革命中突出的新事物：

第一件　将农民组织在农会里

第二件　政治上打击地主

第三件　经济上打击地主

第四件　推翻土豪劣绅的封建统治——打倒都团

第五件　推翻地主武装，建立农民武装

第六件　推翻县官老爷衙门差役的政权

第七件　推翻祠堂族长的族权和城隍土地菩萨的神权以至丈夫的男权

第八件　普及政治宣传

第九件　农民诸禁

第十件　清匪

第十一件　废苛捐

第十二件　文化运动

第十三件　合作社运动

第十四件　修道路，修塘坝

四、电子商务调查报告的写作方法

（一）选题

企业电子商务调查报告主要针对三类企业：

1. 纯粹的电子商务企业，主要调查企业的基本状况、涉及的运营领域和环境、竞争对手与竞争状况、经济效益、发展中存在的问题、需要哪些政府的政策或资金支持等。

2. 转型中的传统企业，主要调查企业的基本状况、运营环境和外部市场压力、经济效益、转型的速度和转型中存在的问题、同类企业的现状、需要的政府指导和帮助等。

3. 尚未开展电子商务的传统企业，主要调查企业的基本状况、运营环境、经济效益、没有采用电子商务的原因、是否有转型的需求、对世界市场的认识、关联企业的影响等。

4. 电子商务园区。电子商务企业聚集地的管理与运作。

（二）调查时需要注意的若干问题

1. 为什么中国电子商务发展速度世界领先？

2. 为什么上海市的电子商务企业长不大？为什么不选择上海？上海的电子商务生态环境有什么问题？

3. 电子商务企业有哪些模式创新？

4. 企业发展电子商务过程中遇到的主要问题是什么？

5. 转型中的传统企业主要有哪些困难？

6. 企业迫切需要政府解决的有哪些问题？上海市现有政策需要做哪些调整？

7. 除了政策倾斜和资金支持外，政府还应关注电子商务哪些方面的推动？

（三）写作要求

1. 调查报告应覆盖企业的基本情况、运作模式、特点、效益、问题、思路与措施。

2. 统一用文档结构图，能够提取目录。

3. 图片要清晰。

4. 注释要规范。

1. "闲鱼"二手交易平台

参赛团队：上海理工大学 EMC 团队

参赛队员：牛天娇　王琴　何佳婷　马加奇　张璟

指导教师：杨坚争

获奖情况：特等奖

关键词：共享经济　二手交易平台　闲鱼　转转

目前，共享经济浪潮正席卷全球，各种共享平台层出不穷，分享的边界正在不断扩大。在国家对共享经济产业的大力扶持下，二手交易市场也受到热捧，成为新蓝海。闲鱼作为阿里巴巴旗下以 C2C 为主要经营模式的闲置交易平台，在二手商品交易中占据大量市场份额。此次调研以"闲鱼"为目标企业，通过企业走访、问卷调查以及 SWOT 分析充分了解闲鱼二手交易平台的整体运营和用户反馈情况，从而发现闲鱼在其发展过程中存在的问题，为其后续经营发展提供建议。

1.1　调研背景和过程

1.1.1　调研背景

共享经济平台主要致力于盘活闲置资源，将所有权和使用权相分离，让"买家"和"卖家"各取所需，从而使社会资源得到最大程度地利用。自 2016 年《十三五规划纲要》首次引入"共享经济"概念以来，在交通出行、房屋变卖、日用品交换、金融借贷等领域都出现了共享经济新业态。国家信息中心分享经济研究中心估算，我国 2016 年共享经济规模为 34520 亿元，到 2020 年其市场规模将占到 GDP 的 10%以上。

传统的二手市场从二手物品收集到重新进入消费市场，需经过从居民→流动回收商→大回收商→多级分拣商→末端回收商→处理厂/二手市场的多重环节。此交易过程存在冗长、回收价格不透明、回收体系不完善等多个问题。随着互联网的迅速发展，线上二手交易平台利用网络的信息传播和整合能力，迅速集中资源，减少信息不对称，大幅提高了回收效率，受到越来越多处理二手闲置物品的消费者的青睐。

据 Quest Mobile《二手交易平台行业观察》报告，截至 2017 年底，二手闲置交易行业用户规模接近 4000 万，在移动互联网网民中的渗透率为 3.6%。预计 2018 年用户规模将达到 5000 万。根据二手交易网站中商品类型的丰富程度，可分为综合型和垂直型两种。综合型网站以闲鱼、转转、二手优品等为代表，覆盖 3C 数码、服装等多种二手物品交易。而垂直型网站则侧重某一类产品，以二手车、二手手机等高价值产品为主。代表企业有人人车、瓜子二手车、爱回收等。2014—2019 年二手闲置市场用户规模如图 1-1 所示。

单位: 万

图 1-1　2014—2019 年二手闲置市场用户规模

数据来源：Quest Mobile 2017《二手交易平台行业观察》。

1.1.2　调研过程

1. 调研对象

本报告以阿里巴巴（中国）网络技术有限公司旗下的闲鱼平台在上海的办事处为调研对象，通过前期资料搜集，然后进入企业进行实地调研和高管访谈，旨在深入挖掘闲鱼平台的运营机制及对未来发展战略蓝图。同时，通过在线问卷调查对大众进行取样分析，了解消费者对于网络二手交易以及"闲鱼"平台的看法，从而为闲鱼平台的发展提出建议。

2. 调研方法

本次调研主要采用问卷调查和实地访谈的方法，辅之资料收集、文献阅读、现场考察等方法。本团队在前期大量文献阅读和资料收集后，确定了问卷内容和访谈内容，然后开展在线问卷调查，进行实地考察和实地访谈，最后整理调研资料，与老师深入沟通后，撰写报告。

3. 调研进度

本次调研的成功进行得益于详尽的调研计划，使得调研有条不紊的进行，整个调研进度如图 1-2 所示。

图 1-2　调研进度

1.2　闲鱼简介

闲鱼是阿里巴巴旗下以 C2C 为主要经营模式的闲置交易平台，其广告语为：让你的闲置游起来。闲鱼主要分为线上“鱼塘”和线下“集市”两种闲置物品交易渠道：鱼塘主要是基于地理位置和兴趣组建的小组，集市主要是组织用户进行线下买卖活动。会员只要使用淘宝或者支付宝账号就可登陆，无须开店即能享受支付宝担保交易，支持淘宝一键转卖、语音发布、视频发布等多种方式，通过交易记录的芝麻信用等记录建立互动信任关系。

1.2.1 核心功能

闲鱼界面主要分为“首页”“鱼塘”“发布”“消息”“我的”五大板块。“首页”板块为消费者提供详尽的闲置产品；通过“鱼塘”板块，消费者可以与附近的人或者有共同兴趣爱好的人；通过“发布”板块，闲置卖家可以通过多种方式售卖闲置物品；利用“消息”板块，消费者可以随时查看活动消息、通知、买卖家信息等；通过“我的”板块，消费者可以详尽地了解自己的历史浏览记录以及闲鱼相关服务等。闲鱼核心功能结构图见图 1-3。

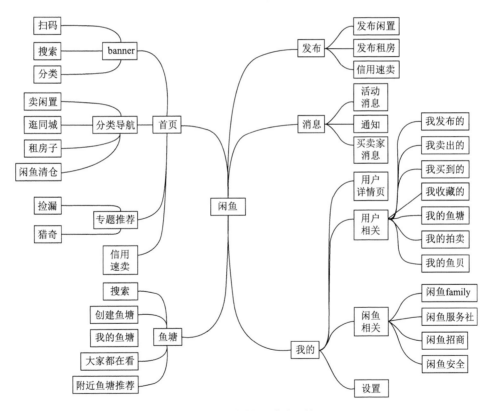

图 1-3　闲鱼核心功能结构

1.2.2 交易流程

依托淘宝而生的闲鱼，其商品购买流程基本沿袭了淘宝的购买流程，主要流程为：

买家拍下物品，买家付款到支付宝，卖家发货，买家收货，买家收货后钱款打入卖家账户。与淘宝不同的是，闲鱼增加了"鱼塘"功能，消费者可以直接加入某个鱼塘进行交流、交易，同时"见一见"交易方式可以帮助买卖双方更好地辨别产品真伪，提高交易率。

商品发布功能是闲鱼权重最大的功能，卖家主要可以发布闲置物品、租房需求，还可将自己的闲置 3C 通过"信用速卖"的方式卖给二手回收商家。在定价方式中，卖家可以选择"一口价"和"拍卖"的方式，并且通过对产品进行分类以及同步"鱼塘"的功能，帮助卖家商品提高曝光率，易于目标买家寻找。闲鱼交易流程见图 1-4。

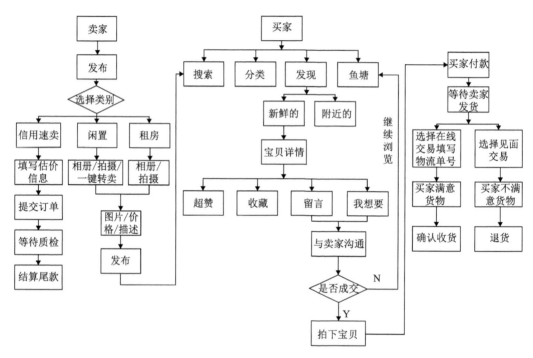

图 1-4　闲鱼交易流程

1.2.3　业务模式

闲鱼的闲置资源主要来源于淘宝用户的"一键转卖"以及卖家自己发布的产品、服务等；同时，2017 年 10 月闲鱼接入"好享收"提供的 3C 数码回收服务"信用速卖"，补充交易类型。闲鱼通过芝麻信用、实名认证与接入新浪微博的方式为买卖双方的交易信任背书。在支付方式上，闲鱼借助阿里平台，利用支付宝为双方交易保驾护航。在物流选择上，除了依托菜鸟官方物流和第三方物流外，"见一见"功能使同城自取变得更为方便。闲鱼业务模式见图 1-5。

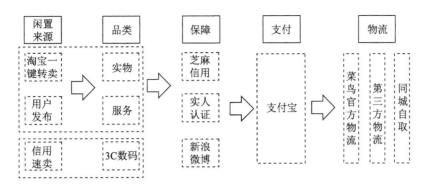

图 1-5 闲鱼业务模式

1.3 闲鱼与转转对比分析

1.3.1 平台定位分析

闲鱼和转转目前占据了二手交易 APP 市场近 90％的市场份额。闲鱼源于"淘宝二手",于 2014 年 6 月正式上线;2016 年 5 月"闲鱼"和"拍拍"业务合并;2017 年初,闲鱼杀入租房与信息买卖市场;2017 年 12 月,闲鱼宣布信用速卖服务正式上线。闲鱼旨在打造闲置交易社区,为拥有闲置物品或愿意购买二手物品的用户提供二手商品交易平台,其 Slogan 为"让你的闲置游起来"。

转转是 58 集团孵化的专业二手交易平台,成立于 2015 年 11 月;2016 年 6 月,58 同城二手频道全面升级为转转,并实现数据和流量打通。现背靠腾讯,依托微信熟人社交,营造"敢买"的平台印象,旨在打造最专业的二手交易平台,为用户提供更有保障的、专业的、放心的产品与服务。表 1-1 为闲鱼和转转的基本信息对比。

表 1-1 闲鱼和转转基本信息对比

平台	Slogan	目标定位
闲鱼	让你的闲置游起来	闲置交易社区
转转	更专业的二手平台	更专业的交易平台

1.3.2 搜索指数对比分析

1. 百度指数

根据近 30 天百度搜索指数显示(截至 2018 年 4 月 9 日),转转的整体日均值为 11568,而闲鱼的整体日均值为 25616(见图 1-6),为转转的两倍多,但从同比情况来看,闲鱼整体呈现 37％的下降比例,而转转则是 50％的增长率(见表 1-2),这意味着虽然消费者对闲鱼的兴趣虽然明显高于转转,但是闲鱼在整个市场份额的竞争力在下降,而转转保持持续增长。

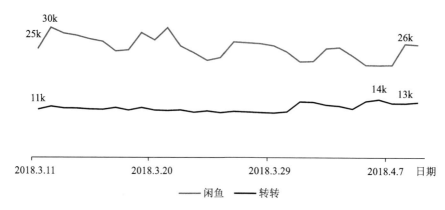

图 1-6　2018 年 3 月 11 日—2018 年 4 月 9 日整体百度搜索指数

表 1-2　闲鱼与转转百度指数同比对比

平台	整体日均值	移动日均值	整体同比	移动同比
闲鱼	25616	13647	−37%	−19%
转转	11568	8530	50%	72%

2. 微信指数

根据近 30 天微信搜索指数显示（截至 2018 年 4 月 9 日），闲鱼的整体日均值为 161640，而转转的整体日均值为 538962，其数值为闲鱼的 3.3 倍多。转转依托微信熟人社交，拓展了大量微信端用户，助力微信指数持续攀升。

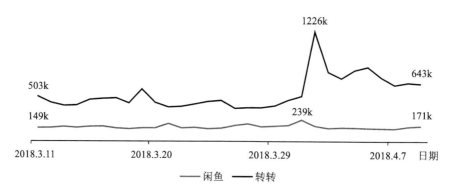

图 1-7　2018 年 3 月 11 日—2018 年 4 月 9 日整体微信搜索指数

1.3.3　用户月使用情况对分析

艾瑞网发布的月移动 APP 指数显示，2017 年 9 月至 2018 年 2 月期间，闲鱼和转转的"月度独立设备数"整体呈上升趋势，且闲鱼设备数每月均为转转的两倍多（见图 1-8）。在"月度总有效时长"方面，闲鱼优势更为明显，闲鱼每月总有效时长均为转转的 6～8 倍（见图 1-9）。

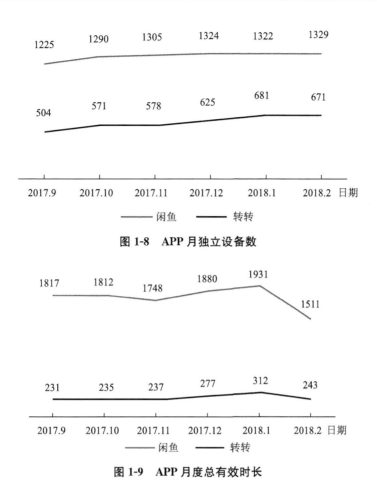

图 1-8　APP 月独立设备数

图 1-9　APP 月度总有效时长

1.3.4　用户人群画像分析

1. 用户性别和年龄分布

艾瑞网发布的 2018 年 2 月移动 APP 指数显示，闲鱼和转转用户的女性占比明显很高，分别为 77.05% 和 72.51%，两者用户性别分布差异不大。在用户年龄分布上，闲鱼和转转用户都集中在 25～35 岁人群，闲鱼占 61.95%，转转占 60.73%，两者几乎无差别。但是转转 24 岁以下人群占比 19.61% 略高于闲鱼占比 15.78%，可能得益于转转与微信数据打通，微信为转转提供了更多年轻用户（见图 1-10）。

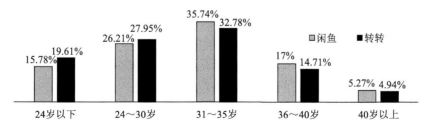

图 1-10　2018 年 2 月闲鱼和转转用户年龄分布

2. 用户区域分布

在区域分布上，艾瑞网发布的 2018 年 2 月移动 APP 指数显示，闲鱼和转转排名前十的区域用户整体差异不大，且排名前四的区域均为广东、山东、江苏和河北，其他共同的排名前十的区域包括浙江、河南、辽宁、四川、湖南（见图 1-11、图 1-12）。对共同的前九名区域进行进一步百度搜索指数的分析发现：广东消费者对闲鱼和转转表现出最大的搜索兴趣，且山东和四川消费者对闲鱼和转转的搜索排名较使用排名有明显上升，意味着四川和山东用户对二手交易 APP 表现出较大的兴趣（见图 1-13、图 1-14）。

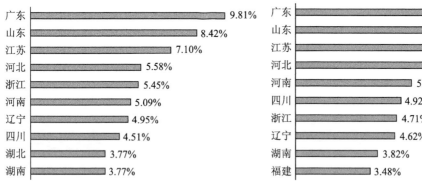

图 1-11　2018 年 2 月闲鱼用户区域 top10

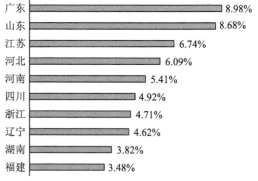

图 1-12　2018 年 2 月转转用户区域 top10

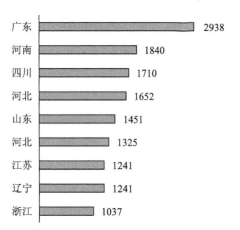

图 1-13　2018 年 2 月闲鱼城市日搜索指数

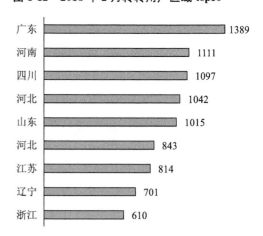

图 1-14　2018 年 2 月转转城市日搜索指数

1.4　二手交易问卷统计分析

调研初期，本团队成员确定了 30 个问卷题项，而后发放了 20 份问卷给身边的朋友进行小范围预调研，其目的是尽早发现研究设计中可能存在的问题并及时完善。多次讨论后的最终问卷，通过"问卷星"制作形成电子问卷，在朋友圈等社交媒体上获取数据。问卷发放时间为 2018 年 4 月 1 日至 4 月 8 日，为期 8 天，共回收 343 份有效问卷。在填写调查问卷的消费者中，男性占比 28％，女性占比 72％；填写问卷的用户年龄层主要分布在 18～30 岁，占比 80.47％。

1.4.1　二手交易行为统计分析

1. 消费者经常闲置的物品和比较感兴趣的二手物品

从图 1-15 可以看出，书籍既是消费者经常闲置又是消费者最感兴趣的二手物品种类，其占比分别为 76.68％ 和 82.22％；服装配饰虽然也是大家经常闲置的物品（52.19％），但是大家并不很乐意购买二手服装配饰（10.5％）；数字资源也在二手市场中表现出很大的潜力。

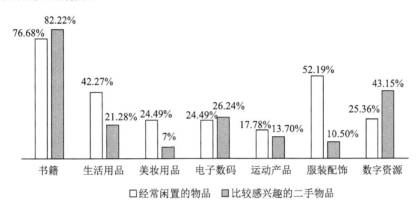

图 1-15　消费者经常闲置的物品和比较感兴趣的二手物品对比

2. 消费者对闲置资源的处理方式

从图 1-16 可以看出，大多数消费者会对闲置资源不予处理（70.85％）或直接扔掉（42.57％）；相对来说，选择将闲置资源二次利用的消费者占比较少，其中赠送占比 43.15％，出售占比 25.66％，捐赠占比 16.33％，表明公众对于二手物品循环利用的意识还有待加强。

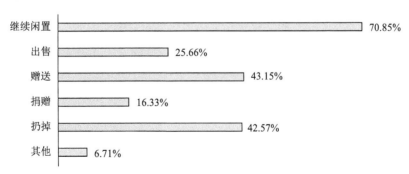

图 1-16　消费者对闲置资源的处理方式

3. 消费者对购买二手物品的看法

从图 1-17 可以看出，82.51％的消费者认为有些商品可以选择二手而有些商品坚决不选择二手，表示坚决不选择二手物品的消费者仅占 7.29％。此意味着如果消费者遇到比较心仪的二手品种，依然会选择购买，二手市场潜力巨大。

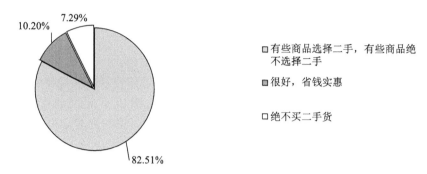

图 1-17　消费者对购买二手物品的看法

4. 消费者进行二手交易时看重的因素

从图 1-18 可以看出，消费者在进行交易时对二手商品的质量、清洁度以及商家信誉十分注重，而价格因素相对影响不大。

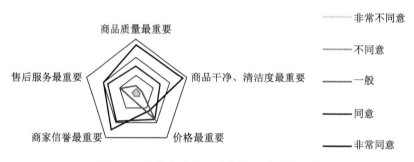

图 1-18　消费者进行二手交易时看重的因素

5. 消费者青睐的二手交易方式

从图 1-19 可以看出，有 57.73％的消费者青睐卖方规定价格将商品交于平台处理的二手交易方式，有 32.36％的消费者青睐买卖双方面对面交易的二手交易方式，只有 9.91％的消费者青睐以二手回收商作为中间渠道交易的二手交易方式。由此可见，在二手交易平台进行交易大势所趋。

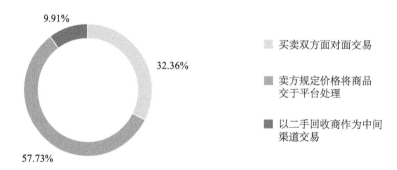

图 1-19　消费者青睐的二手交易方式

1.4.2 "闲鱼"用户行为统计分析

在参与调研的 343 人中，听说过闲鱼的消费者共 296 人，占总问卷人群 86.3％，他们主要是通过淘宝（48.3％）和朋友介绍（45.6％）了解到闲鱼平台；其中听说过并且使用过闲鱼的消费者共 167 人，占听说过该平台人群的 56.4％；对于听说过却未使用过的人群（128 人），有 66.4％表示未来会考虑使用闲鱼。以下我们对使用过闲鱼的 167 人进行了深层次分析。

1. 消费者使用闲鱼的目的

从图 1-20 可以看出，有 67.66％的人使用闲鱼是为了出售二手商品，53.89％的人是为了购买二手商品，34.73％的人是为了闲逛和浏览信息。由此可见，大部分消费者使用闲鱼是为了进行二手商品的交易，其中卖家作为多数。

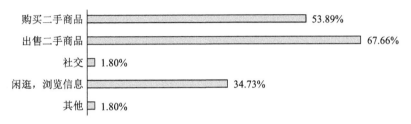

图 1-20 消费者使用闲鱼的目的

2. 消费者对闲鱼的满意度

从图 1-21 可以看出，消费者对于闲鱼的"操作使用感"和"整体感受"比较满意，对于交易体验相对满意度较低，意味着闲鱼在保持自身操作简便优势的同时，需要在加强消费者交易体验方面多下功夫。

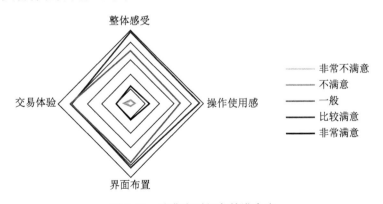

图 1-21 消费者对闲鱼的满意度

3. 买家希望卖家提供的信息

从图 1-22 可以看出，买家最希望卖家提供的信息依次为是二手商品的新旧程度（87.43％）、详细图片（57.49％）、原始价格（55.69％）、购买时间（47.9％）以及售后服务（22.75％）。由此可见，卖家为了更快地出售自己的二手物品，需在闲鱼上完善相关商品信息以吸引目标买家。

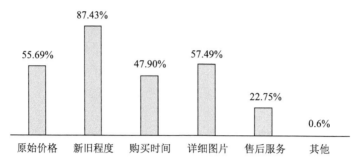

图1-22　买家希望卖家提供的信息

4. 卖家希望平台提供的服务

从图1-23可以看出，卖家更希望平台提供筛选信用买家（88.02%）和预先支付交易金额（62.28%）服务。同时对于完善法庭调解服务（29.34%）和上门收件服务（23.35%）的需求也比较强烈。

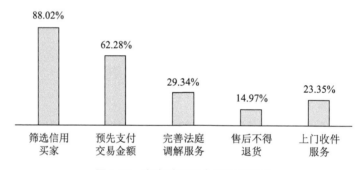

图1-23　卖家希望平台提供的服务

5. 消费者加入"鱼塘"的目的

使用闲鱼平台的消费者（167人）中有85人（50.9%）加入了鱼塘，其中25人（29.41%）加入地理鱼塘，34人（40%）加入兴趣鱼塘，26人（30.59%）两种鱼塘都加入了。从图1-24可以看出，消费者加入鱼塘的主要目的是便于找到需求商品（70.59%）

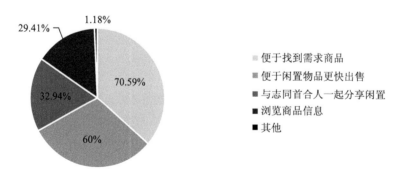

图1-24　消费者加入"鱼塘"的目的

和使自己的闲置物品更快出售（60％），同时有 32.94％的消费者是为了与志同道合的人一起分享闲置，表明鱼塘可以很好地满足消费者社交＋交易的双重需求。

6. 消费者认为闲鱼平台的优点

从图 1-25 可以看出，有 67.07％的消费者认为使用闲鱼 APP 可以使资源回收利用，比较环保；有 49.70％的消费者认为在闲鱼 APP 上购物物美价廉；有 40.12％的消费者认为在闲鱼 APP 上能买到新奇的小玩意。闲鱼平台应该充分发挥其优势，努力扩大闲鱼市场占有率，提高闲鱼知名度。

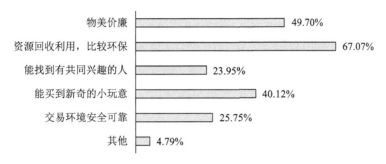

图 1-25 消费者认为闲鱼平台的优点

7. 消费者认为闲鱼平台有不足的地方

从图 1-26 可以看出，有 58.68％的消费者认为闲鱼平台的商品质量无保障；有 57.49％的消费者认为闲鱼平台缺乏监管，交易安全性不高；有 43.71％的消费者认为闲鱼平台买卖双方沟通不够方便；有 35.33％的消费者认为闲鱼平台商家态度差、信誉度低。针对以上几点问题，闲鱼平台应该在加大监管力度，确保商品质量和提高交易安全的同时，丰富商品种类的多样性和加强买卖双方沟通有效性。

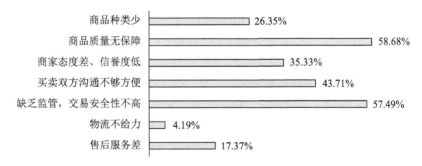

图 1-26 消费者认为闲鱼平台的不足点

1.5 SWOT 分析

1.5.1 竞争优势

1. 依托阿里平台，提供生态环境

（1）淘宝网提供用户基础。阿里旗下的淘宝网目前拥有注册会员近 5 亿，日活跃用户超 1.2 亿，在线商品数量达到 10 亿，在 C2C 市场中，淘宝网占 95.1％的市场份额。闲鱼由淘宝网的"淘宝二手"发展而来，用户无需注册新的账号，只需登录淘宝账号或支付宝账户即可进入闲鱼平台。另外，淘宝在用户在购买完物品后，会显示"买了换钱"选项，直接链接到闲鱼平台，为扩大闲鱼市场占有率提供了海量的用户基础。

（2）支付宝及芝麻信用提供担保交易。闲鱼 APP 的支付系统依托支付宝平台为买卖双方提供第三方担保支付。买家付款后由支付宝保存资金，待买家确认收货后，相应的资金便会转到卖家账户。同时引入芝麻信用和淘宝等级，建立完整的用户信用评估体系。充分保障买家的利益，增加交易达成的可能性。

（3）菜鸟裹裹提供物流服务。闲鱼成功引入菜鸟裹裹，使二手商品的物流服务由线下转移到线上。闲鱼的卖家在达成交易后，可在闲鱼平台上选择菜鸟联盟的上门快递服务。由卖家自主选择邮递快递的时间和地点，在指定时间段内菜鸟联盟上门取货，为卖家提供更加便捷的物流服务。

2. 创新社区交易，提高交易成功率

闲鱼创新社区交易方式，打造了"鱼塘"，形成了"社交＋交易"模式。闲鱼目前有两类"鱼塘"，一种是以地理位置划分，一种是以兴趣爱好划分，通过这两种方式将线上的陌生人通过地理位置相近或者兴趣爱好相同联系起来。

基于地理位置的联系，只能加入附近一定距离内的鱼塘，由于距离较近，用户之间的交易可以约定时间选择线下面对面交易减少物流费用，充分沟通当面验货，提高交易的效率和对彼此的信任；基于兴趣的鱼塘部分需要在申请后由塘主审核才能加入。兴趣鱼塘汇聚相同兴趣爱好人群，物品具有共同属性，买家和买家之间有共同语言减少交易沟通阻碍，从而创造更多交易机会。另外，兴趣鱼塘产生的交流信息比如话题，会沉淀下来，为其他用户提供参考价值，而这些资源会带动新的交流和交易。

除了线上鱼塘外，闲鱼以用户量大的鱼塘为单位开展闲鱼集市活动，为用户提供线下交易场所。闲鱼线下集市将二手交易活动由线上转移至线下，为用户面对面开展交易提供交易场所，打破线上交易的信息不对称性。

3. 操作流程便捷，方便用户使用

依托淘宝而生的闲鱼，整体风格活泼亮丽，以黄色为主打颜色，并充分体现"黄色小鱼"元素，突出闲鱼的整体风格，为用户使用带来了趣味性。

无论对卖家还是买家而言，闲鱼的整体操作流程都十分便捷。闲鱼的购买流程与淘宝购买流程基本相似，用户可以快速完成交易过程。对于卖家而言，仅需要发布商品的基本信息。另外，在发布功能上，闲鱼充分发挥其生态优势，设置"淘宝一键转卖"功能，将用户在淘宝购买的物品一键转卖到闲鱼。通过一键转卖功能，卖家可以快速发布产品，无需自行编辑产品信息发布产品图片。同时，买家可以通过链接直接查看该物品在淘宝上的原始购买信息，充分了解物品的相关信息。

4. 种类功能齐全，提供多种服务

作为综合的闲置物品交易平台，发展初期的闲鱼主要具备两大功能：C2C 模式的闲置物品交易和拍卖活动。随着平台的发展，闲置物品的交易不再局限于实物交易。

技能服务类产品成为新的热点,包括:家教、跑腿代办、IT服务等。

闲鱼平台提供的功能也不断地与时俱进。目前闲鱼平台发展了多个独具特色的模块,包括闲鱼清仓、闲鱼租房、游戏交易、奇趣逗玩和信用速卖,从而吸引不同用户群体。其中闲鱼清仓主要涉及农副产品的低价清仓销售;闲鱼租房专门提供闲置房屋出租服务;游戏交易则主要服务于游戏玩家为其提供游戏道具买卖等服务;奇趣逗玩则为用户提供了特定的猎奇场所;信用速卖服务主要针对3C产品,以芝麻信用为基础,为用户提供"先拿钱,后寄货"的回收服务。

5. 推出闲鱼小法庭,创新争端解决方式

在买卖双方的争端解决问题上,闲鱼推出闲鱼小法庭机制。闲鱼小法庭是阿里巴巴大众评审为闲鱼纠纷提供的维权新方式。在闲鱼小法庭解决的主要是用户在交易过程中遇到的无法解决的问题。问题一般为有瑕疵未披露、描述不符、商品质量问题等。其基本流程是在发生争端时,通过其中一方申请闲鱼介入仲裁。进入仲裁阶段阶段后双方为自己辩论和举证。评审员根据买卖双方的辩论和举证,来选择支持卖家还是买家,获得票数最多的一方,诉求得到支持。

1.5.2 竞争劣势

1. 投诉率高用户满意度低

闲鱼在新浪微博上开通闲鱼官方微博后,在其评论区存在大量的用户抱怨。大多数用户在微博上反映了对闲鱼客服的不满。从闲鱼的售后服务上可以看出,闲鱼倾向于保护买家,对于卖家的行为有严格的限制,禁止卖家交易是最常用的限制措施。但对于买家的不合理行为,闲鱼却没有提出相应的条款和限制条件。对于买家和卖家之间存在差异化对待,会被部分不良买家所利用,损害卖家权益,从而引起投诉。

2. 用户行为难以把控

用户行为难以把控主要表现在两个方面:一是用户发布违禁物品;二是用户对商品的定价随意且缺乏依据。由于闲鱼为个人提供了二手交易的平台,对于个人行为的控制难度远远大于商家,以至于存在在闲鱼平台上出售色情低俗产品和服务,对平台的发展造成巨大的影响。另外,闲鱼平台上的个人卖家发布商品可以任意设定价格,并没有合理的标准来衡量。只凭卖家的一家之言完成协商交货,买家收到商品后往往认为并不符合要求。对于一些价格低廉的生活用品而言问题较小,但电子产品、珠宝、箱包、手表等奢侈品没有标准的尺度,从而使闲鱼平台上的商品质量良莠不齐,用户口碑差。

3. 物品质量监管力度不够

由于闲鱼对于个人所销售的闲置物品缺乏相应的监管,因此有些销售的物品质量难以保证。尤其是在淘宝网大力打击假货后,许多售假商家趁机涌入了闲鱼市场。通常情况下,售假商家在网上注册大量账号装成个体卖家,将商品的价格定在正常价格的70%左右,一旦成功卖出一件商品便删除交易记录,如此一来便可以将账号循环使用,没有相当的经验和技巧很难辨别。

1.5.3 发展机遇

1. 共享经济发展迅速，顺应发展潮流

首先，互联网产业从 PC 端向移动端迅速迁移，传统的跳蚤市场早已淡出人们的视线，APP 成为人们交换二手闲置物品的首选渠道。其次，共享经济大行其道，滴滴打车、共享单车、共享雨伞等共享产品的推广加大了人们对共享经济理念的认同，成为推进二手闲置市场发展的新动力。

2. 中国闲置市场规模巨大，发展前景广阔

根据商务部规划，到 2020 年社会消费品零售总额要达到 48 万亿元。即使其中 5% 的实物商品以平均 3 折成交，这也将形成 5000 亿元级别的市场。在闲鱼看来，如果加上时间、空间分享，二手商品交易会成为一个万亿元市场。因此，阿里不断加码二手交易市场和社交布局，使闲鱼成为能够与淘宝和天猫平起平坐的平台。

3. 用户习惯正在培养，信任度逐步加深

闲鱼是依托淘宝、支付宝创建的在线二手交易平台，交易过程都和淘宝购物极其类似，交易轻松便捷，又有淘宝做先前的经验，用户的购物感受和商品的可信度得到大幅提升。加上共享经济和环保经济概念的兴起，二手交易习惯逐步形成。鱼塘是闲鱼社区化发展的方向，在提高客户信任度的同时还提高了平台使用黏性。

1.5.4 面临挑战

1. 综合类二手交易平台竞争日渐激烈

面对二手市场的火，转转朝着专业化交易平台发展，推出以流程优化、用户体验、功能优化为主的战略布局，与微信合作，获取用户关系和流量，与京东、海尔进行资源合作。除此之外，转转还邀请 58 赶集集团 CEO 代言，借苹果、库克为自己造势。二手市场另一巨头"猎趣"另辟蹊径，利用当下最火热的直播网红形式做互动营销，使用户获得更有趣的交易体验。

2. 垂直类二手交易平台发展迅速，抢占市场份额

随着市场的逐步开放，垂直类物品交易网发展迅速，主要有太平洋电脑网、中关村在线等专业二手 IT 类物品交易网；中国旧衣服网、虎扑论坛等二手服饰类物品交易网；孔夫子旧书网、有路网等专业二手书交易平台。这些平台对市场份额均有不同程度的侵蚀。

3. 物流服务成本制约二手货交易

在进行二手交易时，买家较为看重商品质量，卖家主要考虑物流问题。卖家对于物流的需求，一方面是价格便宜，另一方面是方便。由于二手闲置物品本身的价格就非常低，卖家多是出于一种能更方便处理闲置物品的心理而在平台上销售。当所卖商品还要搭上运费以及寄送包裹的时间成本时，多数卖家会认为得不偿失，从而降低了成交量。

4. 商品的售后维修及权利保护问题较多

由于二手物品本身就可能存在保修期已过，部分功能受损等情况，容易引发如退货和交换纠纷，许多卖家发现他们购买的商品与卖家描述不符后无处申诉。如何在双方达成交易后，还能让购买者享受到售后服务以及日后的维修服务，这也应是运营平台应为广大消费者考虑的问题。

闲鱼平台 SWOT 分析见图 1-27。

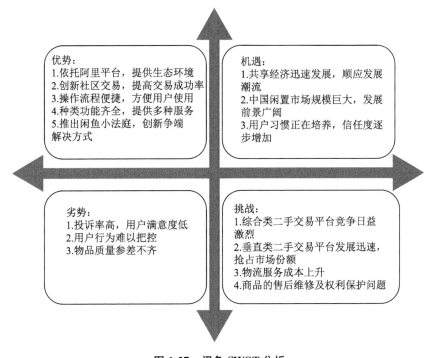

图 1-27　闲鱼 SWOT 分析

1.6　发展建议

1.6.1　完善信用评价机制

闲鱼 APP 依托淘宝和支付宝用户流，每一位支付宝客户都是实名认证，并且在支付宝平台上有一个信用评价等级。现在，需要充分利用这一信用评价等级，杜绝卖家的假货销售行为，杜绝卖家和黄牛"低价买进、高价卖出"的恶意行为。同时，应建立买家反馈系统。如同滴滴打车软件一样，一方面设置几个维度，让买家对卖家进行各方面的评价；另一方面设置综合评价，通过买家的综合评价对每一位卖家建立信用等级，之后买家在购买商品的时候可以勾选高信用等级的卖家。

1.6.2　完善物流服务，加强多方合作

基于地理位置而建立的鱼塘，用户大多在一个相近的地理位置附近，从而买家与卖家大多数选择当面交易，省去了物流的麻烦。由于淘宝已经收购饿了么，闲鱼可与饿了么外卖合作，推出上门取货的服务。

1.6.3 开展相应活动提升品牌形象

1. 以"低成本、高效率"的营销，来推广品牌

顾客的个人信息、浏览商品、推荐商品点击率、兴趣爱好的需求以及购买周期，都会在电子商务平台上产生大量的数据，通过对大数据的收集、整理和分析，二手物品交易可以对消费者的偏好和消费意愿进行准确识别，主动为其推荐个性化和精准的销售产品和服务，从而增加交易成交量。

2. 开展公益活动提升品牌形象

闲鱼 APP 可以充分利用其掌握的大数据，组织引导平台参与者开展公益活动，如实现更精准地为贫困地区送书、送衣被等。同时，通过在社区中倡导环保健康的生活理念，共同打造扶危帮困、和谐向上的社会氛围，调动社区化的活动和邻里社区的号召力，将广大的家庭闲置物品转化为爱心捐赠。

1.6.4 开通独立客服热线和线上客服

闲鱼交易信息巨大，交易纠纷率较高，目前的客服介入机制还需进一步完善。闲鱼和淘宝是共用同一个客服热线，用户需听语音提示输入数字才能找到相应的服务，过程较为烦琐复杂，而且，拨打热线时，一些信息或凭证很难通过语音进行出示。因此，应开通独立客服热线和线上客服，两种服务渠道互相配合，提高问题解决率。

1.6.5 加强与其他平台的合作，开展差异化运营

闲鱼可以广泛开展与京东、当当等专业线上电商平台的合作，分不同的板块进行差异化运营，这些合作平台提供的商品也可以通过一键转卖进行销售，可以让客户在购买商品时对来源有迹可循，还可让平台提供相应的售后服务。这样可以将其他线上平台的客户引流到闲鱼上来，且能极大提高用户的信任度和使用黏性。

1.6.6 进一步完善闲鱼小法庭制度

虽然闲鱼在用户争议解决方面迈出了重要的一步，但是在闲鱼小法庭的实际运行中还存在一定的问题，需要进一步的规范运作。目前，闲鱼小法庭的评审员是随机选取信用较高的用户，但这些用户主要是从买卖双方提供的辩论信息中判断对错，具有较强的主观随意性，评审员对物品本身未必具有专业知识，且存在恶意拉票行为。因此，闲鱼应逐渐引入专家评审制度，通过选定精通某一类产品的专家作为小法庭的主要仲裁员，从而避免主观性影响。

2. 上海易果电子商务有限公司调研报告

参赛团队：尚理追梦者队

参赛队员：宋美　高雪　陆涛　郭肖玲　应嘉越

指导教师：朱小栋

获奖情况：一等奖

关键词：生鲜市场　易果生鲜　战略分析　商业模式

近年来，生鲜电商行业发展迅猛，市场规模不断扩大，2018 年的交易量已达千亿级。作为行业中的领军者，易果集团深耕生鲜行业 13 年，取得了很大成功。为了探究其背后的商业模式及其内在逻辑，团队成员多次到易果集团进行实地调研，了解易果生鲜基本情况和生鲜电商行业发展现状，并与周副总裁探讨关于生鲜行业发展大势，以及易果在云象供应链、安鲜达冷链物流、全渠道运营方面的商业布局、公司内外部战略、"红河模式"扶贫生态和盈利状况与盈利模式等。同时，通过问卷调查等方式，了解了易果目前在消费者群体中的接受度、知名度以及存在的问题等情况提出了一些可行性建议。

2.1　导语

2.1.1　调研背景

"民以食为天"，生鲜作为居民日常必需品，市场潜力巨大。根据国家统计局数据，2016 年我国社会消费品零售总额为 33.23 万亿元，按此计算生鲜零售总额在社会消费品零售总额中的占比高达 13.8%。艾瑞咨询发布的 2017 年中国生鲜电商市场交易规模，约为 1391.3 亿元，同比增长 59.7%（见图 2-1）。

生鲜主要包括果蔬（水果蔬菜）、肉类、水产品这三类未深加工的初级产品以及面包、熟食这两类加工制品，它们统称为"生鲜五品"。从生鲜的零售终端来看，我国主要分为农贸市场（即菜市场）、生鲜超市、个体商户（路边摊）、生鲜电商、便利店等渠道。我国生鲜传统销售渠道（农贸市场、路边摊等）占比由 2012 年的 61.43% 下降至 2016 年的 57.97%，但仍为消费者购买生鲜的主要渠道；超市渠道占比由 2012 年的 36.69% 上升至 38.02%，占比稳健提升；电商渠道由 2012 年的 0.55% 上升至 2016 年的 2.12%，发展速度相对而言非常快。

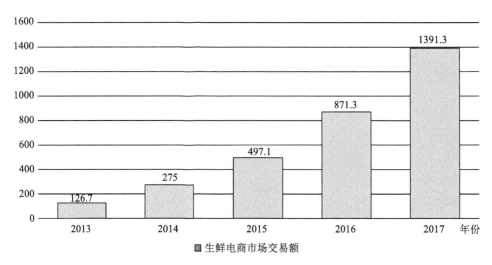

图 2-1　2013—2017 年中国生鲜电商市场交易规模

2.1.2　调研目的

此次调研是基于对生鲜电商行业的初步了解与探究之后，在导师的指导下，基于小组成员的专业所长及兴趣，通过实地调研和问卷调查，以期能够发现易果生鲜在 13 年内实现快速占领市场份额的原因，希望能够更加深入了解易果生鲜的商业模式、运营现状以及发展前景。

2.2　易果生鲜基本介绍

2.2.1　公司简介

易果生鲜隶属于上海易果电子商务有限公司，总部位于上海市长宁区。于 2005 年在上海成立。公司从成立起即致力于向注重生活品质的都市中高端家庭提供精品生鲜食材，现已拥有 500 万家庭用户和 1000 多家企业客户。其电商网站旗下经营水果、蔬菜、水产、肉类、禽蛋、食品饮料、甜点、酒类、粮油 9 大品类共 3800 多个产品，全年无休鲜活配送，覆盖 310 个主要城市（见图 2-2）。

图 2-2　易果的服务

2.2.2 公司发展历程

2005 年，易果生鲜创立于上海，为国内第一家生鲜电商。

2008 年，易果生鲜布局全国，将市场从上海拓展到北京，开启小分队模式。

2009 年，易果生鲜营销从水果品类扩展到蔬菜、禽蛋、肉类、水产、烘焙等品类，成为一站式、全品类的电商平台。

2013 年，易果生鲜开启全渠道布局，开始与阿里、泰国政府等联手，借助各组织的流量、产品等共同开拓市场。

2015 年，成立专注冷链物流服务的安鲜达，在"双 11"天猫生鲜板块，单日破亿。

2016 年，顺利完成 C 轮及 C＋轮数亿美元融资，成立云象供应链公司。

2017 年，易果生鲜协调并推动生鲜产业链各个环节的联动效应，在无人便利店、无人货架、传统便利店等领域，均有提供生鲜新零售赋能方案。

图 2-3 显示了易果的发展历程。

图 2-3 易果发展历程

2.2.3 公司愿景及目标客户

易果生鲜的使命是：让食材的品质和便利成就千家万户的幸福，其愿景是：成为亿万家庭购买食材首选的平台。

易果生鲜针对的目标客户是注重生活品质的都市中高端家庭。由于生鲜产品是典型的短周期产品，易腐易损，品质不易保证。聚焦于中高端家庭正是易果生鲜基于人们对生鲜品质的偏好而做出的市场定位。

2.2.4 业务结构

易果生鲜目前已升级为易果集团，其 logo 由三个标志组成，代表易果的三大业务板块（见图 2-4）。易果新零售代表渠道端板块，包括易果官网、APP、独家运营的天猫超市生鲜区等多元化渠道；安鲜达则代表冷链物流板块，专注于冷链物流；云象供应链代表商品端板块，主要是通过战略合作、资本入股等手段控制上游。

图 2-4　易果 logo 及使命

2.2.5　销售渠道

易果生鲜具有四大销售渠道：官网平台（PC 与 APP 客户端）、天猫超市每日鲜、天猫易果旗舰店以及企业销售。

四大渠道分别对应生鲜的不同场景，B2C、O2O、B2B 及餐饮，达到真正的全方位覆盖（见图 2-5）。

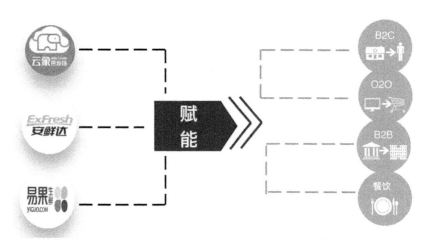

图 2-5　U 盘式云生鲜

2.3　生鲜电商行业的发展现状分析（PEST 分析）

2.3.1　政治环境（Politics）

1. 农业与电商协同发展

从 2013 年起，国家出台多项农业发展政策，鼓励发展农业电商，同时在流通、技术发展等相关方面都出台了相应的规范和利好政策。2017 年中央一号文件指出，通过促进新型农业经营主体、加工流通企业与电商企业全面对接融合，推动线上线下互动发展。完善全国农产品流通骨干网络，加快构建公益性农产品市场体系，加强农产品产地预冷等冷链物流基础设施网络建设，完善鲜活农产品直供直销体系。推进"互联网＋"现代农业行动。

2. 国家战略推动生鲜进出口业务

"一带一路"倡议和自贸区的建立有力地促进跨境生鲜电商业务，越来越多海外优质生鲜产品有机会进入中国市场，跨国生鲜供应链得以建立健全。此外，边境口岸通关的设施条件得以改善，通关手续得到简化，跨境支付模式得以优化，这大大降低了成本，提升了效率，直接推动了进口生鲜电商的发展。

2.3.2 经济环境（Economy）

1. 农业结构改革促进生鲜电商的发展

农业供给侧结构性改革将关注的重点放在了消费者一侧，更加关注消费者的口味变化、健康需求、兴趣爱好、饮食习惯等。这就要求农业生产不仅解决吃饱的问题，更要满足人们的中高端饮食需求。而生鲜电商从数据量、便捷度和食品安全上都比线下便利店具有更多的优势。

2. 经济发展促进物流体系发展

生鲜食品是人们每日生活的必需品。随着收入的提高，人们对生活品质的要求越高，人们更乐意购买高品质的生鲜食品。经济的发展也促进了生鲜电商的物流配送体系的改善。

3. 巨头资本注入生鲜市场

中国生鲜电商市场发展迅速，平均每年保持50％以上的增长。2016—2017年，阿里、京东等电商巨头入局，并带来了一系列创新模式，为生鲜电商市场注入了新的活力。

2.3.3 社会环境（Society）

1. 消费观念升级推动生鲜电商发展

消费者对无污染、安全的绿色食品的消费已成为一种时尚。2016年BCG中国消费者信息调查显示，63％的消费者最希望消费升级的品类是生鲜。消费者对更高品质的生鲜农产品需求将成为长期拉动生鲜电商发展的动力。生鲜电商企业具备普通消费者所没有的食品检验检疫能力，有的生鲜电商企业还具备绿色生鲜农产品的生产能力，为消费者在购买生鲜农产品时提供了一道可靠的屏障。因此，生鲜电商的发展能满足消费者不断增长的对安全健康食物的需求。

2. 便捷生活，大势所趋

随着经济的发展，人们更加注重效率和生活质量，生鲜电商借助互联网、AI等多项技术帮助人们实现"人在家中坐，生鲜天上来"的美好梦想，提升了消费体验。

2.3.4 技术环境（Technology）

1. 大数据、人工智能的应用，提升运维效率

利用大数据和人工智能，可以通过分析消费人群偏好、客户的消费场景和习惯，协助生鲜电商企业实现精准营销，提升运维效率。

2. 物联网、冷链物流的发展，降低损耗

从田间到餐桌，物联网技术协调溯源体系搭建，生鲜产品标准化得到保障，同时冷链技术大大降低了生鲜损耗率。

3. 互联网信息技术有利于加强沟通

信息技术应用普及速度加快，打通了企业与企业之间、企业与客户之间、企业与政府之间的信息孤岛，促进了相互之间的沟通协作。

2.4 易果生鲜运营特色分析

作为全国最大的生鲜平台，易果生鲜具有独特的生鲜商业模式：通过打造"生鲜云＋"战略从云象供应链、安鲜达冷链物流、全渠道运营三个维度，以模块化、标准化的形态解决生鲜痛点，赋能新零售。

2.4.1 建立"联营"模式

易果生鲜携手联华超市、喵鲜生、优配良品等开展联营模式，共建平台，共享客户、系统、数据及供应链，快速扩充 SKU 并缩短价值传递环节（见图 2-6）。

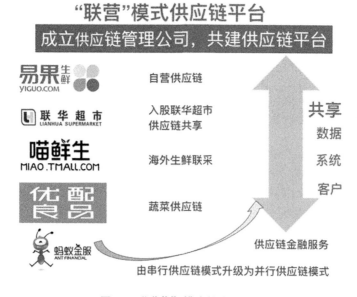

图 2-6 "联营"模式供应链平台

易果生鲜发起国内首个生鲜品质联盟，与 600 余家行业伙伴包括 11 个国家领馆、行业协会以及知名品牌代表共同承诺，将承担品质责任，为消费者提供安全、健康的食品。

2.4.2 自建冷链物流

目前，易果生鲜为超过 2000 万名用户提供全品类生鲜食材与全年无休服务。全品类生鲜扩展到近 4000 个品类，采购覆盖全球 7 大产区、23 个国家和地区、147 个产地。

易果生鲜自建的安鲜达冷链物流提供冷库仓储、冷链干线、冷链短驳、安全质检、货品包装、分拣加工、冷链宅配、门店销售等一体化服务，在全国 15 地已建有 24 仓，覆盖 27 个省份、310 个城市，日均产能超过十万单。

安鲜达与阿里集团的菜鸟实现战略合作，在智能分仓、产地建仓、发货配送等模式上不断创新，实现了"当日达""次日达""定时达"三种物流服务。易果生鲜与天猫小店、无人零售店、盒马鲜生、苏宁小店等线下门店合作，为这些线下门店供货，同时线下门店也为易果承担前置仓职能，降低物流成本（见图 2-7）。

图 2-7　接入阿里物流及零售生态

2.4.3　全渠道运营体系

1. 全渠道运营

易果生鲜依托阿里生态以及苏宁、果酷、优配良品等合作伙伴，构建了生鲜行业全渠道运营平台（见图 2-8）。除了有易果 APP 和易果生鲜官网两大自营渠道；天猫超市生鲜、苏宁生鲜两大代理运营平台；还为喵鲜生、天猫小店、盒马鲜生、苏鲜生、苏宁小店等提供货源和物流服务。2017 年，"6·18"易果生鲜全渠道创造了单日完成 20 万订单的行业单日销售纪录，全年 GMV 达 100 亿元。

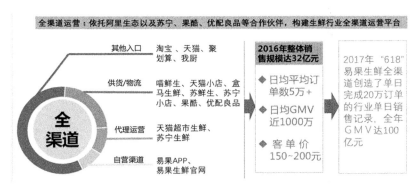

图 2-8　全渠道运营

2. U 盘式云生鲜

易果云生鲜作为新零售的重要组成部分，对人、货、场进行了重构。云生鲜赋能一个个拥有不同模式、不同接口和不同内存结构的"U 盘"，这些"U 盘"能够即插即用，适应不同的业态，最大限度地降低新零售企业的对接成本。

（1）赋能好邻居：生鲜＋便利店。该项目由易果（好邻居战略投资方之一）和鲜生活（好邻居最大股东）联手打造。易果主要输出商品供应链、物流供应链以及流量运营，同时考虑到便利店库存容积和峰值需求问题，采取了一日多次补货的方式。其官方数据显示，自 2017 年 12 月 21 日全面升级后，其样板店的日均线上订单从 80 增长至 300，日均销售额翻了约 4 倍至 10650 元，单周购买两次人群比例从 7％增长至 12％。

（2）赋能哈米：生鲜＋无人货架。2018 年 1 月 3 日，易果宣布战略领投无人货架企业哈米科技，向哈米开放自己的供应链，为哈米客户提供 1 小时送达服务，并接入哈米数据，根据其用户数据优化 SKU 和配送。据报道，接入易果的后端服务后，哈米无人货架可以直接获取易果供应链 4000 多个 SKU，履单成本降幅达到 80％，存货周转天数从 21 天降至 5 天。

（3）联手天猫超市：生鲜＋直播。易果生鲜与天猫超市生鲜频道联手，共同发起过名为"生鲜溯源大直击"的 9 场直播活动，总直播观看人次达 200 多万。通过每期溯源一款优质产地生鲜产品的形式，带领"吃货"们边看直播边下单搜寻来自全球各地的好食材。用创新方式让生鲜产品成为了新晋"网红"。

2.5　易果生鲜战略分析

2.5.1　外部分析（波特五力模型）

1. 供应商的讨价还价能力

易果将客户、系统、数据、供应链分享给上游合作伙伴，借助在各个品类里具专业水准的供应商来共建平台，从而摆脱传统运营模式下供方市场所带来的影响。这种联营模式不仅消除了采购资金和库存压力，而且通过与其供应商构建共享数据生态系统，缩短了价值链，减少了信息传递损耗。在这个过程中，易果掌握了更多的话语权。

2. 购买者的讨价还价能力

易果生鲜在全渠道运营中，对产品均进行明码定价销售，购买者的讨价还价能力相对较弱。易果生鲜通过对生鲜产品进行分级，形成差别定价，消费者能够根据自己的消费能力和偏好选择需要的产品。

3. 潜在竞争者进入的能力

生鲜电商行业前期所需资本量大，产品采购、运输、加工、保鲜、配送等环节中技术水平要求高，资源耗费量大，导致行业成本较高。据不完全统计，仅 2016—2017 年间，就有鲜品会、美味七七、青年菜君等 14 家电商先后退出，整个生鲜电商仍处于亏损阶段。目前，生鲜电商行业已处于成长的中后期，新兴企业的进入难度加大（见图 2-9）。

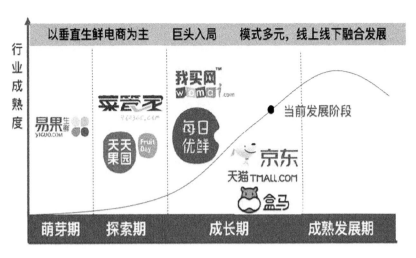

图 2-9　生鲜电商行业的生命周期

4. 替代品的替代能力

生鲜食品作为人们的一种刚需产品，其特殊性非常突出，消费者对产品的主要诉求是"鲜"。网购生鲜食品虽然便捷，但缺少体验场景，光靠浏览图片和文字说明很难感知产品的品质。传统线下生鲜有着良好的用户体验，消费者可以直观的对产品质量进行感官检验，且消费便利，对生鲜电商具有较强的替代性。

5. 行业内现有竞争者的竞争能力

除综合型商家阿里和京东外（各自市场占有率已超过 25％），中粮我买网、盒马鲜生、易果生鲜、每日优鲜的市场占有率 6％左右，都有各自的优势，而其他的一些生鲜电商很难与之抗衡。图 2-10 反映了部分高市场占有率的生鲜电商优势。

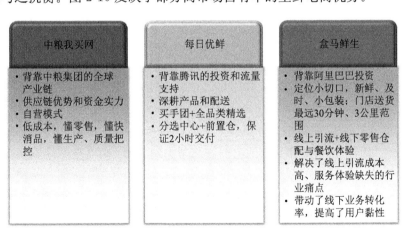

图 2-10　高市场占有率的生鲜电商优势分析

2.5.2　内部分析（SWOT 分析）

1. 优势

易果生鲜从低门槛水果到高门槛全品类生鲜实现了全覆盖。整个供应链经过多年经营，已初具规模，再加上阿里的支持，从供应链、物流、流量乃至生态圈已形成了独特的优势（见图2-11）。

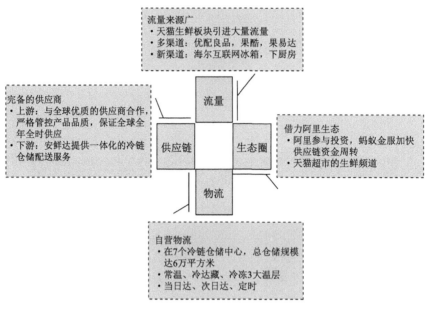

图 2-11　易果生鲜的优势图

2. 劣势

（1）运营成本高。生鲜运营从上游的货源组织，到物流的快速响应以及前端的运营，都需要投入大量的精力、人力和物力。易果生鲜推行的数字化运营可以解决生鲜新零售所面临的问题，但二、三线城市的大部分社区门店都很落后，门店数字化运营很难推广。

（2）需要更多的技术、资金支持。易果虽然构建了冷链物流，但是冷链物流配送和温控体系依旧较弱。易果的运营亏损率至少在30％，甚至更高，这种烧钱游戏必须有强大的资本进行支撑。

3. 机会

（1）市场需求大、发展前景可观。生鲜作为民生的刚需产品，发展潜力巨大。尼尔森的报告，目前生鲜食品在我国的电商渗透率不到1％。随着技术的革新，运输和损耗成本都将减少，消费者的购买方式也将改变，易果生鲜的营销模式将会带来销售量的增长。

（2）竞争对手不堪重负。在全国4000多家生鲜电商中，实现盈利的只有1％，基本持平的有4％，有88％略亏，剩下7％则处于巨亏状态。

（3）标准化有利于提高市场占有率。作为最早涉足生鲜品类的电商平台之一，易果生鲜在标准化方面进行了积极探索和实践，这使得后期运营能够消除消费者和卖家对产品品质认知出现偏差，以此建立消费者和卖家之间的信用。

4. 威胁

（1）巨头企业合纵连横，全方位进军生鲜市场。阿里巴巴、腾讯等巨头企业背靠信息型数据、交易型数据、关系型数据，同时通过入股、兼并、自营等手段，线上线下全方位布局生鲜市场。

（2）生鲜电商发挥自身优势，寻求不同的发展路径。每日优鲜、中粮我买网、百果园等都在挖掘自身优势，创新发展模式，争夺市场份额。

2.5.3 融资分析

2016 年易果生鲜提出从垂直型电商到全链条运营，为了实现这个目标，易果生鲜开始大范围融资（见表 2-1），计划建起一座覆盖供应链、物流、运营的行业高墙。

表 2-1　易果生鲜融资情况

轮次	时间	投资方	投资金额	资金用途
A 轮	2013	阿里巴巴	数千万美元	与天猫超市启动合作，开启全渠道布局
B 轮	2014	阿里巴巴、云峰资本	（未公布）	布局进口水果
C 轮	2016.3	阿里巴巴、KKR	2016 年总融资额超过 5 亿美元	加大对旗下生鲜冷链平台"安鲜达"的投入，增强为客户创造价值的能力
C＋轮	2016.11	苏宁投资集团领投，高盛、睦恒投资、中银国际基建基金、瑞信、富达、晟道投资和三行资本等财务投资人联合跟投		（1）成立易果供应链公司，和上游共建一个更高效、更能满足消费者需求的系统。（2）投资安鲜达，建立全国性冷链物流系统。（3）投资渠道版块，建立线上线下相结合的渠道体系
D 轮	2017.8	阿里巴巴	3 亿美元	壮大安鲜达和供应链，建立复合式的物流供应链体系

2.5.4 "红河模式"扶贫生态

易果生鲜为贫困地区农产品上行和产业升级，投入 10 亿元用于贫困地区农产品原产地采购、订单农业、产地仓建设及冷链物流等基础设施落地、技术投资等方式，帮助更多贫困地区农业端脱贫。

易果集团精准扶贫云南红河州，打造了"红河模式"。该模式通过天猫生鲜、苏宁生鲜等流量平台销售数据的沉淀，针对红河州的大量优质农产品品类，向农户、合作社等机构输出采购标准及采购价格，并签订农产品订购合同，推广包销合作模式。2017 年，易果通过基于大数据基础的包销合作模式，帮助红河州销售蒙自石榴、夏黑葡萄、珍珠蜜梨、元江青枣、东魁杨梅、建水蓝莓等农产品共计 1600 余吨，销售额达 672 万元。

易果生鲜在全国 29 个省份，700 个县域的 3 万多个村点复制了"红河模式"，持续挖掘符合消费者需求的优质农产品，同时树立产地品牌，助力精准扶贫。

2.5.5　盈利模式分析

1. 先售后购，控制进货量和库存

生鲜类产品在周转中，保鲜成本高，损耗大。为解决这一问题，易果有一半以上的商品都是先出售后购买的，这种方式是实现"零库存"目标的一个重要手段。

2. 降低物流成本

作为虚拟的电子商务网站，易果通过建立线下的物流设施，构建全渠道运营体系，来支持整个供应链低成本运转。

3. 提高用户黏性

易果生鲜除了款到支付、在线支付外，还采用了预存款支付。预存款支付有礼物抵用卡和储值卡两种，其中礼物抵用卡是会员增值产物。同时不定期开展促销活动提升销量、稳定营收。

2.6　问卷调查及分析建议

2.6.1　调查目的

为了更好了解目前消费者在生鲜电商市场的一些消费情况以及对易果生鲜的使用情况，本研究以"易果生鲜使用情况"为主题，设计了一份用户调查问卷。通过问卷结果探索易果生鲜存在的一些问题以期改进。

2.6.2　调查方式

在问卷星生成问卷，通过微信群、朋友圈、小区社区、论坛等宣传形式进行在线填写，共收到有效问卷263份。

2.6.3　调查时间

2018年3月28日—2018年4月6日。

2.6.4　调查结果

整个问卷涉及15个问题，其中部分为辅助性问题，因此我们仅对部分突出性问题进行分析。邀请不同性别、不同年龄段、不同职业的人群参与调查。其中学生占48.31%，公务员、事业单位占16.53%，男性占40.25%，女性占59.75%。

1. 生鲜购买渠道及频次

调查显示，55%的人每周在网上购买生鲜的次数为0，通过在线购买生鲜的人数占比仅11.86%，而在超市、菜市场购买生鲜的人数高达84.32%（见图2-12、图2-13）。由此可以看出，生鲜电商的市场渗透率并不高，生鲜电商的发展空间巨大。

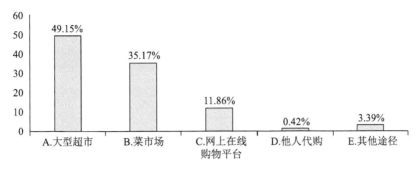

图 2-12　生鲜购买渠道

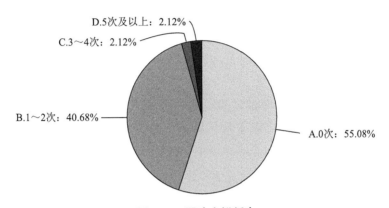

图 2-13　网购生鲜频次

2. 生鲜理想配送时间

对于在线购买生鲜产品后的理想配送时间，约 30％ 的消费者希望 1 小时送达，约 32％ 的消费者希望 1 天内送达（见图 2-14）。如此少的配送时间对于生鲜电商企业来说是一个巨大的挑战。

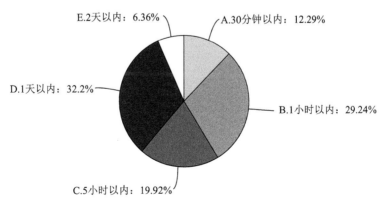

图 2-14　生鲜理想配送时间

3. 网购生鲜看重的因素

在问及购买生鲜产品会考虑哪些问题时，消费者最为看重的是产品的新鲜程度，高达 92.37％，其次是购买价格和便捷性（见图 2-15）。目前生鲜市场价格相对透明化，很难通过价格战来扩大竞争优势，必须将着眼点放到产品的新鲜程度和配送的速度上。

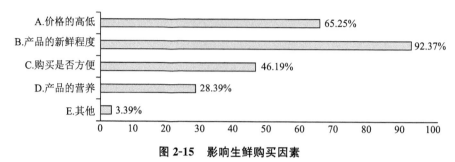

图 2-15 影响生鲜购买因素

4. 消费者了解易果的情况

在问及是否知道易果生鲜独家运营天猫超市生鲜区时，高达 3/4 的人选择否（见图 2-16）。而对于如何了解到易果生鲜的这一问题，43.64% 的人选择不了解，26.69% 的人是通过朋友推荐得知，而通过易果自身宣传得知的仅有 10.59%（见图 2-17）。可见易果的品牌知名度目前仍处于较低的状态，大多数消费者甚至没有听过这个品牌。

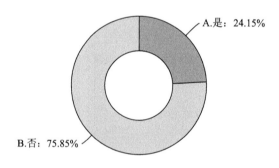

图 2-16 易果独家运营天猫生鲜知晓度

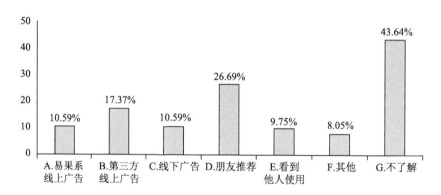

图 2-17 知晓易果的途径

5. 生鲜电商平台的知名度

针对消费者通过何种平台购买生鲜产品这一问题，每日优鲜较易果生鲜更受欢迎

（见图 2-18）。每日优鲜的线下和线上广告宣传力度都强于易果生鲜，使得消费者更了解每日优鲜，更趋于在每日优鲜的消费。

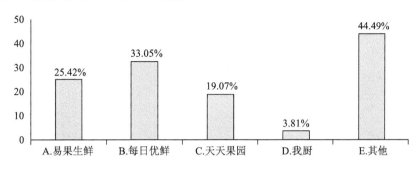

图 2-18　各生鲜品牌欢迎度

2.6.5　分析建议

针对调研结果，提出以下建议。

（1）生鲜电商市场前景巨大，对于这样一个万亿级的市场应该稳扎稳打，从供应、存储、运输、销售的各个方面做好基础的建设工作，以促进长期的可持续发展。

（2）消费者对配送时间更倾向于 1 小时内送达。应该联系线下门店将配送时间尽可能缩短至 1 小时，以获得消费者认可，提升用户黏性。

（3）强化标准建设。参与调查的 92.37% 的消费者最注重生鲜的新鲜程度，而目前的市场标准属于国家制定的最低标准，因此，易果生鲜要制定自己的标准，保证产品质量。目前易果生鲜正在率先提出自己的马克标准。

（4）生鲜产品的口碑很重要，要建立自己的品牌效应。问卷结果显示，易果目前的品牌知名度较低，高达 75% 的调查者不知道易果生鲜独家运营天猫超市生鲜区，尽管易果的主要营收是通过天猫超市，但也要适时提升自身品牌影响。

（5）可以加强和政府部门的平台类电子商务网站合作，一方面能够寻找广泛稳定的供应商，另一方面能够从政府层面去解决一些农产品的滞销问题，既帮助了政府部门解决问题，又提升了企业的社会责任感，能够赢得消费者的认同，提高品牌知名度。

2.7　思考与收获

通过对上海易果电子商务有限公司走访调研，团队对生鲜电商行业及易果有了更加深刻的认识。易果生鲜作为中国第一家生鲜电商，2005—2014 年一直处于蛰伏状态，在这 10 年中，易果不断优化电商生鲜的业务流程。2015 年，易果生鲜第一次进行业务扩充，将物流部门独立出来，成立冷链物流平台——安鲜达，并向第三方开放接单，提供冷链物流服务。2016 年易果第二次业务扩充，把原有的供应链部门独立出来，成立"云象供应链"，并励志成为中国生鲜标准制定者。另外，易果集团积极响应国家号召，与中国扶贫基金会开展战略合作，帮农扶贫，拉动产业升级，在重视自身发展的同时回馈社会。

易果生鲜在其发展过程中，针对生鲜电商受经济发展速度、生鲜行业特性、消费者习惯等问题，深耕供应链、建立马克标准、开展联营模式等以控制产品质量、谋求长期发展。正如周副总裁所言："任何发展战略都要回归商业本质"，在思考问题时也要从本质和大局出发，以谋求更大的发展。

3. 跨境进口电商社区平台——小红书

参赛团队：上海理工大学 GIVE ME FIVE 队
参赛队员：路程程　刘若秋　肖宇桐　邢莉　周游
指导教师：许学军
获奖情况：一等奖
关键词：跨境电商　社区模式　SWOT 分析　政策建议

作为推动中国外贸增长的重要力量，近年来跨境电商呈现出爆发式增长趋势，进出口交易额屡创新高，受到媒体广泛关注和资本的热烈追捧。据第三方机构艾媒咨询发布的《2017—2018 中国跨境电商市场研究报告》显示，2016 年中国跨境电商进出口交易规模达到 7.6 万亿元，2018 年将会达到 9.0 万亿元。

随着跨境电商的不断发展和更多企业和资金的不断涌入，跨境电商行业竞争不断加剧，营运模式不断丰富，产品采购渠道不断增加，在为消费者带来了更多选择和更多样化商品的同时，不可避免地也产生了一些问题。为了跨境电商行业更好地发展和问题的解决，我们选取了小红书作为调研对象进行调研。调研分别从消费者和跨境电商的视角出发，通过发放调查问卷、查阅资料文献、调查走访的方法，了解了小红书的经营发展现状，小红书的用户人群、运营流程、供应链模式及其在行业中的地位；通过小红书与同行其他企业的对比分析及 SWOT 分析，发现了其经营中的问题；在此基础上，提出了一些有益于小红书发展的建议。

3.1　前言

3.1.1　调研背景

所谓的跨境电子商务，从广义上看基本等同于外贸电商，是指分属不同关境的交易主体，通过电子商务的手段将传统进出口贸易中的展示、洽谈和成交环节电子化，并通过跨境物流送达商品、完成交易的一种国际商业活动。跨境电商一般分为跨境电商进口和跨境电商出口。本次调研主要针对的是跨境电商进口。

近年来，中国的跨境电子商务开始进入了爆发式的发展阶段。自海淘兴起后，各大跨境进口电商平台纷纷出现，如 2009 年洋码头成立，2011 年蜜芽成立，2013 年小红书成立。随着跨境进口电商的合法化以及税收政策的改变，2014—2015 年成为了跨境进口电商平台成立的高峰期，天猫国际、网易考拉海购、唯品国际、京东全球购、宝贝格子等平台均在这两年内相继成立。跨境网购用户也急速增长，有力地拉动了跨境进口电商的发展，同时带动了传统消费者消费观念的转变，跨境进口电商的发展进入鼎盛时期。监测数据显示，2016 年中国跨境进口电商交易规模达到 12000 亿元，同比增长 33.3%。

我国跨境进口电商发展迅猛，自然吸引了资本和公司的集聚。不仅有国际和国内的电商以及专业的跨境电商等在此角逐，更有一些物流公司希望在此领域分一杯羹，如顺丰旗下的封趣海淘。不同行业、不同背景的公司的加入已经加剧了这个行业的竞争，再加上近年来我国进口电子商务发展日益成熟，买卖市场日益完善，移动互联网的迅猛发展，消费者提出的更高的消费体验要求等外部环境的改变都对进口跨境电商的发展提出了新的要求。

3.1.2　调研意义

在我国，跨境进口电商市场正处于发展的上升期，现在行业中 B2C、C2C 等不同模式共存，研究哪种模式更适合进口跨境电商的发展将有助于相关机构制定相应政策，也可以促进跨境电商的自身发展。而且，相较于境内电子商务交易，跨境电商交易涉及的步骤比较烦琐，如海外供应商的把控、货物的清关等问题。再者，国家对跨境电商交易的政策和法律更为严格。通过研究了解单个进口跨境电商企业的具体问题，知微见著，可以更好地促进跨境进口电商交易的发展。

3.1.3　调研过程

（1）前期资料收集。通过互联网和报刊杂志等工具搜索相关的行业资料，了解我国跨境进口电商的发展情况，目前的经营环境，尤其是在上海的经营环境等。

（2）走访企业。根据前期调查的情况，走进企业以面谈或者邮件的形式与从业者进行深度交流，了解企业的现状、未来规划以及实际运营中存在的问题。

（3）整理数据。收集整理前期以及走访过程中得到的数据资料，并进行相应的整理，通过 SWOT 分析法对调研企业进行分析，并将其与国内其他相关典型企业进行对比分析，得出结论。

（4）撰写报告。团队成员与老师进行深度交流，将调研结果总结撰写为报告。

3.1.4　调研对象

行吟信息科技（上海）有限公司，即小红书，在 2013 年 6 月由毛文超和瞿芳创办。小红书是一个社区电商平台，从海外购物社区起家，逐渐过渡到社区与电商并存的状态。小红书社区与购物比重相当，划分区域功能特点较为明显，消息设定为一个版块，可以确保浏览量，更激发了用户生产知识的动力。

3.2　跨境进口电商的发展现状

3.2.1　市场概况及发展趋势

庞大的市场需求为我国跨境电商带来前所未有的发展机遇。国内各大电商巨头依托其已有优势在跨境电商领域快速崛起。2017 上半年中国跨境电商交易规模 3.6 万亿元，同比增长 30.7％。

其中，网易考拉海购、天猫国际、唯品国际以及京东全球购占据市场七成份额，寡头效应显现。网易考拉海购、天猫国际这种跨境电商平台背靠互联网巨头企业，在商品品类、品牌合作方面具有优势，而唯品国际、京东全球购等则凭借强供应链布局及电商平台导流在市场上占据一定位置（见图 3-1）。

图 3-1　2017 年中国跨境进口电商产业链图谱

资料来源：2016—2017 年度中国跨境进口电商发展报告，中国电子商务研究中心。

跨境进出口电商已经成为我国外贸发展新的增长点，而跨境电商行业的高速发展离不开政策的支持，2017 年下半年，利好跨境进出口电商的政策不断出台，刺激跨境电商实现更快发展。

3.2.2　各区域发展情况分析

为促进跨境电商行业发展规范化，提高行业管控效率，我国先后颁布了多条相应政策，并设置试点城市，逐步推广落实。目前跨境电商政策落实试点城市包括"跨境电商试点城市"和"跨境电商综合试验区"，两者都是选择对外贸易发展较好的地区进行先试先行，后者是前者的升级版，地位高于试点城市，在具体工作落实上更为规范与成熟。两种试点模式均处于探索期，核心目的在于规范行业和提高行政效率。

跨境电商试点城市自 2012 年 12 月启动以来，已经拓展至 20 多个城市。这些城市依托电子口岸建设机制和平台优势，实现跨境电商企业与口岸管理相关部门的业务协同与数据共享；包括重庆的"e 点即成"、上海的"跨境通"、宁波的"跨境购"、杭州的"一步达"、郑州的"E 贸易"等重要的运营平台。

从整体上来看，相比获得出口试点资格的城市，拥有进口试点资格的城市较少，在获得出口试点资格的 21 个城市中，仅重庆、上海、杭州、广州、天津等 13 个城市获得进口试点资格，这表明国家对于出口业务更为放开，对于进口业务较为谨慎。

3.3 跨境进口电商的经营方式

3.3.1 运营模式

目前跨境进口电商的主要采用 B2C 与 C2C 两种运营模式，这两种模式各具优劣，如表 3-1 所示。

表 3-1 跨境进口电商主要经营模式对比

模式	优　势	劣　势	运营平台
B2C 模式	平台直接参与货源组织、物流仓储买卖流程，销售流转高，时效性好	此模式以"爆款"为主，能进入的商品根据各地政策不同都有限制；资金压力大，需要量大又持续的资本注入，此模式基本已经构建了门槛	天猫国际、亚马逊、京东全球购、小红书等
C2C 模式	满足正在向细致化、多样化、个性化发展的需求；适合于目前移动端消费场景化的特征；资金压力小，库存压力小，更易直接掌握供应量	服务体验的掌控度差；流量难以获得以及保持；物流难以掌控，时效性差；商品真假难辨，难以建立消费信任	洋码头、街蜜等

图表编制：小组成员。

图 3-2 展示了 2013—2017 年中国跨境进口电商模式结构占比，从中可以看出，2016 年 B2C 模式首次超过 C2C 模式，占比达 58.6％，成为最主要的跨境电商模式；2017 年 B2C 模式在跨境电商中占比达到 64.4％，一些规模较大的 B2C 平台正逐渐合并小的 C2C 平台，成为跨境电商的主要运营模式。

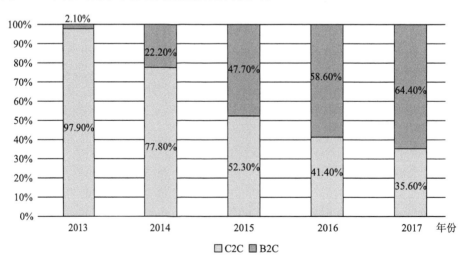

图 3-2 2013—2017 年中国跨境进口电商模式结构占比图

2013—2017 年间，跨境进口电商逐渐发展为以 B2C 模式为主导的原因，可以从以下三个方面概括：

（1）政策不断完善，为符合政策要求，部分 C2C 平台逐渐向 B2C 模式转换；

（2）基于行业市场发展规律，一些较大规模的 B2C 平台逐渐吞并小型 C2C 平台；

（3）相较于 C2C 平台，B2C 平台的产品能得到更好的保证，出于消费者对商品质量的追求，B2C 不断发展壮大。

3.3.2 物流仓储

跨境电商当前主要物流模式包括海外直邮、海外拼邮、国内保税进口三种模式。保税进口与海外直邮拼邮的最大区别在于，保税模式先入境，货品进入保税仓内，下单后才清关，直邮和拼邮模式则是在入境时即需清关。

"四八新政"出台并实施后，跨境电子商务零售进口税收实行新政策，对行邮税进行调整。从总体上看，跨境电商税改新政对跨境电商企业和平台挑战机遇并存。

跨境进口电商发展前期，保税模式由于周期短、清关快，最受推崇，但"四八新政"使保税模式受到重创，在新政暂缓过渡期间，为了获得发展主动权，越来越多跨境电商转战海外直邮或者自建海外集货仓，跨境电商布局海外仓主要集中在我国香港、美国、澳大利亚、日韩等地，尤其是我国香港成为海外仓的首选。"四八新政"之后，保税仓＋直邮拼邮发货模式被更多跨境电商平台所采用，以便更灵活地应对政策调整。

3.4 调研内容

3.4.1 小红书简介

小红书是一个网络社区，也是一个跨境电商，还是一个分享平台，更是一个口碑库。小红书的用户既是消费者，还是分享者，更是同行的好伙伴。小红书创办于 2013 年，通过深耕 UGC（用户创造内容）购物分享社区，在短短 4 年内成长为全球最大的消费类口碑库和社区电商平台，成为 200 多个国家和地区、5000 多万年轻消费者必备的"购物神器"。打开小红书，没有商家的宣传和推销，只有依托用户口碑写就的"消费笔记"，不仅将产品介绍得更加真实可信，也传递了美好的生活方式。截至 2017 年 5 月，小红书用户突破 5000 万人，每天新增约 20 万用户，成长为全球最大的社区电商平台。其电商销售额已接近百亿元。2017 年 6 月 6 日，小红书 6·6 周年庆当日，开卖两小时即卖出 1 个亿，在苹果 APP Store 购物类下载排名第一。

3.4.2 小红书平台建设与用户体验

1. 小红书 APP

小红书 APP 上共有五个版块：首页、商城、发布、消息和我。这 5 个版块之间的信息相互配合，紧密联系，并非独立的存在，每个板块的信息都能进行交互补充，形成一个完整、闭环的 UGC 电商社区（见图 3-3）。

层次分明、结构清晰、内容丰富多样，简便的导航菜单、快捷的入口操作，几乎所有的跨境电商平台都在追求品类优化管理，把它作为品类"高效消费者回应"的策略的重要一环，减少脱销现象的发生，使商品供应及时、有序，最大限度地方便顾客的购买。相比于其他跨境电商的一张张"普罗大众"的脸，小红书则选择了一张"与众不同"的"脸"。

与大多数移动电商首页不同的是，小红书展示在首页的并不是我们常见的商品，而是用户分享的私人购物笔记。发现版块最上面是精选的热门标签，包括推荐、附近、视频、时尚、护肤、旅行、读书、明星等。标签下面就是用户的购物笔记。打开用户的购物笔记，选择某一款商品查看其详情的时候，大部分商品页面呈现方式如图 3-3 中第二张图所示。

图 3-3　小红书 APP 首页及商品呈现方式

而商城版块中最具特色的就是"福利社"（见图 3-4），小红书福利社采用 B2C 自营模式，直接与海外品牌商或大型贸易商合作，通过保税仓和海外直邮的方式发货给用户。

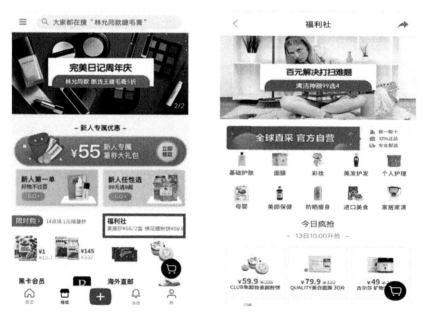

图 3-4　商城板块及福利社界面

还有一部分商品页面呈现方式如图 3-3 中第三张图，我们可以看到，笔记的下方多了可购买商品这一标签。对于笔记中推荐的在小红书自营的福利社上可以购买到的商品，在笔记下方直接导入购买标签，当用户阅读完购物笔记，对笔记推荐商品产生购买需求，便可直接购买，给消费者带来了极大的便利性，提高了购买转化率。

"关注"版块会及时推送用户关注者更新的购物笔记，同时会根据用户的关注笔记类型、消费习惯等推荐用户可能感兴趣的笔记作者，如图 3-5 所示。

图 3-5　笔记作者推荐

"消息"版块则包括用户自身收到的新的粉丝、新的评论、新的赞，还有新的收藏、通知、联系客服与专题活动，主要是自己的相关信息，也是用户与其他用户进行互动沟通的地方。在浏览了其他用户的笔记后，可以对该用户进行关注，还能评论对方的笔记，收到的回复，别人对自己笔记的评论、赞也都会在这里显示。

"我"这一版块共有三栏，第一栏是我的关注、我的收藏和消息；第二栏是购物车、订单、薯券、心愿单和黑卡会员；第三栏是设置。

综合小红书的五个版块来看，用户的关注行为可以发现用户的兴趣、品味和潜在的需求，"发现"一栏则给用户提供了主动搜索的便利，已经关注的人不一定能满足用户所有的需求，总会存在某些遗漏，但"发现"弥补了这一缺陷，用户能根据产品、品牌、品类等信息在这里找到自己感兴趣的内容，再点击关注之后便能在首页上显示出来。"商城"版块也通过结构化的标签进行展示。用户在"发布"版块分享经验，会持续产出更多高质量的内容，提供更多的有用信息，进而又能刺激新加入的成员参与进来。

2. 网购环境建设

小红书的社区管理制度很到位，避免了广告及大量垃圾信息，保证大家分享的都是有用的有意义的。当用户遇到了广告贴也不用担心，小红书 APP 有用户举报功能，编辑会关注用户举报的帖子，特别是那些等级高的用户，同时有几个人举报的帖子会被删掉，让用户来监督内容的纯净性。就算水军在购物笔记平台发软文，也是不容易推广的，社交媒体的用户关注功能是很好的过滤机制。同时，为打击商业广告的入侵，小红书设立了编辑审核和用户举报机制，有广告嫌疑的商品信息会被"雪藏"，用户将无法从页面看到。

3. 小红书的用户体验

小红书 APP 主要分为社区和商城两个模块，打开其 APP 应用，需要几秒钟的等待时间，比较于市场上一般应用打开时间属于正常范围，期间展示的是其 logo、口号、自我定位，页面较为简洁。打开后默认进入首页发现板块，最上方是结合时下热点的产品推广滑动条，中间是热门标签，下拉后是一个接一个的用户真实分享笔记。笔记最上方是分享人，包括 ID、地点，可以右边一键添加关注，中间是一张较清晰的产品实物图，图片下方是分享人的购物心得，最下方是笔记标签、评论、赞数和收藏按钮。整体而言应用的界面简洁明了，没有其他无关的信息，但是由于笔记图片较大且整体图片很多，需要一定的加载时间，这一点影响到使用和视觉效果的一致性。

最下方有搜索、福利社、用户自己信息等其他版块，点击切换需要等待时间，应用响应速度有待提高。搜索界面有一系列的引导选项和配图，但是配图较小影响效果，并且搜索界面字体简单排列，为黑色宋体，美观度稍差。福祉社是自营的限时热点产品销售，每块产品均由官方推荐图片、广告标语、时限等组成，和其他移动电商相似版块基本没有区别。用户登录后的自我信息页面较为简单，由用户头像、ID 以及关注、购物车、心愿单、薯券即小红书内部的消费券等按键组成，简洁明了。综合各块情况，小红书应用的 UI 设计、交互设计均采用简洁风格，广告结合时下热点和其官方的卡通人物并贴合其主要的消费人群，使用简单明了，干扰信息较好，用户可以直面自己想要的内容。同时，由于其上线时间短、公司团队人员较少，产品在响应速度、图片加载等技术方面还有所欠缺，而其电商板块福利社带给用户的购物体验不佳，产品品类很少，没有完善的售后服务体系，退货、退款、错发后的补发等问题都没有机制上的有效解决。图 3-6 是小红书的基本结构和运营流程图。

3.4.3　小红书的经营方式

1. 小红书的运营模式

小红书福利社采取的是 B2C 自营模式，直接与海外品牌商（目前小红书战略合作伙伴有澳大利亚保健品品牌 Blackmores、日本最大的药妆集团麒麟堂等）或大型贸易商合作，通过保税仓和海外直邮的方式发货给用户。保证正品的同时保证在进货时拿到有优势的价格。在选品上，福利社商品以社区大数据为依据，将高口碑商品、真正的国外好东西提供给用户购买，提升用户生活品质。目前福利社中商品以日常生活用品为主，包括护肤、彩妆、保健品、食品、家居用品等，且还在不断拓展中。

作为自营电商，小红书在短短半年时间内，快速搭建起了一整套供应链队伍，包括采购、仓储、物流、客服、关务等。之所以选择相对较"重"的自营模式，是因为在跨境电商中，用户最关心的是商品真假问题。而目前跨境电商的供应链还不成熟，只有通过自营，才能在最大程度上保证商品品质，不会出现小红书福利社有假货的问题。

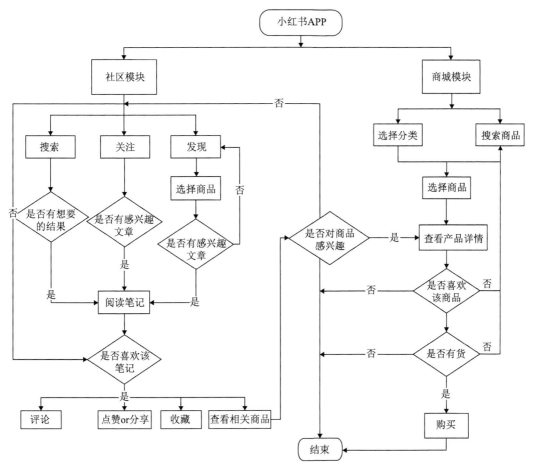

图 3-6　小红书的基本结构和运营流程图

2. 小红书的物流仓储

　　小红书通过海外直采，商品以保税备货模式进入保税区，并通过海关、国检的层层把关，对商品的质量进行审核，保证正品以最阳光的清关方式，送到用户的手上。小红书福利社进驻保税区的每一件商品，都有国家检验机构出具的检测报告，以保证正品和质量。小红书福利社采取保税自营模式，从海外直采到阳光清关，从整个供应链的把控上完全杜绝假货流入的可能，保证用户享受到跨境电商的极致品质体验。

　　目前，小红书在郑州和深圳保税区拥有自营仓库，仓库面积在全国跨境电商中排名居前。使用保税仓发货，一是可以保证商品品质，二是可以免去用户等待商品从国外飞到国内的这段时间，目前用户在小红书中下单之后，基本上 2～3 天就可以收到货。

　　自营 B2C 电商，需先买断商品，无疑存在库存风险。小红书的优势在于，一方面，选品上，基于小红书社区大数据（发布笔记、点赞、评论等）挑选，预判销售。另一方面，小红书福利社采取闪购模式，有 95% 的商品会在上架 2 小时内卖完，商品周转期最长为两周，库存压力较小。

3. 小红书的目标客户

小红书的目标客户主要集中在 30～39 岁，这部分用户群体工作收入稳定，有一定的经济基础，消费能力强，需求大，是跨境网购用户的"主力军"。小红书 20～29 岁的用户也较多，这部分消费群体主要是大学生，年轻时尚，对境外商品兴趣较大。这与整个跨境进口电商行业的消费群体年龄比较一致。由于整个跨境电商的消费人群年龄趋于年轻化，所以小红书福利社应策划更多营销策略，推出更多商品以吸引 80 后、90 后这一消费群体（见图 3-7）。

相较于整个跨境进口电商行业的性别分布，小红书的女性用户较多，主要由于小红书的 UGC 社区分享平台更受女性用户的喜爱，并且小红书福利社的商品多集中于化妆品、保健品、母婴品等女性消费较多的品类。整个跨境电商用户的比例还是男性居多，而小红书的用户女性居多，所以小红书应加强与男性用品品牌供应商的合作，推出更多吸引男性的商品，以更好的满足男性用户的需求，开拓更大的男性商品市场。

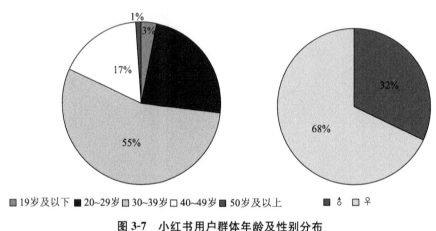

■19岁及以下 ■20～29岁 ▨30～39岁 □40～49岁 ■50岁及以上 　　　■ ♂ □ ♀

图 3-7　小红书用户群体年龄及性别分布

3.4.4　小红书的营销策略

1. 内容营销

在小红书 APP 中，可以用一张图和三个标签来表明商品的品名、出处和价钱，这恰恰是海淘消费者最需要知道的信息。小红书采用图片视频与文字相结合的方式将商品直观的分享到潜在消费者眼中，并且小红书在发帖方面新增了滤镜功能，使用户可以创造出更美的图片，更加促进了消费者的购买欲望。搜索版块则集中了地区和达人的分类信息，保持了其旅游购物查阅的工具性。用户发布的分享内容通常包括晒物图和具体笔记，在购物图上通常包括品牌便签、价格标签和地点便签，而在具体笔记页面则可以看到楼主撰写的购物或使用心得。除此之外，小红书用户分享的笔记还具有非常高的转化率，具备商业价值。例如，环球蓝联联手小红书综合了 187 万年轻人的意见，告诉大家投票排名前十的欧洲最值得购买好物，而每件好物都有超过 20 万来自购物达人们的投票。

2. 产品营销

（1）产品框架设置。

小红书将"关注"和"发现"放在首页，"关注"中可以看到用户感兴趣的达人等分享的笔记，而"发现"中则根据用户搜索过的内容推送一些相关的关注度比较高的笔记，这样使内容呈现更为清晰，方便用户快速接触到最新的用户感兴趣的精华信息。小红书APP最重视的功能仍然是社区功能，一个只用社区功能，或者把小红书定位为"海外商品真实口碑平台"的用户，如果不想参与那些闹哄哄的抢购，他可以完全不受影响地取阅小红书的信息；而希望迅速买东西的人也可以跳过社区，直接进入"商城"版块买买买。

（2）产品内容展示形式。

小红书里的这些商品推荐都是真实的 UGC 内容，与厂商无关，甚至广告和代购信息也会被尽量剔除。除了真实用户的口碑推荐外，还在社区内的内容上打上了标签，用户每点开或者收藏了一个帖子，都将成为该用户的数据，为平台的精准推荐提供依据。并且小红书的笔记中若推荐了小红书福利社中销售的商品，其笔记的右下方会有一个"可购买商品"链接，并且在小红书福利社的每一款产品内容中都是会不断浮现出最新订单，鼓励消费者进行购买。在商品展示页面中会包括相关的产品规格介绍、其他销售此商品的卖家比较、小红书们的评论以及常见问题。

3. 用户营销

小红书抓住了爱护肤爱美丽的女性朋友的心理特征，分享以及采集从护肤、彩妆到奢侈品等非常齐全的信息。用户不仅可以在小红书中种草许多高性价比的产品，也可在小红书中拔草不少宝贝。同时，在小红书平台上，用户分享自己的心得和经验，以此吸引其他用户的互动、点赞、评论等。小红书同样注重去中心化，鼓励每个用户去发表自己的看法，这有利于增强用户的活跃性。

小红书具有很强的用户互动营销方式。2015 年 6 月周年庆活动中，小红书开展了"小鲜肉快递"活动，使得小红书一炮打红。2016 年"红五"期间开展了"红色大巴车""小红书全球大赏"活动，将品牌红色和圣诞节结合起来，吸睛之余，话题十足。而 2017 年的三周年庆也开展了"胡歌和小红书的三天三夜"系列活动，增加小红书的话题和关注度。

4. 社区营销

（1）功能营销。

小红书鼓励用户分享出自己的购物经验，并且社区里有购物达人榜，每个达人会有类似皇冠、勋章等代表达人级别的虚拟头衔，在内容上有贡献的用户会得到积分奖励。用户可以关注自己感兴趣的达人，及时查看他们分享的信息。如果对商品存在疑问或者有问题想请教，还可以通过评论和楼主互动。此外，对于还没有买到心仪之物的用户，小红书设置了一个具有收藏功能的"心愿单"，能方便用户在力所能及时照单购物。在一些重要的节日，小红书还考虑将其心愿单透露给其他相关用户。

（2）制度营销。

小红书的社区管理制度很到位，避免了广告等大量垃圾信息，保证大家来分享的信息都是有用的有意义的。购物笔记新版本增加了用户举报功能，编辑会关注用户举报的帖子，特别是那些等级高的用户，同时有多人举报的帖子会被删掉，让用户来监督内容的纯净性。就算水军在购物笔记平台发软文，也是不容易推广的，社交媒体的用户关注功能是很好的过滤机制。

5. 商家营销

品牌供应商可以直观地在社区中看到收藏和喜爱自己产品的真实用户，小红书的榜单都出自群众智慧，公信力的价值也基于 UGC。这些榜单浏览等数据可以为小红书福利社的选品和备货提供指导。与新浪微博等一般的社交网络不同，小红书开展商业并不会影响用户体验，用户使用购物笔记社区就是为了获取或分享有价值的海外商品购买信息，商家的折扣促销、新品发布等信息是基于购买目的在用户关系链中传播，所以在传播效果上并没有让用户有明显的"违和感"。

3.5 小红书的综合分析

3.5.1 小红书的 SWOT 分析

图 3-8 是对小红书的 SWOT 分析。

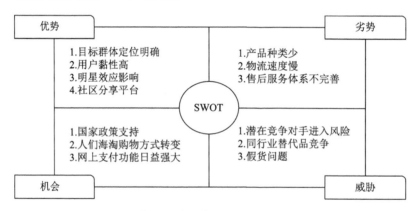

图 3-8 小红书 SWOT 分析图

1. 优势

（1）目标群体定位明确。

小红书的目标用户是定位在具有中高消费能力的年轻女性，定位明确。这一部分人群的收入水平使其消费能力和消费意愿极高，良好的商业运作可以将之转化为极高的商业价值。

（2）用户黏性高。

相对于其他电商平台来说，小红书最特别的是其拥有海外购物分享社区。用户可以在社区上分享其购物心得，以此来吸引其他人点赞、关注、互动，增加用户参与度，达到购物交流的目的。由于用户主体为具有较高消费能力和海外购物经验丰富的女性，使得小红书的社区版块是以高质量的帖子著称。因此，社区的用户黏性极高，高质量的内容带动的是极高的转化率。

（3）明星效应。

小红书社区分享平台吸引了众多有海外购物经验的女性来跟大家分享自己的商品使用体验。明星的加入使得粉丝们纷纷来小红书"种草"，也有相当一部分用户直接"拔草"。

（4）社区分享平台。

不少电商平台建设多以品类优化管理、直播等形式刺激消费者购物，其平台建设缺乏特色，没有吸引力，且极易被模仿。而小红书平台建设采用"社区＋福利社"的形式，是基于广大分享海外购物经验的用户群体建立起来的跨境电商平台，其创建形式很难被模仿，对新进此行业的跨境电商平台的竞争起到一定的屏障作用。

2. 劣势

（1）产品种类少。

小红书从社区升级为社区电商，最为重视的就是用户体验的长尾效应。但由于小红书成立时间较短，供应链体系不完善导致提供的商品品类不全，不能很好满足消费者的需要。许多用户在社区里讨论的热门商品还无法在福利社中购买到，导致了一部分消费者的流失。

（2）物流速度慢。

虽然小红书自营商品采取的是保税仓发货的形式，物流速度较快，但小红书平台还有很多第三方入驻的商家，而第三方入驻商家采取国外直接发货形式，产品运输过程中涉及进出口报关清关的事宜，清关时间较长，这会严重影响到产品物流运作，延长运输时间。

（3）售后服务体系不完善。

小红书刚刚成立四年多，与其他跨境电商相比，其团队规模还很小，只有为数不多的几个人做售后服务，线上回复不及时，并且退货、退款等售后服务体系较差，这将严重影响用户对小红书的信任和依赖。

3. 机会

（1）政策推进。

在"一带一路""互联网＋"等红利的刺激下，跨境电商在增长相对乏力的宏观经济中表现突出，正在成为中国国际贸易的新生力量。2013 年以来支持跨境电商便利通关的政策已经明确，跨境进口电商开始逐渐规范化。2015 年，国家规范了进口税收政策并降低了部分进口商品的关税。2016 年以来，国家对跨境进口电商零售产品实行了明确的鼓励政策。随着国家以及社会的支持，跨境进口电商将会越来越规范，跨境网购也将越来越普及化。

（2）人们购物方式转变。

传统的消费习惯多是人们面对面的直接消费，而网络购物作为一项新型的购物方式激起了消费者极大的兴趣，电子商务逐渐得到了社会的认同，如 2017 年天猫"双 11"全球狂欢节再破纪录，其交易额达到 1682 亿元，这为电子商务创造了巨大的提升空间。

（3）网上支付功能上线。

近几年，跨境电商作为电子商务的重要组成部分，已经成为国际贸易的主流力量。

尤其是金融行业逐渐完善。支付宝、银行卡、微信等网上支付方式替代现金支付，满足消费者网上购物结算功能，给跨境电商带来新的机遇。

4. 威胁

（1）潜在竞争对手进入的风险。

由于行业进入门槛不高，行业内新进入潜在竞争对手对小红书造成了一定的威胁。跨境进口电商成立时间不长，加之国家政策的支持，大量创业公司和小公司可以从中找到许多机会和突破口。

（2）同行业竞争。

小红书面对的威胁首先是来自成立时间较早，资金实力雄厚的电商巨头，例如，占据电商重要地位的阿里巴巴；其次是成立时间较晚的创业型公司和小公司。在现有的跨境电商竞争行业中，达令、蜜芽、淘全球等占有一定的市场份额，他们经过多年的耕耘，集聚了许多高质量的海外商家，加上在供应链中间省去多个物流环节，销售商品质量高且价格低，对小红书构成了不小的竞争压力。

（3）替代品的威胁。

由于跨境电商企业都是建立在信息平台上，商品价格都是相对透明的，消费者可以通过搜索网站了解并且比较商品价格，并最终选择较低价格同质量商品。总体来说，跨境电商行业由于商品的同质化较高，中小型跨境电商企业众多，追求利益最大化的企业难免会通过打价格战的形式提高自身的竞争力。

3.5.2 小红书的行业竞争力分析

本文选取了三个具有代表性的小红书主要竞争对手——唯品国际，洋码头，网易考拉海购，并从经营模式、产品及供应链及售后三个角度进行对比分析。

1. 经营模式对比分析

表 3-2 显示了小红书及其主要竞争对手经营模式的异同点。

表 3-2　小红书及其主要竞争对手经营模式对比

代表平台	小红书	唯品国际	网易考拉海购	洋码头
经营模式	社区型自营 B2C	闪购模式	综合自营模式	直发/直运平台模式
模式介绍	社区加商城的模式，以海外购物分享社区版块带动跨境消费需求	凭借积累的闪购经验及用户黏性，采取低价抢购策略	以自营为核心，依托媒体型电商优势，在供应链端做海外品牌在华最佳合伙人	创立海外场景式购物模式，通过买手直播真实的购物场景，海外个人买手或商家从当地采购

小红书所采用的社区型自营 B2C 经营模式具有极大优势：目标用户定位明确且消费能力和消费意愿极高，目标市场中竞争对手较少。社区用户参与度高，发帖质量高，且用户黏性极高，高质量的内容带动的是极高的转化率，商品的精准度极高更容易击中用户的痛点。但同时，该模式也存在一些缺点：提供的产品品类、数量很少；团队规模很小，售后服务体系不完善；没有形成自己的产品供应链和物流体系，产品少且

物流慢。社区版块中一旦软文广告泛滥将会严重影响其产品社区的形象，降低用户黏性。

唯品国际最大的特色是闪购，在这种经营模式下，其产品更换快，新鲜度高，客户重复购买率高，折扣带来足够的利润空间，容易产生用户二次购买，能够最大化利用现金流。从正品的角度，直接邀约海外的优质商家；可以让消费者更好地逛起来，可以买更多的东西。但它的主要缺陷在于物流成本高，门槛低，竞争激烈。

洋码头的经营模式为直发/直运平台模式，这种模式的优点在于不必积压大量的商品库存，对跨境供应链的涉入较深。拥有强大的海外买手团队、跨境直邮、成熟的服务保障体系和海外律师团队。不过该经营模式也存在管理成本高，商品源不可控，买手的专业性需进一步提高等缺陷。

网易考拉海购采取的经营模式为综合自营模式，优点在于商品源可控以及一站式购物的模式；此外，网易考拉以网易的品质背书，具有正品优势；跨境零售进口销售额第一，平台口碑及正品信赖度第一的地位本身也是极大的优势。其缺点在于毛利水平低，品类选择少，库存少。

2. 产品对比分析

与其他跨境进口电商相比，小红书的优势在于所有选品都来自于大量社区商品口碑和用户行为分析，保证所售商品都是深受用户推崇的。同时，社区的存在，包括用户笔记、点赞评论等构成的大数据，可以让其更好的选品、预判销量而降低库存风险。另外，小红书采取了闪购模式，95％的商品会在上架 2 小时卖完，商品周转期最长为两周，库存压力较小，极大的降低了运营成本。弱点主要在于商品品种少，种类单一，无法满足核心用户需求。此外，商品描述较简单、售前服务一般，评价系统用笔记代替，用户虽然能知道产品好坏，但从小红书购买后的产品是不是符合描述，物流、服务情况都无从得知（见表 3-3）。

表 3-3　小红书与其主要竞争对手的产品对比

代表平台	小红书	唯品国际	洋码头	网易考拉海购
品类覆盖	彩妆、个人护理、保健品、母婴用品和服装配饰等	美妆、母婴用品、保健营养、食品、居家用品	母婴用品、食品保健、生活家居、服饰箱包、美容护肤	母婴、美妆、服饰箱包、家居个护、数码 3C 等
选品方式	通过数据挖掘用户需求并选出人气最高的商品	买手＋大数据，为用户"挑优品"出谋划策	没有自营产品，主要依赖于优质买手进行商品选择	原产地直采，精选当地消费者喜爱商品
品控措施	原产地交付接收，由检务专员对产品进行仔细检验；每个仓库配备专业的实验室，问题商品送往第三方科研机构进行光谱检测	坚持"产地直采"的自营模式并和国际知名品牌直接建立长期合作关系，推行"三单对接"，实现透明消费	要求卖货方常驻海外，没有中国本地代理商，验证零售商资质，验证个人买手 ID 并确保其长期居住海外	自营 100％入库全检、保税区国检、第三方（国际检测公司）抽检，国家跨境监测中心送检

3. 供应链及售后分析

在供应链及售后服务的竞争中，小红书的优势是保税仓发货，公开透明、物流相对直邮较快、支持 30 天无理由退货以及分享交流非常方便。并且将国外供给根据国内用户需求引入，在供应链上占据主动地位，是一种全新的 C2B 模式。但相较于网易考拉的智能系统和强大的仓储物流能力，小红书还有很大的提升空间（见表 3-4）。

表 3-4　小红书及其主要竞争对手供应链及售后分析

代表平台	小红书	唯品国际	洋码头	网易考拉海购
产品供应渠道	供应商方面选择与品牌商或代理商合作，可以更快拿到商品	在全球 11 个国家和地区设立买手团队并与海外品牌合作	通过平台模式整合供应链，不做自营业务	采用正品直采的方式，与海外品牌直接合作
仓储物流	采取保税自营＋海外直采模式。在 29 个国家建立了专业的海外仓库，郑州和深圳的保税仓面积超过 5 万平方米，且拥有完善的国际物流系统	拥有遍布国内外的 44 个保税仓和 12 个海外仓。采取"三单对接"高效通关模式，12 小时极速发货，通过遍布全国的自建物流体系高速运输实现快速送达	有官方的国际物流贝海国际，在全球建立了 17 个大型国际物流中心，覆盖美国、欧洲等多地，服务于 20 多个国家和地区，每周 90 多个全球班次航线入境	开发了智能化管理系统"祥龙"与"瑞麟"，以保税仓为核心，涵盖保税、海外直邮、海外集货、一般贸易等多种形式。已建成和在建保税仓面积位居行业第一，五大保税仓覆盖全国并在跨境物流中首家实现"次日达"
售后服务	推行 30 天无理由退换货，并且免运费	实行 7 天无理由放心退，退货流程全部在中国境内完成，退款快，操作简便	本土退货，海外维权。如买到假货，中国买家退货只要把货退到上海，其海外团队帮消费者海外维权	针对跨境保税商品实行 7 天无忧退货，部分商品为 30 天无忧退货

3.6　对小红书的政策建议

3.6.1　丰富产品种类

由于小红书成立时间较短，产品供应体系不完善，导致商品种类较少，小红书社区推荐的很多商品都不能在商城平台购买到。因此，小红书应根据社区分享，与更多的商品供应商合作，丰富产品种类，提高社区分享平台的商品购买转化率。

3.6.2　加强客户服务及售后体系建设

目前，小红书商城购买平台客服体系不完善，当客户对商品有疑问，无法与客服进行及时有效的沟通，这极大地降低了客户的购买欲。小红书应建立客户与商家的沟通平台，有利于商家解答客户的各种问题，如商品优惠、颜色、尺寸、物流等。

同时，当客户购买的商品出现问题，如瑕疵、假货等，有利于客户及时与商家沟通维权。

此外，小红书的售后存在非常严重的问题，很多客户反映小红书售后联系难，维权难，退货难。小红书售后主要存在两个问题，一个是售后入口不明显，客户不能方便地与客服沟通；另一个是客服人员较少，回复慢，效率低。因此，小红书应当合理增加客服人员数量，并对客服人员进行专业培训，毕竟售后是提高客户体验并留住客户最重要的一环。

3.6.3　加强供应链建设

国家对于跨境电商的税收实行了严格监管的政策，无疑对跨境电商行业产生一定的冲击。"小红书"应该联合海外合作商共同应对新税改政策带来的成本上升问题，要加强海外供应链建设，大力发展海外直邮业务以减轻保税仓库的成本费用，尽最大努力减轻政策带来的不利影响，使用户依然能够买到物美价廉的商品。电商尤其是跨境电商的竞争越来越体现为供应链的竞争，各个供应链节点企业只有相互合作，保证信息的畅通和透明，不断优化供应链，才能在整体竞争格局中保持竞争优势。

3.6.4　加强社区体系维护

社区模块是小红书发展的基础，优质笔记则是社区模块的核心，良好的社区模块发展驱动了商城版块的繁荣发展。然而，一些商家会出于利益花钱请优质写手以笔记形式在社区中发布软广信息，长此以往必定会对小红书的社区生态造成毁灭性的打击。为了避免这种情况发生，小红书应当提早做好准备，加强社区体系维护，准确分辨并及时清理这些软广笔记，为社区模块营造一个良好的环境。

3.6.5　拓展在线旅游服务

小红书起源于解决旅游购物难问题，用户经常会在社区中分享旅游攻略和经验心得等，因此小红书也可以发展在线旅游业务，为消费者提供多样化的选择。消费者不仅可以通过小红书在家享受到来自"全世界的好东西"，而且可以通过小红书在线旅游模块，亲自到异国他乡采购小红书系列产品。小红书可以直接与当地的品牌合作，实现"线上＋线下"的新零售模式，延伸业务链，增加营业收入，在愈加激烈的市场竞争中获得更加有利的地位。

3.7　调研心得

通过本届"沪杏杯"电子商务调研大赛，我们对于跨境电商的行业政策、发展和未来的趋势都有了比较直观的了解，同时我们也在这次调研中学会了如何发现和解决问题。在刚开始调研时，我们也曾茫然无措，但是在我们一步步的探索和指导老师的耐心指导下，我们对整个调研有了比较清晰的规划。首先我们通过网络、书籍等途径，收集了大量有关于跨境进口电商的信息。并从多个角度分析已获得的信息，这为我们后续分析"小红书"奠定了理论的基础。

做好前期准备工作后，我们对小红书进入了深入走访研究，发现小红书是个典型的 UGC 和福利社相结合的平台，并且近些年来发展非常迅猛。为了了解小红书的消费者市场，我们通过问卷调查的形式，在互联网上发放问卷，收到了 486 份有效问卷及其相关数据；同时，还通过网络等方式收集到一些买手的信息，知道了一些卖家对于小红书的意见。调研过程中，虽然行吟信息科技有限公司的职工对我们的一些问题也没有较为直观的回答，但是我们还是从中发现了如商品质量无法保证，物流不靠谱等需要改进的问题。

4. 苏宁云商调研报告

参赛团队：上海理工大学瑞旗（Rich）队
参赛队员：刘少杰　詹艳阳　关辉　占荣生
指导教师：倪静
获奖情况：二等奖
关键词：苏宁云商　商业模式创新　双重商业模式　传统零售企业

苏宁云商是中国领先的互联网零售服务商，经历了多年的转型升级，苏宁云商已经形成了零售、金融、物流三大业务单元协同发展的态势。本报告在对苏宁云商集团股份有限公司实地调研的基础上，通过对苏宁易购平台的市场运营、市场营销、市场竞争、经济效益、运营模式等方面进行分析，使用波特五力分析模型进一步了解现阶段苏宁存在的不足并针对此提出相关建议。

4.1　调研背景和过程

4.1.1　家电市场的宏观环境

据中国行业信息网报告，自 2015 年以来，在宏观经济环境及住宅产业低迷等综合因素的影响下，中国家电行业市场增长动力不足，市场需求相对清淡，主要产品销量增速放缓，大家电陷入负增长困境。尽管如此，中国家电消费升级的态势保持不变。为此行业中的相关企业都把创新作为突破口，重视产品研发和投入，持续优化产品结构，产业转型升级得到了健康稳定发展。

1. 消费市场缩减导致产量下降

国家统计局数据显示，受到消费市场影响，2015 年多品类家电产量下降，其中，冰箱产量同比下降 1.9%，空调产量同比下降 0.02%，冷柜和洗衣机产量同比增长分别为 2.3% 和 0.7%，仅微波炉保持 13.2% 的两位数增幅；小家电与厨房电器也未摆脱部分产品产量下降的局面。吸尘器、饮水机、电烘烤炊具产量同比分别下降 3.1%、2.1%、11.1%，如图 4-1 和图 4-2 所示。

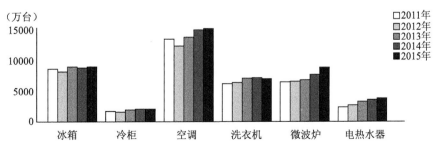

图 4-1　2011—2015 年中国大家电产量走势

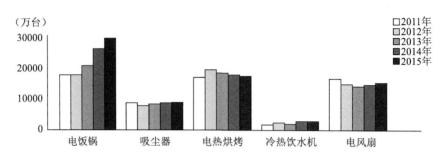

图 4-2　2011—2015 年中国小家电产量走势

2. 内外销市场规模缩减

2015 年，中国家用电器内销市场持续低迷。中怡康数据显示，2015 年，冰箱零售量同比下降 4.9％，零售额同比下降 1.3％；空调零售量同比下降 1.1％，零售额同比下降 4.8％；洗衣机销量同比微增长 0.6％，销售额同比增长 4％；为消化过高的库存，空调平均价格有所下降；厨卫电器零售量增幅为 4％～5％，零售额增幅为 7％～8％。国家信息中心 24 个重点城市家电零售监测数据反映出同样情况（见图 4-3）。

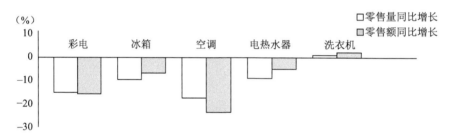

图 4-3　2015 年中国 24 个重点城市部分家电零售同比变化情况

受到全球经济不景气及汇率大幅波动的影响，中国家电出口市场持续走低。2015 年，中国家电业出口额为 565 亿美元，同比下降 2.7％；进口额为 33.4 亿美元，同比下降 6％；进出口贸易总额为 599 亿美元，顺差额为 532 亿美元，同比分别下降 2.9％、2.5％。海关总署数据显示，我国对多国家电出口量均有同比下降情况，海外市场略显低迷（见图 4-4）。

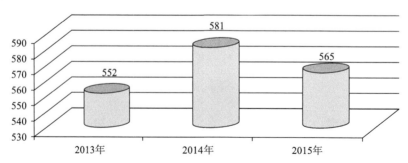

图 4-4　2013—2015 年中国家电出口额走势（亿美元）

3. 线上市场发展迅速

在互联网的浪潮下，"互联网＋"推进了中国家电营销模式的转型，渠道业务的电商化，使线上销售规模大幅增长。"双11"期间，企业与商家全力促销，线上市场销售大幅增长。奥维云网（AVC）数据显示，2015年，线上市场，冰箱、洗衣机、空调零销量增幅均为65％左右，吸油烟机增幅为39％，厨房小家电增幅翻番。但线上市场分流了线下市场的销量，市场总体的低迷状况没有扭转。

与此同时，中国家电业线上市场的业务内涵也发生变化，正在从价格战向生态体验竞争转变，伴随从商品、服务、物流到互联网金融等全面覆盖的购买体验不断升级，围绕生态体验的竞争促进电商步入良性发展的阶段。

4.1.2 消费者分析

苏宁的消费者主要还是以年轻人和年轻家庭为主，他们具有较高的收入或者热爱网购消费，热爱新事物，充满活力。年轻消费者仍然是大多数电商争取的对象，他们是消费的主要带动者。

1. 消费者需求分析

（1）基本需求方面，苏宁易购的年轻消费者的基本需求就是购物安全的保障和商品合乎要求，质量品质得到保障。

如果此类需求没有得到满足或表现欠佳，客户的不满情绪会急剧增加，并且此类需求得到满足后，可以消除客户的不满，但并不能带来客户满意度的增加。

（2）期望需求方面，对于年轻消费者来说，购物的选择有很多。如果哪家能够带来期望的需求就更好了，所以对于苏宁易购的年轻消费者来说。便捷、轻松、愉快的购物体验，快速的物流、安全的保障、安心的服务，是他们所期望的需求。

此类需求得到满足或表现良好的话，客户满意度会显著增加，当此类需求得不到满足或表现不好的话，客户的不满也会显著增加。这是处于成长期的需求，客户、竞争对手和企业自身都关注的需求，也是体现竞争能力的需求。对于这类需求，企业的做法应该是注重提高这方面的质量，要力争超过竞争对手。所以苏宁易购在这方面需要投入更多。

（3）魅力需求方面，对于苏宁易购的消费者来说，在购物过程中如果苏宁易购不仅能够满足他们的基本和期望需求，同时还能满足他们潜在的需求，说明苏宁易购的确比较完善了。但是现在，苏宁易购在这方面还需要做很多。

此类需求一经满足，即使表现并不完善，也能到来客户满意度的急剧提高，同时此类需求如果得不到满足，往往不会带来客户的不满。这类需求往往是代表顾客的潜在需求，企业的做法就是去寻找发掘这样的需求，领先对手。

2. 消费者生活方式分析

苏宁作为线上线下并存的企业，其线下门店的消费者主要是出生在1964—1978年之间的X一代，而其线上网络商城的消费者主要是出生在1979—1994年之间的Y一代。

X一代在更具挑战性的时代下长大，经历过时代的巨变，失业和经济不稳定的威胁，X 一代的人更加实用主义和个人主义，他们对于网络海量的广告非常谨慎，虽然有了新兴的购物方式，但还是更偏向于去实体店购买。所以苏宁的线下门店消费者多是那些已为人父母、需要养家糊口的家庭消费者。

Y 一代几乎从出生开始就被"装上了电线"——玩电脑游戏、浏览网页、下载音乐、通过即时信息和手机联系朋友。Y 一代的年轻消费者群体，会更偏好采取网购的形式，这符合他们快节奏的生活要求，然而他们不盲从、自信，闲不下来，所以经常拒绝赤裸裸的营销和"强行推销"，与此同时，他们对于个性化和品质有着高要求，偏好尝试，于是对各方面新兴商品都有需求。Y 一代的年轻消费者群体，他们消费一般比较大方。对网上购物情有独钟，追求时尚、有趣、新兴的事物。在消费方面一般比较舍得。追求高品质的生活方式。同时也希望获得电商提供的高品质服务。

4.1.3 调研意义

家电传统行业如国美、苏宁等企业都经历过了企业发展的繁荣期，位于企业发展周期中成熟期后迷茫的十字路口，面临线下实体门店门可罗雀、国内外市场销售锐减、互联网电商发展欣欣向荣的状况。能否预先判断市场情况，抓住当前"互联网＋"模式的机会，将线下门店转移到线上平台，进行企业转型升级成了能否继续在行业中立足的关键。

苏宁作为曾经传统行业中的大哥大之一，位于信息化浪潮之中，不仅利用 B2C 模式将线上与线下平台联系起来，还多方面扩展了互联网金融、物流等项目。然而苏宁在转型升级过程中还存在一些不足，与同行业其他先锋企业仍旧有一定差距。由此，我们针对这些问题对苏宁进行了全面、客观、理性的调研，总结其转型过程中的经验与阻碍，以此为其他传统企业提供借鉴。

4.1.4 调研过程

1. 调研对象

本报告以苏宁云商集团股份有限公司为调研对象，通过资料收集、实地考察、管理者访谈等途径对其旗下的线上 APP 与线下门店及其在同行业市场中的竞争力等状况进行分析与比较。

2. 调研主体

本次调研主体为实施调研的瑞旗（Rich）队各成员以及被调研的苏宁云商上海分公司的相关代表。

3. 调研方法

本次调研主要采用高层访谈、实地考察、权威机构数据分析等方式获取调研信息，并且实地走访，深入了解企业运营发展，感受企业工作环境。

4. 调研分工

本次调研的绪论及总结部分由詹艳阳负责；前期调研企业的联系以及调研基本情况主要由关辉负责，刘少杰进行补充；苏宁转型过程中的运营模式分析这一块由刘少杰负责，同行业市场情况这一块由占荣生负责，苏宁云商在转型过程中的碰到的问题及相应对策则由全体成员磋商得出一致结论。

5. 调研进度

按照计划进程，团队成员积极开展前期资料收集，在与苏宁上海办事处取得联系后进行实地调研获取信息，最后编写报告进行整合，由队长负责审核。

4.2 调研基本情况

4.2.1 企业介绍

苏宁创办于 1990 年 12 月 26 日，第一家门店位于江苏省南京市宁海路，专营空调。2004 年苏宁电器在深圳证券交易所上市，以优良的业绩获得市场的肯定，并被巴菲特杂志、世界企业竞争力实验室、世界经济学人周刊联合评为 2010 年（第七届）中国上市公司 100 强，排名第 61 位。2013 年胡润民营品牌榜，苏宁以 956.86 亿元品牌价值排名第九位。

4.2.2 发展历程

1999 年开始，苏宁电器承办新浪网首个电器商城，尝试门户网购嫁接。

2005 年，组建 B2C 部门，开始自己的电子商务尝试。

2007 年，苏宁网上商城三期上线，销售覆盖全国并拥有单独的线上服务流程。

2009 年，苏宁电器网上商城全新改版升级并更名为苏宁易购。

2012 年 9 月 25 日，苏宁易购收购红孩子商城旗下网站缤购网，加速苏宁易购"去电器化"。

2013 年 2 月，更名"苏宁云商"，并进行组织架构调整，打造线上电子商务、线下连锁平台和商品经营三大经营总部，探索线上线下多渠道融合、全品类经营和开放平台服务。

2013 年 12 月，推出首批互联网门店，并启动大规模门店互联网改造技术。

2014 年 2 月，将线上电子商务和线下连锁平台经营部整合为线上线下的"运营总部"。

2014 年 3 月，成立"苏宁互联"独立公司，集团全面进军移动零售业务。

4.2.3 经营范围

家用电器、电子产品、办公设备、通信产品及配件的连锁销售和服务，计算机软件开发、销售、系统集成，百货、自行车、电动助力车、摩托车、汽车的连锁销售，实业投资，场地租赁，柜台出租，国内商品展览服务，企业形象策划，经济信息咨询服务，人才培训，商务代理，仓储，微型计算机配件、软件的销售，微型计算机的安装及维修，废旧物资的回收与销售，乐器销售，工艺礼品、纪念品销售，国内贸易。

4.2.4 线上线下销售情况

随着经济全球化和电子商务的发展，中国市场面临着严峻的挑战。一大批企业都面临着是否转型以及怎样转型的问题。苏宁作为其中成功转型的案例，有它独特的营销策略，同时善于抓住机遇。例如，认识到网络购物的迅速发展而创设苏宁易购网上商城，认识到自己产品单一而创设苏宁 Expo 超级店，成功实现了线上线下的统一，全方位共同发展。再比如，苏宁抓住机遇而做的广告促销与海外并购，也体现了独特的眼光。然而，市场总是千变万化难以捉摸的，机遇与挑战并存，虽然苏宁运用自己独特的营销策略取得了成功，但是仍然面临着极大的挑战，例如线下有国美的价格竞争，线上有京东的网络竞争，苏宁在改变人们对它传统的认识方面也存在劣势。所以在未来的市场竞争中，苏宁仍然有很长的一段路要走，营销策略方面也有待进一步改善，而营销组合方面也是不可忽视的一点。

4.2.5 盈利模式

苏宁将自身定位为渠道商，也就是一个大型的购物平台，其盈利主要来自"供应"和"销售"两大块（见图 4-5）。

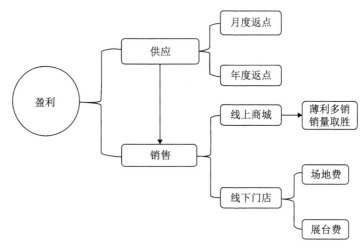

图 4-5 苏宁盈利方式

在供应领域，苏宁通常会与厂家签订月度常规提货返点协议。比方说，冰箱厂家出了一款新产品，决定售价 10000 元，但其在卖给苏宁时，会签订月返利折扣，如果说这个折扣额是 25%，那么苏宁从厂家拿货实际付款就是 7500 元，然后苏宁会根据型号的差异以及市场反馈来进行不同的价格定位，来决定这款新型冰箱到底是多赚钱还是少赚钱，如果以 10000 元卖给顾客，那么毛利润就是 2500 元，如果以 8000 元卖给顾客，那么毛利润就是 500 元。除月度常规提货返点外，苏宁还会和厂家签订年度返点协议。类似于前者，如果 2017 年苏宁从知名电器厂商美的那里购入市值 100 亿的冰箱，那么美的就会承诺苏宁给与优惠，或是全年销售额达到相应标准，返利点数为 6%；或是用畅销型号或利润产品来进行台阶返利。

在销售领域，苏宁的利润来源可进一步细分为线上和线下两块。

线上销售主打薄利多销的策略，通过在供应端低价拿货，再投放到线上苏宁易购平台进行低价销售，形成话语权和规模效应，以量取胜。以美的一款双开门冰箱为例，

BCD-520WKM（E）的全网参考价为4059元，在淘宝售价为2999元，而苏宁易购则在淘宝的基础上再降100元，仅售2899元。利用线上强大的低价促销策略，以低价来吸引顾客，以顾客的浏览量和下单量来吸引供应商愿意将货源提供给苏宁这个平台来销售，取得行业话语权，进一步把市场做大。

在线下，苏宁利用自身的门店优势，通过向厂商收取场地费和展台费来获利，在任意一家苏宁门店，顾客一进门，一上电梯，一眼就能看到商品的位置，往往也是供应商最希望自家产品被经销商所摆放的位置，而这个位置到底是给海尔、海信、苏泊尔还是西门子，就需要各大厂商来竞价获取。越好的位置收费越高，而在黄金地段的苏宁门店里的黄金展台费，可能一年就要几百万。苏宁的平台优势尤其对那些鲜有人问津的中小品牌有着强大的吸引力，因为他们往往缺乏资金和精力，在全国范围内开设足够多的门店来销售自家产品，他们也渴望能够通过苏宁这样一个平台来打开自家产品销路。于是面对此类供应商，苏宁就占据了主动，苏宁会要求先拿货后还款，甚至是等到商品成功售出再支付货款，包括将余货退还、推迟还款期限、压低价格等种种手段来保证现金流。当然，面对强势厂家的热销产品，苏宁的优势就相对降低不少。

4.3 苏宁转型过程中的运营模式分析

4.3.1 B2C 模式

苏宁采用线上与线下相结合的双重商业模式：线上苏宁易购，线下门店销售（见图4-6）。

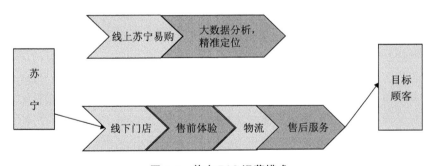

图4-6 苏宁B2C运营模式

苏宁首先通过自建网络平台——苏宁易购的方式，将自己的商品与服务放到网上，延伸自身品牌的价值。在目标客户方面，运用大数据分析方法进一步确定目标客户、明确目标客户的特定需求，然后有针对性地进行营销和销售。例如将线上线下会员信息整合，根据会员以往的购物清单推测出其购物倾向，定向发送其感兴趣的商品活动信息。通过一系列措施，最终达到双重商业模式创新的目的。

苏宁还将实体店的作用与产品展示、售前体验、物流派送、售后保障相结合，不仅提升了线下门店的价值，而且增强了线上线下的协同效应，在提高企业运营效率的基础上，降低企业的运营成本，增强企业的核心竞争力。苏宁同样注重不断改进与供应商的关系，通过开放平台来进行运营整合，打通线上线下做云商，改变创造和送达产品价值的方式，为消费者、供应商创造价值，从供应链创新的角度来实现商业模式创新。

同时，还从系统的视角出发，以自身平台为基础，开放物流，并利用云技术对供应链、大数据进行整合，与供应商、中小零售商、员工与消费者等建立起新型的共生关系，打造出一种不同以往的零售生态系统。在这个开放的共生系统内，苏宁和它的商业伙伴能够共同创造价值并分享价值。

4.3.2 物流模式

苏宁作为中国 3C（家电、电脑、通信）家电连锁零售企业的领先者，是国内第一家 IPO 上市的家电连锁企业，是传统零售企业转型的领先者。苏宁易购作为建立在苏宁电器强大后台基础上的电子商务平台，与实体零售协同发力，苏宁易购旨在通过利用苏宁既有优势，将虚拟经济和实体销售模式相结合，配合苏宁电器集团打造虚实结合的新型家电连锁模式。目前，苏宁的物流模式主要为以下两种。

1. 采用自营物流配送模式

苏宁扩展线下门店的功能，使之不仅具有销售功能，在集展示、体验、市场推广和售后服务乃至休闲社交等功能的基础上，更进一步成为商品的配送中心。通过配送中心，根据用户的订单和销售预测，进行规模化采购、进货、保管，然后按客户订单所需商品及其数量，在规定的时间准时送达下一级的配送中心，苏宁的连锁门店，还有苏宁的终端用户。苏宁还专门开发了商品寻源系统，消费者在苏宁易购下的订单，系统会自动先搜索消费者配送地址附近的苏宁实体店。如果实体店有货，快递人员就会迅速将商品派送到指定地址；如果顾客在门店看中暂时缺货的产品，系统就会将距离门店最近的物流仓库的货物匹配到店，然后顾客可根据需要选择自提或者配送。相对于之前的线上下单、线下提货而言，这种全面消除线上线下壁垒的一体化物流能够为消费者带来更好的体验感。2010 年，苏宁成立了自己的毛细物流配送体系——速递队伍，经营区域包括北京、上海、天津、广州、南京、苏州、无锡、武汉等 11 个主要城市；除了大型配送货车外，苏宁易购的另一支配送小分队也在日益壮大，他们每日满载各种小件商品，穿梭于城市街道之间。

2. 采用第三方物流配送模式

对于在配送方面没有能力提供快速便捷的物流服务，或是物流配送成本远超收益的地域，苏宁则将部分物流配送业务或全部配送业务外包给专业的物流公司。

4.4 同行业市场情况

4.4.1 同行业比较

苏宁与同行业相比，其优缺点如表 4-1 所示。

表 4-1　国内主要电商平台对比分析

电商品牌	平台优点	平台缺点	经营模式	配送模式
京东	物流快，品质好	相比来说商品贵	自主经营模式 B2B	普通快递，邮局普包，EMS，公路运输，中铁快运
淘宝	商品种类齐全	产品品质良莠不齐，物流速度不确定	C2C 模式，批发零售，分销，特产，专业产品，实体店网店，虚拟产品模式	圆通速递，中通快递，韵达快递，中邮 EMS 等快递
聚美优品	折扣大，商品都是大众喜爱的产品	商品种类少，主要针对化妆品	微博营销，娱乐营销，与其他团购网络合作	第三方配送
拼多多	模式新颖，便宜	商品质量问题较多，宣传方法让人诟病，物流慢	拼单营销，打价格战	一些不出名的第三方物流
苏宁易购	电器品质过硬	商品品种少，没有自己成熟的物流	B2C 模式，线上线下都销售	自营配送，第三方物流配送，物流一体化配送，共同配送，众包配送等

与同行业比较来看，苏宁的电器凭着过硬的品质和线下体验线上线下购买的方式赢得了大家信任。但是，线下的苏宁体验店只有电器，没有其他的商品，线上的商品也是主要围绕电器，其他的生活用品或者食品种类很少；而且在面临京东这样的对手时，苏宁受到的冲击很大。就电器品质来说，京东电器的品质远比拼多多和淘宝电器的品质更能赢得顾客的心，和苏宁来比较的话，品质也是不居下风，而且顾客们经常用淘宝和京东买东西，手机里有个京东的 APP 是很正常的，但是当顾客们想买电器时，可能也会想到苏宁，但是想到京东和苏宁品质差不多的情况下，顾客们可能不会为了买电器又下一个苏宁 APP，苏宁 APP 的下载数量不及淘宝和京东是很正常的，而且京东的快递速度非常快，这也直接影响到了苏宁的销售量。苏宁和聚美优品来比的话，没有什么竞争力，聚美优品主要销售畅销化妆品，和苏宁的模式不太一样。虽然商品种类少，但是苏宁正在往多种类商品发展，而且苏宁的物流模式也正朝自营配送方向转变。

4.4.2　波特五力分析模型

1. 替代产品的威胁

现在的电商大平台是给商店提供一个卖出去的平台，给顾客一个买东西的平台，里面存在多个中间商。我们注意到有一个叫"必要"的 APP，给原生产厂家提供了一个平台，去除了多个中间商，简单来说就是买家可以拿到比市场价更低的商品，"必要"这个新模式给目前的电商大佬们带来的冲击巨大，以后很有可能取代目前的电商模式，不过这个模式还没有成熟，等到它成熟时，苏宁等大企业只能转型。

2. 潜在的新进入者

虽然电商蛋糕很大，新进入的企业日益增多，但是这个行业的核心竞争力还是牢牢的把控在现在几个电商大佬的手里，其他替代者不太可能出现。除了成本领先战略和差异化战略不可能出现外，价格战也不能持久，况且苏宁电器的价格利润比较透明，不太可能出现长时间的价格战。

3. 现在的竞争者之间的竞争

和淘宝的竞争不太激烈，小电器可能会在淘宝买，但是大电器顾客还是会选择京东和苏宁；拼多多的商品不太可能引起大家的信任，而且拼多多更多注重日用品和食品，和苏宁的竞争不大。相较而言，京东是苏宁的最大竞争对手，京东的电器品质顾客都能信得过，而且京东的快递极快，京东商城的商品种类较多，几乎每个年轻人的手机里都下载过京东。

4. 供应商讨价还价的能力

苏宁作为电商的巨头，和联想、三星、华为、小米等一些知名品牌合作，给这些品牌提供了一个平台，苏宁可以选择两种合作方式，当进货和销售货物差价大时，苏宁可以选择进货卖货；如果差价不大时，苏宁可以选择收取平台费。在这两个模式中，苏宁的灵活性大，而相对来说，供应商的讨价还价的能力降低。

5. 买方讨价还价的能力

电器的价格比较透明，线上购买顾客是不能讨价还价的，所以顾客讨价还价的能力比较弱，这对苏宁来说是有利的；线下的商店顾客也不太可能还价，在现在网络信息流通的社会，一个电器的商品可以很容易的查到，所以线下顾客的讨价还价能力也是比较弱的。

波特五力模型分析说明，苏宁的威胁主要在于：一是直接从生产厂家进货的平台有可能取代现在的电商模式，所以苏宁需要清楚地了解现在的电商行业是否处在衰退期，若处于衰退期，就需及时转型；二是电商大佬京东，需要及早防范，要不然迟早会被其挤出市场。

4.5 转型过程中的问题与对策

4.5.1 存在的问题

1. 战略定位不明

苏宁近几年发展很快，自 2013 年 2 月转型云商以来，苏宁相继开展一系列的跨界并购，收购红孩子、PPTV，甚至进入商业地产、文化娱乐、足球体育、金融保险，CEO 张近东的想法是好的，是希望通过多元化发展形成规模效应，来分散经营风险。但问题在于跨界发展的频度太高，而且不完全不充分，在不具备足够专业人才和专业技术的情况下，每进入一个崭新的行业，都必然给出大量的企业学习成本，就分散了原本的现金流，使得主营业务收入和净利润不断下滑，最终产生巨额亏损。2014 年，苏宁亏损 14.59 亿元，扣除非经常性损益后亏损高达 12.52 亿元（见图 4-7）。

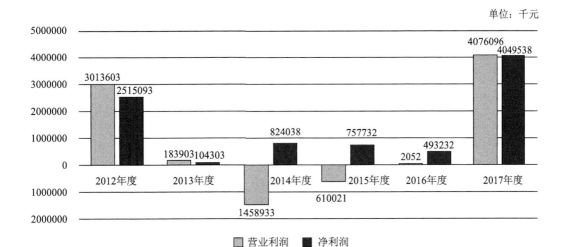

图 4-7 苏宁云商 2012—2017 年利润变化

此外，品牌延伸的一个巨大弊端在于，品牌名称对任一产品识别效果的弱化，也即里斯和特劳特所说"产品线延伸陷阱"。品牌就像是一根橡皮筋，多延伸一个品牌，就多一分疲劳，少一分弹性，当消费者不再将品牌与特定的或者高度相似的产品联系起来，并且越来越少的想到该品牌时，品牌稀释发生了。笔者认为，以家电起家的苏宁，当下就有陷入战略定位模糊的嫌疑。

2. 电商市场竞争激烈

在"互联网＋"浪潮下，许多传统行业都纷纷向线上转型，其中不乏有成功的企业早早占据了互联网市场的一隅，同时新兴企业又在不断地涌入这个新市场。面对那些已经具有一定规模优势的大企业和新兴企业的一往无前，线上平台正处于起步发展阶段的苏宁能否抓住市场竞争的机会，扩增自己的电商用户数量和销售额是关键。

3. 线下门店运营成本高

据笔者实地走访发现，苏宁云商的大量线下门店，客流量稀少，相应的销售额也就不高，但维持一个线下门店的运转，需要大量的成本，其中主要就是人工、水电和租金。比如，由于行业竞争的加剧以及国家劳动法规的逐步规范，单个员工的使用成本快速上升；在门店店堂内，各大出租地区需要有大量的充足光线来为经销商产品打光，电费开支始终居高不下；而门店租金作为硬性成本，也是令很多门店在租赁合同到期后无法接续经营的首要原因。在无法带来相匹配的回报情况下，苏宁云商的大量线下门店成为掣肘其发展的巨大阻碍。

4. 线上线下商品价格冲突

时至今日，苏宁线下实体店仍是家电厂家的主要销售渠道，大中小各类家电厂家全流程负责产品的经营，而电商日益透明的低价倒逼线下门店也降低价格，但此举则会大幅压缩厂家的利润，同样也使得苏宁承受巨大的门店支持成本，包括房租，工人薪酬以及仓储费。如果苏宁像京东一样卖非主流大家电，比如小尺寸电视、低端冰空洗以及数码手机产品，那么苏宁易购就没有任何优势。如果苏宁在家电和3C上没有优势，那么在其他品类上就更没有优势，如果在自营上没有优势，那么在平台上的建设和竞争就非常勉强。苏宁在较难削减成本的情况下要打价格战是比较困难的。

苏宁的线上线下双轮驱动的发展模式，最大的问题在于价格冲突。因为电商平台不必像线下门店那样承担房屋租金、装修费、水电费、人工成本乃至囤货成本，所以就为价格释放了弹性，在苏宁的网上商城，同一款商品可以卖出比线下门店更便宜的价格，也同时造成线上线下同货不同价的尴尬局面。

5. 物流配送问题

对于电商平台而言，物流直接和消费终端发生关系，配送是否及时，退换是否简单，直接影响着顾客是否愿意再次来你这里消费，否则即使你的商品卖得再便宜，广告做得再诱人，消费者也会改投他人怀抱。在这方面，苏宁的竞争对手——京东，通过自建物流体系逐步站稳脚跟，做大做强，而苏宁虽然也拥有自营物流链，但是发展还不够成熟，在追求发展速度和经营规模的同时，频频爆出客户体验差的问题。此外，在一些偏远城市并没有相应的网点，依旧要靠第三方物流配送。而这不仅加大了商品的成本费用，也不能够保证商品的配送安全。物流问题已经成为掣肘苏宁易购发展的最大障碍。

6. 左右手互搏

苏宁的消费群相对固定，这意味着每多一个在线上苏宁易购平台进行购物的消费者必然不会再到线下苏宁门店去消费；反之亦然，也即线上线下平台在互相争夺目标顾客。线上线下，两个渠道的客流量、商品销售量不是此消彼长就是此长彼消，造成"左右手互搏"的困境。

7. 新商业模式冲击

在信息时代的今天，网络可以成就苏宁、淘宝、京东，但是也可以取代今天的电商巨头。"必要"这个 APP 引起马云的担心，它直接跳过了中间商的阶段，直接用商铺连接生产厂家，这个新模式比现在的电商企业更加适合厂家和顾客，对苏宁等一些电商企业有很大的冲击。

4.5.2 对策

（1）苏宁应该减缓跨界并购的频度，集中资金和技术来主推家电产品，以家电发家的苏宁本就在该领域有着得天独厚的优势，苏宁集团应当针对家电业进行品牌强化，使消费者一旦产生家电类购买需求，下意识的就联想到苏宁。等到苏宁在家电业占据市场话语权后，再慢慢依托技术和资金优势，延伸至其他相近领域，逐步稳健的发展商品多样化。

（2）面对竞争激烈的电商市场，苏宁云商作为以传统零售起家的新型企业，应该打破传统企业文化的禁锢，求新求变，创新进击。苏宁易购大可像淘宝一样人工造节，让潜在顾客养成关注苏宁云商的习惯，不断扩增苏宁易购的用户数量。同时，通过实时监控店铺的页面流量、访问来源、商品分析等数据，通过对订单流量的监测，分析时间以及商品在线上平台的销售状况，更好地调整店铺营销方案，更准确地了解用户需求，有针对性的安排流量投放，最终实现扩增销售额的目标。

（3）缩减当前门店规模和数量。除了可以选择关闭一些人流量最少的线下门店以外，还可以合并当前所在大城市的几家小型门店，建立一体化多元化专门对应电商平台的线下服务中心。与此同时，精简部门管理，裁撤一些线下门店销售员（可以采取一个门店每几个相似品牌一位销售员的模式而不是当前每个品牌几位销售员）。最后，采取电子化管理，引入人工智能和大数据库管理，将客户信息、品牌信息、产品信息录入公司数据库，积极进行创新，实现机器人导购服务，并与线上平台相配合，对每名在线上平台注册过的客户有精确的个性化的导购和营销服务。

（4）通过对线下门店进行改造，让实体店与互联网接轨，使得苏宁线下门店将原先单一的商品陈列及销售功能，多维度的延展开来，集展示、体验、休闲娱乐、互动分享交流等多重功能于一身的集合体，延长顾客逗留的时间，挖掘他们的潜在需要。通过在店内布设多媒体的电子货架，实行全类别产品的电子价签，一旦商品价格发生变化即实现线上线下同步更新，这样就有效的解决了线上线下不同价的尴尬局面。利用互联网技术、物联网来收集并分析消费者行为，进行精准化的广告投放，个性化服务推动实体零售企业进军大数据时代。

（5）利用现有苏宁门店的仓储，扩大物流配送中心，充分发挥连锁经营优势，建立高度专业化的物流配送周转中心，从而实现统一采购、统一配货、统一价格，提高配送效率。

（6）针对线上线下两个渠道"左右手互搏"的窘境，可以从新的考核形式着手，不再将线下门店和线上商城完全割裂开，而是依托线下门店，将线上销售，由某一门店配送的商品一并纳入该门店的销售业绩当中，圈定固定的门店辐射范围，将苏宁易购与线下门店的业绩考核合二为一，让各大区公司既负责门店运营，也承担苏宁易购在本地区的销售业绩，以此来有效解决线上线下"左右手互搏"的问题。

（7）未雨绸缪，思考针对"必要"这种 APP 发展模式的应对策略，这种新的商业模式如果成熟，将会很快击垮现在的电商模式下的电商巨头，所以要预防这种事情发生，比如苏宁可以考虑将自身打造为家电自营的厂家与消费者对接，或者适时转型。

4.6 结论与展望

在电子商务的潮流中，苏宁不仅要面临企业自身的发展瓶颈和不足，还要勇敢应对来自京东、阿里等先锋电商的挑战。在此背景下，苏宁坚持线上平台与线下实体店铺双线经营，通过 B2C 模式把顾客与商家从各个方面联系起来，将自己的产业链逐渐扩展到线上。作为一个成长中的电商平台，苏宁易购在很多方面有着发展的空间和潜力。

经过本次的电商大赛调研，我们小组了解了中国电商的发展环境和成长的优势与劣势，以苏宁企业为参考对类似的传统企业升级过程中可能遇到的问题提出了相应的建议与措施。我们期望中国的电商企业能够真正把握住当前时代互联网经济的大方向，积极探索创新电子商务模式，踊跃进行战略革新与技术改革，以适应快速变化的市场形式。

5. 盒马鲜生调研报告

参赛团队：上海理工大学最强王者战队
参赛队员：王克东　张一晨　吴景　宋瑶瑜　陈引
指导教师：朱水成
获奖情况：二等奖
关键词：生鲜　电子商务　盒马鲜生　易果生鲜

5.1　调研基本情况

时间：2017 年 3 月 30 日
地点：上海市浦东新区张杨路 3611 号，盒马鲜生（金桥店）
方式：实地走访和问卷调查
过程：

实地走访前，我们联系了盒马鲜生总部的负责人，表达了我们想要调研的意愿，负责人说根据公司规定，不接受外部人员来访公司总部，于是安排了离学校最近的金桥分店的负责人接待我们。

我们再次联系了金桥分店的负责人，说明了调研意愿以及总部的安排，金桥分店的负责人和总部确认过后，与我们约定了前往实地调研的时间。

2018 年 3 月 30 日（周五）下午，我们小队如约前往盒马鲜生金桥店，金桥店的业务主管接待了我们，走访期间我们与业务主管详细交流了分店的经营情况，店内的消费和结算情况以及 APP 用户下单后商品的分拣配送流程等，然后我们进入到店中各处观察了相关设施分布情况，并不时和店员交流商品的一些情况，最后我们与金桥店的业务主管在店门口合影，结束了半天充实愉快的调研行程。

为了解生鲜类商品的消费情况，以及盒马鲜生的受众情况，故设计了问卷来获取数据，通过问卷星平台设计了包含 15 个问题的电子问卷，并通过微信发布给大家，总共收取问卷 624 份。

5.2　我国生鲜零售超市的发展现状

按照不同分类维度，目前国内生鲜电商主要可分为以下几种模式：依运营方式可分为网购模式/生鲜 O2O 模式，前者规模相对较大，但是后者响应速度更快。按是否介入经营可分为平台模式/联营模式/自营模式，前两者不介入运营，成本较低，易于扩张，但是后者自主权强，对于产品品质服务控制力强。菜鸟、京东、亚马逊、苏宁属于平台模式；永辉超市等一些传统零售商和电商合作属于联营模式；而每日优鲜，天天果园等属于企业自营模式。按照需求定制的链条可分为 C2F/C2B，能够满足个性化需求。总体来说，早期的企业以 B2C 模式为主，代表企业有中粮我买网、易果生鲜、天天果园、本来生活、每日优鲜、顺丰优选、苏宁"苏鲜生"等。新创多采用 O2O、C2B 等创新模式，代表企业有爱鲜蜂、一米鲜、许鲜、京东到家、Dmall 等。早期企业以自建物流为主，新企业多采用第三方/众包/自提等方式，如顺丰、中冷物流、太古冷链（见表 5-1）。

表 5-1　国内生鲜电商的主要模式

分类维度	模式	具体内容	特　点	代表企业
运营方式	网购模式	用户网上下单→电商仓库集中发货→快递送达货物	规模效应明显，适合非本地品种	
	生鲜 O2O 模式	平台整合线下资源→用户网上下单→周边线下店面配货	快速响应消费者需求，适合本地品种，注重体验和服务	
是否介入经营	平台模式	提供线上平台供商家入驻	不介入运营，成本较低，易于扩张，存在品牌风险，用户获取与平台相关，增长较快但黏性与体验相关	菜鸟、京东、亚马逊、苏宁
	联营模式	供应商借用电商平台经营，电商平台按比例抽成	不介入运营，利益绑定，较易扩张，存在品牌风险，用户获取与平台相关，增长较快但黏性与体验相关	永辉超市等一些传统零售商和电商合作
	自营模式	生鲜电商自行采购货物进行销售	介入经营，成本较高，对供应链和质量控制力强，拥有自主权，用户获取较慢但黏性强，扩张较慢	每日优鲜，天天果园
需求定制的链条	C2F	消费者通过网络直接向农场定制产品（包括品类、数量、规格等）	满足个性化需求，以销定采，仓储商品较少，损腐率较低	
	C2B	消费者通过网络向供应商定制产品（包括品类、数量、规格等）	满足个性化需求，以销定采，仓储商品较少，损腐率较低	

续 表

分类维度	模式	具体内容	特 点	代表企业
时间划分	早期企业 B2C		自建物流	中粮我买网、易果生鲜、天天果园、本来生活、每日优鲜、顺丰优选、苏宁"苏鲜生"
	新创企业 O2O/C2B		采用第三方/众包/自提等方式（顺丰、中冷物流、太古冷链）	爱鲜蜂、一米鲜、许鲜、京东到家、Dmall

阿里的"盒马鲜生"、京东的"7FRESH"、腾讯入股的"超级物种"、永辉超市、易果生鲜、U 掌柜、地球港、掌鱼生鲜、顺丰优选、天天果园等由通过线上线下融合的新零售模式在满足消费者对生鲜食品采购、餐饮、美食以及生活休闲需求的探索上正逐步走向成熟。

从生鲜这个品类来看，目前主要的运营模式有三类：

（1）线上线下结合：代表公司有盒马鲜生；

（2）线上运营为主：代表公司有易果生鲜；

（3）线下社区店为主：代表公司有百果园。

生鲜行业的运营难点在于冷链物流成本较高并且损耗较大，相比而言有线下实体店的盒马鲜生和百果园在仓储物流成本和损耗控制上占有一定优势，所以能实现盈利，而纯线上运营的易果生鲜目前仍在亏损，其投资商联华超市意在加大联合采购量、共享物流体系以降低成本，预计今年实现盈利。下表为三家生鲜超市对比。可以看到盒马鲜生无论是在经营模式、面积还是供应链、配送速度等方面都比较占据优势（见表 5-2）。

表 5-2 生鲜运营的三类模式代表：盒马鲜生、易果生鲜、百果园

	盒马鲜生	易果生鲜	百果园
模式	线上＋线下 线上外卖＋线下门店，门店集合了展示、餐饮、仓储、分拣等功能	线上为主	线下为主
终端	线上盒马 APP，线下 40 家门店	官网、APP、天猫超市生鲜专区	1700 家门店
单店面积	3000～5000 平方米		30 平方米
投资方	阿里巴巴	阿里、KKR	天图资本

	盒马鲜生	易果生鲜	百果园
供应链	售卖着 103 个国家和地区超过 3000 多种商品，其中 80％是食品，生鲜产品占到 20％，未来可能发展到 30％，分为肉类、水产、水果素材、南北干货、米面油粮、烘焙、熟食、烧烤以及日式料理等各区	水果、蔬菜、水产、肉类、禽蛋、食品饮料、甜点、酒类、礼品礼券 8 大品类共 3200 种产品以"常温、冰鲜、冻鲜、活鲜" 4 种形式，全程冷链运输，全年无休鲜活配送	（1）投资的种植基地，目前在全国有 6 个基地；（2）百果园做研发，农场按照要求做 OEM（代工），全部包销；（3）按照百果园的采购标准到源头采购；（4）跟供应商和贸易商订购；（5）从批发市场采购，目前，主要采购方式为原产地投资、农产代工、源头采购，三个渠道合计采购量占比 90％
覆盖区域	一线城市	覆盖达 367 个城市	全国
SKU	3000 多个 SKU	4000 多个 SKU	每家门店大概保持在 70 个左右的 SKU，全年 SKU 达到 600 多个
配送速度	3 公里范围内，半小时送达	次日达为主	
订单（2016 年 6 月）	店均线上订单每天超 4000 单，且盒马鲜生的线上订单数已超过线下	日均订单超 5 万单，计划 2016 年日均 GMV1000 万	2015 年销售额 30 亿元
客单价	70 元	150～200 元	40～50 元

5.3　盒马鲜生企业概况

盒马鲜生是 OAO（online and offline）模式生鲜电商平台，践行新零售理念，公司以"生鲜电商"为切入口，通过 APP 和线下门店覆盖生鲜食品和餐饮服务，门店以体验服务为主导，分为肉类、水产、南北货杂粮、米面油粮、水果蔬菜、冷藏冷冻、烘培、熟食、烧烤以及日式料理刺身等区域，其中生鲜产品占比 20％，是生鲜行业领先的全渠道电商，专注于为白领阶层提供专业、舒适的产品与服务。公司第一代门店名为"盒马鲜生"：首店于 2016 年 1 月 15 日在上海金桥广场开业，截至目前上海共有金桥店、大宁店、虹桥店、宝地店、杨高南路店、KiNG88 店等 16 家线下门店，全国共有 40 家线下门店。

盒马鲜生面对的消费群体主要是定位"80 后、90 后"的年轻中高端消费群。这个群体对商品的新鲜度和品质是第一要求，对服务也是非常看重的，反而对价格的敏感度并不高。从阿里大数据平台"阿里指数"可以看出，这部分人群占据了当前移动支付购买行为的绝大部分。盒马鲜生背靠阿里，一方面可以获得菜鸟网络以及易果生鲜旗下安鲜达多年的冷链物流配送经验；另一方面"支付宝"提供支付方式及用户流量支持，使其得以专注于改善产品和服务的质量。

其以线下体验门店为基础，并将之作为线上平台盒马 APP 的仓储、分拣及配送中心，通过将线上、线下业务完全一体化，来满足周边 3 公里范围内的消费者对生鲜食品采购、餐饮以及生活休闲的需求。

表 5-3 显示了盒马鲜生线下门店在各城市的分布情况。

表 5-3　盒马鲜生线下门店分布（依据官网信息，自行整理）

城市	门店数量（家）	城市	门店数量（家）
北京	10	上海	16
成都	1	杭州	2
苏州	3	宁波	2
贵阳	1	福州	2
广州	1	深圳	3

5.3.1　线上业务：生鲜配送

1. 盒马 APP 介绍

盒马鲜生的线上业务软件为盒马 APP 和盒马驾到 APP，通过 APP 和线下门店覆盖生鲜食品和餐饮服务的一体化商业模式。盒马驾到 APP 是盒马配送专用 APP，专注于为大客户提供标准完善便捷的上门配送服务。

盒马 APP 除了支持账号密码登录，还支持手机淘宝和支付宝快速登录，同时支付时也默认支付宝支付，利用了淘宝和支付宝的广大用户群，便捷了登录和支付的过程，也增强了阿里系应用间的互动。

整个线上 APP 类似于天猫超市，商品包括休闲零食、中外名酒、饮料和水、乳品冲饮、粮油调味、美妆个护、母婴保健、厨卫清洁、日用百货，除了这些产品，在 APP 的首页界面下拉即可进入"盒马的二楼"，即"盒尔蒙"频道，销售各类成人用品，盒马希望挖掘到盒区用户的更多需求，拓展生活服务，满足消费升级的需求（见图 5-1）。

2. 订单处理流程

线上订单配送范围为体验店周围五公里内。盒马鲜生通过电子价签等新技术手段，可以保证线上与线下同品同价，通过门店自动化物流设备保证门店分拣效率，最终保证顾客通过 APP 下单后 3 公里内 30 分钟送达。它之所以能做到 30 分钟送达，是因为后端实现了 5 分钟内从下单到拣货的过程。

每当用户在 APP 上下单，系统便会把订单分配给最近的实体门店，然后线上 APP 的订单发送至门店拣货员的移动手持终端（FDA），拣货员把相应商品装到盒马鲜生统一的拣货袋里。为确保订单在后续配送中追踪和管理，分拣员工会扫描拣货袋上的编号和商品条形码，完成对商品的分拣。接下来，拣货员将装好商品的拣货袋挂上自动传送带，由此传输到门店后端的合流区进行打包。后台人员将拣货袋装入统一的配送箱，用垂直升降系统自动送到商品外送区等待配送。依赖于这套标准化的操作规范和自动化传输系统，店内物流流转高效。随后配送员依靠配送 APP，确认取货后，被分配路径，在周围 3 公里内进行配送。盒马自有物流体系和扁平化散射状配送模式使其能实现"实现 3 公里半小时到达"的高速配送（见图 5-2）。

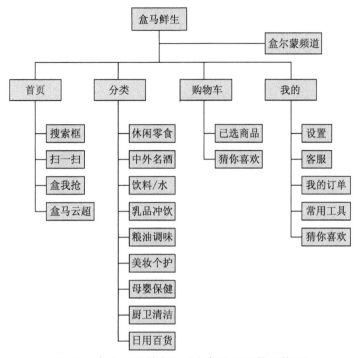

图 5-1　盒马 APP 的布局（由盒马 APP 界面整理）

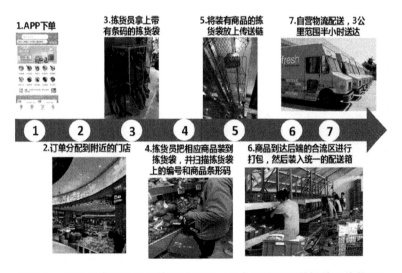

图 5-2　APP 用户下单的分拣配送流程（结合实地调研拍摄的照片整理）

在实地调研中，门店零售区域共有四个传送带起点，三个传送起点靠墙用透明玻璃隔开，每个占地面积在 3~4 平方米左右，另一个设置在水产区中央，四条传送带从起点至进入后台平均约 50 米长。拣货袋分为两种，一种是灰色印有盒马 logo 的普通布袋，另一种是黑色内含锡箔纸的保温、保湿布袋，以保证生鲜在配送过程中保持新鲜。在门店购物时可以看到，消费者头顶经常有飞来飞去的快递包裹。

"盒马鲜生"的线上 APP 从早上七点配送到晚上九点。在下班路上，通过 APP 下单，回到家，购买的新鲜蔬菜水果和处理好的海鲜鱼肉即可同步送到，只要稍微加工，一顿丰富的晚餐就完成了。这样的配送速度和便利程度，传统电商无法与之相比。

5.3.2 线下门店：生鲜超市＋餐饮服务

1. 门店布局

传统超市是如何定位的呢？以店的规模、以人群的划分来定位。而盒马鲜生是基于场景定位的，围绕"吃"这个场景来构建商品品类。所以，在吃这个环节上，盒马鲜生一定能够给消费者满意的服务。在商品结构方面，盒马鲜生做了大量的半成品和成品以及大量加热就可以吃的商品，希望让吃这个品类的结构更加完善、丰富，这些品类给盒马鲜生带来了巨大的毛利空间。盒马鲜生既然是餐饮集合体，集合了热食＋鲜食＋冷食＋干食＋零食＋水饮于一体，如果再配合方便、新鲜和快，就比传统餐饮更有场景体验优势。上海金桥首店面积共 4500 平方米，其中零售区域约 1200～1400 平方米，餐饮体验区 400～500 平方米，配送合流区 300 平方米（见图 5-3）。

图 5-3　盒马鲜生线下超市区域划分

2. 商品定位中高端，生鲜占比 20％以上

盒马鲜生在 103 个国家和地区售卖，超过 3000 多种商品，其中 80％是食品，生鲜产品占到 20％。店内零售区域主要分为肉类、水产、蔬果、南北干货、米面油粮、休闲食品、烟酒、饮料、烘培、冷藏冷冻、熟食、烧烤以及日式料理等各区。

盒马旗下最重要的特色品牌——"盒马日日鲜"，一端连着国内顶级优质的农产品供应基地，另一端触达了千千万万需求旺盛的消费者（见图 5-4）。绿叶菜、猪肉是老百姓一日三餐最主要的品类，而这也是盒马正着力打造的抢占消费者心智的重头产品。从外包装设计上，盒马日日鲜采用高品质的保鲜袋，每天的包装袋用 7 种颜色区分，醒目标注从周一到周日的 7 个日期，便于消费者识别。从菜量上，盒马日日鲜所售绿叶菜普遍在 300～350 克一包，猪肉则在 350～450 克一包，正好满足炒一盘菜的需求。对于当天没有卖完的盒马日日鲜绿叶菜和鲜猪肉，盒马会采取下架处理，坚决不卖隔夜菜和隔夜肉，而小包装设计也是贴近新中产所需，避免用户吃隔夜剩菜，间接推动消费者养成健康的饮食习惯。盒马日日鲜产品价格亲民，延续盒马"高质平价"的理念，无论绿叶菜还是猪肉，都能做到比菜市场便宜 10％左右，也改变了消费者认为超市菜品一定比菜场贵的固有认知。究其原因，一是基地直采的优势，剔除了中间环节；二是标准化包装大幅降低了流通环节和消费环节的损耗，还能保障产品极致新鲜。

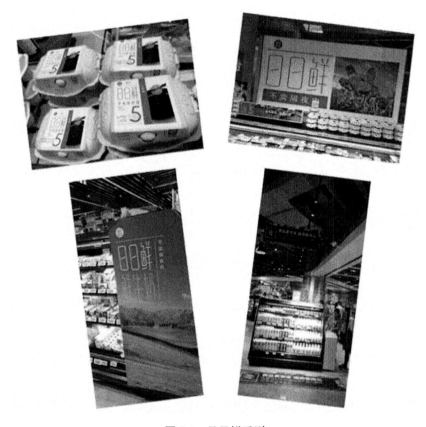

图 5-4　日日鲜系列

3. 结账方式：实时掌控线下消费数据

盒马始创期间，门店仅限 APP 或支付宝付款，服务员会指导首次消费者安装盒马 APP，注册成为其会员。如今门店也开通了现金代付功能，帮助没有支付宝的消费者或外籍人士完成消费，但最终还是由现场工作人员通过支付宝系统代付。盒马鲜生不接受现金付款，只接受支付宝结账。只限支付宝付款看似使很多消费消费者无法完成购物，但根据盒马鲜生定位生鲜进口超市，主流顾客为白领，几乎都有支付宝。只用支付宝既能避免银行申请等各种繁杂流程，同时节省时间和人力的隐形成本，也能为盒马鲜生创造了掌握线下消费数据以及线下向线上引流的机会。

掌控线下数据：传统零售过程中，顾客通过现金结账购买，其消费偏好、交易行为等难以形成大数据供零售商分析。而通过盒马 APP 或支付宝结账，用户的每一项购买行为都会与账号关联，同时支付宝付款也可以形成广告、营销价值。

全渠道营销机会：支付宝支付可以让每位到店顾客下载盒马 APP 并成为其会员，方便公司打造全渠道的消费体验。

5.4 调查问卷分析

为了更好地了解消费者购买生鲜产品的行为以及在盒马鲜生平台购物基本情况，本团队以"消费者购买生鲜产品行为调查"为主题设计了一份消费者调查问卷，邀请身边不同年龄、不同行业的人群参与问卷调查。在收到的 624 份问卷中，男性占比 36.66%，女性占比 63.34%，其中平均购买生鲜产品在 3 次以下的人群占 40.84%，3～6 次人群占 38.26%，6 次以上的占 20.90%。平均每月在购买生鲜产品上的费用在 1～100 元占 21.54%，100～200 占 36.41%，200 及以上占 42.05%。

5.4.1 购买生鲜产品客户分析

1. 购买生鲜食材的途径

调查显示，58.84% 的消费者购买生鲜产品通过线下购物平台，27% 的消费者结合线上和线下购买生鲜产品，12.22% 的消费者通过单一网上购物途径来购买生鲜产品（见图 5-5）。由此可见，消费者目前以线下购买这种方式购买生鲜产品为主，生鲜产品网上平台的发展空间巨大。

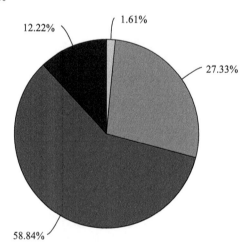

1.61%
27.33%
12.22%
58.84%

□ D.其他途径 ■ C.网上和线下结合 ■ B.线下购物平台，例如超市，菜市场等 ■ A.网上的购物平台

图 5-5 购买生鲜材料的途径占比

资料来源：根据自行设计发放的问卷资料，统计整理绘制。

2. 购买生鲜产品的种类

调查显示，在生鲜类产品中购买水果蔬菜类的人数最多，占到 75.64％，冷藏冷冻类、蛋奶类次之，购买肉类、水产类也占了一小部分，购买烘培类、粮油杂货类相对较少（见图 5-6）。

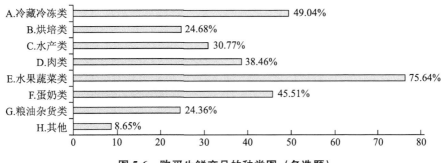

图 5-6　购买生鲜产品的种类图（多选题）

资料来源：根据自行设计发放的问卷资料，统计整理绘制。

3. 购买生鲜产品考虑的因素

根据对"购买生鲜产品中会考虑的因素"的调查，消费者看重生鲜产品新鲜程度的占比 80.53％，生鲜产品的新鲜度无疑是消费者最为关注的，其次是商品价格，占比 74.36％，购买是否便利占到了 58.01％（见图 5-7）。

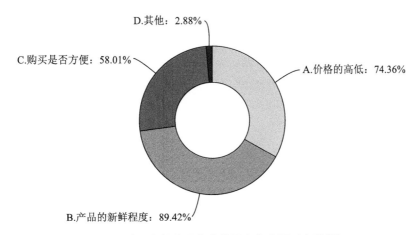

图 5-7　购买生鲜产品考虑的因素占比图（多选题）

资料来源：根据自行设计发放的问卷资料，统计整理绘制。

4. 网上购买生鲜产品考虑的因素

调查显示，在网上购物平台购买生鲜产品时，消费者最看重的是产品的价格，占 77.56％，其次是产品的配送速度占 69.55％，是否打折或有优惠券这一因素占 61.22％（见图 5-8）。

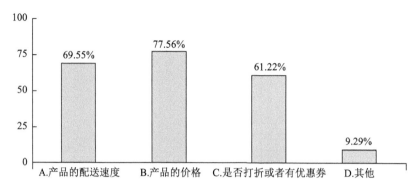

图 5-8　网上购买生鲜产品考虑得到的因素（多选题）

资料来源：根据自行设计发放的问卷资料，统计整理绘制。

5. 消费者网上购买生鲜预期配送时间

调查显示，网上购买生鲜产品时，消费者预期在1小时以内送达的占比最高，达34.94％。两小时以内占18.59％，半小时以内送达占18.91％。当日到达即可占27.56％（见图5-9）。由此可见，消费者对网上购买生鲜食品两小时以内送达，预期挺高。目前，盒马鲜生三公里范围内半小时送达的配送模式具有明显优势。

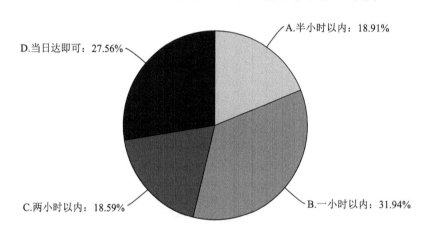

图 5-9　消费者网上购买生鲜预期配送时间占比图

资料来源：根据自行设计发放的问卷资料，统计整理绘制。

5.4.2　购买盒马鲜生产品客户分析

1. 对盒马鲜生了解情况

盒马鲜生客户统计分析是在生鲜类产品调研分析基础上的进一步延伸，数据显示，41.99％的消费者对盒马鲜生略有耳闻，36.54％的消费者从来没听说过，17.95％的消费者比较了解，只有3.53％的消费者非常了解。这表明盒马鲜生在宣传推广方面存在盲区（见图5-10）。

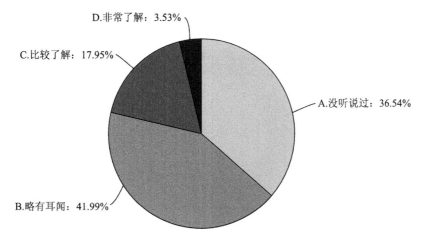

图 5-10 对盒马鲜生了解情况

资料来源：根据自行设计发放的问卷资料，统计整理绘制。

2. 盒马鲜生平台特点

调查显示，客户对使用盒马鲜生平台体验，主要集中在购买便捷、用户体验感强（自主结算）、商品丰富多彩、产品足够新鲜这几个方面（见图 5-11）。

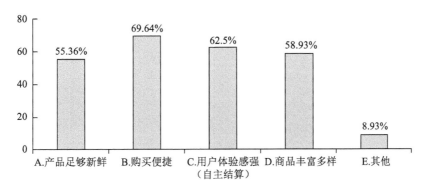

图 5-11 盒马鲜生平台特点（多选题）

资料来源：根据自行设计发放的问卷资料，统计整理绘制。

3. 盒马鲜生商业模式优势

图 5-12 显示，消费者心中盒马鲜生线上＋线下相结合的商业模式突出的优点是，既是消费环境，又是仓库，配送高效。让顾客看得见的放心，用户体验好也是其突出的的一个优势。

4. 盒马鲜生 APP 存在的隐患

调查显示，消费者对配送过来的产品不够新鲜，售后处理不及时或者程序很烦琐这两方面存在比较严重的担忧，这与"消费者购买生鲜产品时考虑因素"数据吻合。对于订单存在配送错误或者丢失的风险，配送不及时这两个因素也存在一定程度上的担忧（见图 5-13）。

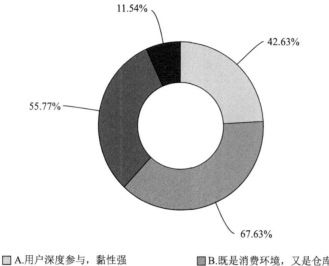

A.用户深度参与，黏性强　　　B.既是消费环境，又是仓库，配送高效

C.让顾客看得见的放心，用户体验好　　　D.其他

图 5-12　盒马鲜生商业模式优势（多选题）

资料来源：根据自行设计发放的问卷资料，统计整理绘制。

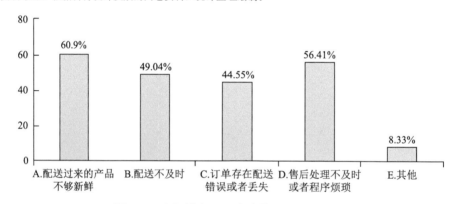

图 5-13　盒马鲜生 APP 存在的隐患（多选题）

资料来源：根据自行设计发放的问卷资料，统计整理绘制。

5.5　盒马鲜生经营战略分析

5.5.1　运营模式：全新 OAO 模式，餐饮服务提升吸客能力

1. 线上、线下融合实现到店与到家双模式并行

到盒马体验店的消费者会接受指导安装盒马 APP，引导线下消费或者线上下单，实现线下体验线上下单的闭环消费模式（见图 5-14）。

盒马体验店能够使消费者快速建立品牌认知度，在实现低成本物流的同时，也建立了线上生鲜商品冷藏配送基地，实现商品从门店配送，成为线上消费的前置仓，实现高效的物流运转和配送。

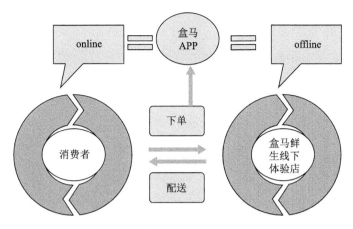

图 5-14　盒马鲜生新零售模式

　　盒马鲜生在适应全渠道销售的同时，形成了线上线下消费的完整闭环。多种模式可供选择，满足多样需求。用户可以选择以下四种方式：到店下单、送货上门；手机 APP 下单，送货上门；线上下单，到门店自提；直接到店购买（见图 5-15）。到家与到店模式有效互补，积极互动。对于生鲜产品这一特殊商品，消费者最大需求的是即刻送到。高效物流系统支撑下的到家模式满足了其在家即时消费的诉求。而到店模式在抓住线下用户的同时，优质商品服务的示范效应也起到了向线上引流的作用，形成了与到家模式的有效互动。到家与到店双模式并存实现了全渠道的销售。

　　2. 零售＋餐饮跨界融合，实现一体化服务

　　（1）餐厅与卖场融合，强化线下体验。将"餐厅"纳入超市卖场，实现传统超市内买菜做饭和传统餐馆内可以点菜购物的多重服务。餐饮融入卖场，满足了消费者即食性需求，增加消费者到店滞留时间，丰富了线下卖场的体验功能，发挥了更好的聚流效应。同时也让店内生鲜产品有了更多销售出口。

　　（2）二代店"盒马集市"开业，服务全新升级。作为盒马生鲜的升级版，"集天下之名市"的"盒马集市"于 2016 年 12 月 12 日在上海湾正式开业。盒马集市面积更大，产品更多，餐厅更加多样化，将餐饮和超市全部打乱混配，形成集市，打造消费者休闲娱乐的好去处。背靠上海顶级的滨江社区，盒马集市不仅搭建了一个集成购物、餐饮、亲子的生活消费中心，还在集市内规划了天猫超市区，线上商品在这里基本都能找得到。

　　（3）购物环境舒适。盒马鲜生体验店设计简约现代，大理石地面，黑色货架，商品统一摆放，放在透明玻璃框，店内还配备了多台空气净化器，整体环境干净大气。

　　（4）多途径"留人"，建立围绕用户体验为中心的经营模式。不同于传统实体超市的"路线留人"方式，"盒马鲜生"采取"留吃留喝"策略。盒马鲜生的就餐区设置自助服务，提供水果、饮料咖啡，还提供微波炉和洗手池，方便消费者自助就餐。除门店的免费代加工服务，还和与餐厅合作，只要在盒马鲜生购买生鲜产品，加收 30％加工费即可在餐厅加工食用。

5.5.2 供应链体系建设

作为创新型超市，供应链仍然是核心壁垒之一，盒马也在不断加强内部供应链建设，一方面阿里入股纽仕兰新云深耕乳业、与1919酒类直供达成战略合作关系拓展酒类餐饮，另一方面自建品牌"日日鲜"鲜牛奶、自营品类规模逐步提升，逐步形成强大的供应链体系。图5-15反映了生鲜行业供应链的情况。

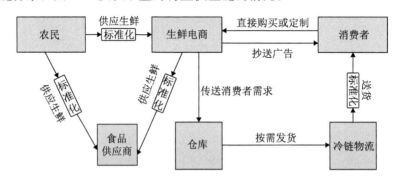

图5-15 生鲜行业供应链分析

1. 积极拓展乳业供应链

盒马鲜生和辉山乳业推出中国首个乳业O2O品牌"哞客"，将高端乳品送到上海消费者餐桌上；2017年12月21日，阿里通过增资的方式认购大康农业控股子公司纽仕兰新云（上海）电子商务有限公司，阿里向纽仕兰新云缴付2.33亿元，增资完成后将持有纽仕兰新云40%股权。纽仕兰新云主要从事进口贸易业务，负责中国市场的原产新西兰乳制品销售，阿里此番收购意在开拓乳业供应链，为盒马在乳品方向的发展提供助力。

2. 布局酒类供应链

2018年3月21日，1919酒类直供与盒马鲜生在成都签署新零售战略合作协议，双方宣布将在酒类供应链及新零售领域进行深度合作。1919是中国酒类流通行业第一家公众公司，是仅次于天猫、京东的第三大酒类开放平台，目前有1500多个品牌入驻。1919酒类直供成为盒马全国市场的酒类供应商，双方基于大数据和消费画像，从1919旗下10000多款酒类产品中，为盒马鲜生的消费者精选更契合当地消费市场的产品，帮助盒马鲜生拓展酒类供应链。

3. 拓展蔬菜供应链

盒马鲜生的商品由专业采购团队全球产地直采，在上海和上海食全食美农业科技有限公司合作，降低了采购成本。高效供应链也大大节省了中间成本，实现菜场价的相对合理可控。一方面对于企业而言，盒马鲜生为其众多产品提供了一个集合平台，在这一平台上实现了资源的优化整合，增加了商品的连带销售；另一方面对于消费者而言，获得了极佳的用户体验，不再需要为买到不同商家的优质产品而东奔西跑，产品的集合节约了消费者的搜寻和时间成本，使得消费更加便捷高效。

4. 自创鲜奶品牌，深化乳业布局

2017 年 12 月 12 日，盒马鲜生宣布与新西兰乳企恒天然集团旗下乳制品品牌安佳达成战略合作，推出"盒马—安佳"日日鲜鲜牛奶。阿里新入资的纽仕兰新云则是恒天然的新西兰原奶供应商之一，同时也是蒙牛特仑苏的奶源供应商。此举意味盒马深耕乳制品领域，深化乳业布局，不断向牛奶上游领域的渗透，力图重构中国牛奶市场，从生产端到零售终端打破鲜奶行业的高壁垒，实质解决中国牛奶供应链问题，并形成盒马鲜生加码乳业的新格局。图 5-16 反映了盒马鲜生的平台整合情况。

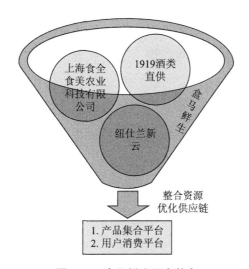

图 5-16　盒马鲜生平台整合

5. 冷链物流建设

供应链就是生鲜行业的生命线，是核心中的核心，是实现产品质量控制的关键。在上游，企业需要整合供应商的资源，提升产品的议价能力，为顾客在趋于同质化的产品中选择出更为优质的产品；在中游，需要企业提升自己的管理水平，整合运营资源；在下游，则需要建立完整的冷链物流体系，整合物流资源，为顾客提供更好的物流配送体验。

盒马运用大数据、移动互联、智能物联网、自动化等技术及先进设备，实现人、货、场三者之间的最优化匹配，从供应链、仓储到配送，盒马都有自己的完整物流体系。

5.5.3　支付体系建设

1. 电子标签成为智能前台，仓储管理自动化

目前盒马鲜生的线下门店已全部覆盖电子标签。除和传统纸质价签一样能够提供商品信息外，电子标签还有着通过 APP 扫码条形码查看变动的产品信息，并一键加入的优越特性。生鲜商品相对特殊，价格变动较为频繁。电子标签打通线上线下产品信息，实现门店商品和线上 APP 产品同步变价。在实现价格实时变动的同时，也和店内货架陈列、SKU 管理、ERP 和仓库管理系统等综合应用，打造了盒马鲜生高效运营和

快速配送的专业特色。

对消费者来说，扫码购物在即刻获取更多、更详细的商品信息的同时，也能看到其他消费者对于商品的评价，方便其消费选择，增强了消费者的黏度。

2. 支付方式的限制形成消费数据闭环

盒马鲜生选用支付宝支付和现金支付并由店员支付宝入账两种形式，通过支付宝付款入账的支付方式便于盒马鲜生掌握大量的线下消费数据，线下消费线上买单也能够有效实现线下用户向线上转化的模式。

盒马鲜生利用线上结账的方式，将消费者从门店向线上引流，提高了线上用户的活跃度，线上业绩增长得以释放，带来全渠道的消费体验。

5.5.4 电商服务建设

1. 转型云超，延长配送时效

2017年4月1日，盒马云超在北京上线，SKU限定2万以内，配送时效延长为次日达。盒马云超首先是在订单量集约到一定数量，再启动仓库作业。在知道当天订单量的精确数量和商品分类之后，再找最佳出仓方法。盒马云超还取消了B2C电商意义上的分拨中心，商品从物流中心出货后，直接用大卡车夜间运到盒马鲜生门店。

盒马云超具有3大优化特点：一商品精选；二配送员机制；三做"地利"的文章——线路订单制。这三者在盒马鲜生门店的统筹下辐射至门店3公里半径内的顾客群，放弃即时速度，只做次日达；不做电商化规格的商品和大卖场范畴的普货，只做商品精选。

2. 上线成人用品频道"盒尔蒙"

2017年3月19日，盒马成人用品频道"盒尔蒙"正式上线，上海用户已经可以通过盒马APP买到约700种成人用品，其中超过50种可以实现"30分钟必达"。考虑到此类商品应用目的私密性，"盒尔蒙"具备隐私功能：在所有推荐中不会看到相关产品；增加订单删除功能。"盒尔蒙"是盒马第一次在生鲜之外为某一品类开辟专属频道，这标志着盒马开始深耕成人用品领域，不断挖掘盒区用户的更多需求，丰富生活服务场景，为盒区用户打造全方位的社区生活中心。4月下旬开始，盒尔蒙频道从上海逐步向北京等其他城市铺开。

3. 首创7×24小时配送服务

盒马成为全球首个实现24小时配送的商业业态。为满足用户的夜间需求，上海和北京的25家盒马门店已全部实现"24小时服务"，在晚间22：00至次日早7：00门店闭店时，消费者依然可以使用盒马APP下单，并享受最快30分钟送达的配送到家服务，夜间配送用户需支付8元配送费。夜间服务仍然是依托线下门店，因此仓储费用不会有额外的提升，夜间配送成本更高（配送员夜班工资通常高于白天），同时客单价更低（夜间多为即时性需求），因此盒马采取向用户收取8元配送费来覆盖履单成本的措施。24小时配送是盒马迈向社区生活服务品牌的重要一步。

5.6　盒马转型发展新规划

2018 年 3 月 31 日，盒马的品牌标语从"有盒马购新鲜"升级为"鲜·美·生活"。这标志着盒马正向社区生活服务品牌转型升级。

1. 构建社区生活中心，打造盒区生态圈

打造"三公里理想生活区"。未来，盒马将加速引入生活服务业态，进一步试验便利店、餐饮街等多业态，创新探索新兴商业模式，提出新餐饮理念，挖掘并满足消费者全方位多层次的消费需求。门店成为紧密连接周边社区居民的聚点，构建线上线下高度融合的盒马生态圈，并将最快 30 分钟送达的物流能力向联营商家输出，让盒马真正成为社区生活中心。

2. 线上线下高度融合，与合作伙伴共享系统

通过线上服务和线下支付获取的用户大数据未来应用场景丰富，包括精准营销、商品结构调整和选址布局。精准营销方面，通过线上和门店收集到的大数据对用户精准定位，进一步进行针对性营销，对于流失用户定期监控，采取推送、送消费券等方式挽留用户；商品结构方面，利用大数据分析商品受欢迎程度以重置商品仓储和布局，根据用户价格敏感度及时调整商品定价；选址布局方面，监控门店所在地区的人流数量密度，精准定位周边客群特征，最大化门店布局效益。

3. 协同阿里体系资源，新零售改造方法论输出

未来盒马会进一步落实马云提出的打通线上、线下、物流的构想，借助阿里集团的资源，满足消费者不同场景下的需求，通过仓配一体化的物流做到及时的响应。2017 年 9 月阿里集团 53 亿元增资菜鸟，持股比例从 47％增至 51％，展现出加码物流配送方面发展的决心。近期以 95 亿美元全资收购饿了么，旗下的蜂鸟配送体系也能够给盒马的到家服务提供一定助力，同城即时配送能力的保障能够为盒马的快速扩张提供支撑。同时，盒马在阿里体系内部承担超市领域方法论探索的功能，随着越来越多业态和领域的跑通，也会承担向阿里体系内其他超市企业方法论输出的功能。

5.7　收获反馈

通过对"盒马鲜生"的跟踪调研，我们对阿里旗下"盒马鲜生"品牌有了全面而深入的了解。"盒马鲜生"从 2016 年上海金桥成立第一家门店以来，短短两年时间已经发展到遍及全国十个城市拥有 40 家门店。凭借阿里巴巴强大的资金支持和先进的物流配送以及盒马集市的登陆，未来国内乃至国际市场上"盒马鲜生"必定能够占据巨大的市场份额，走进日常百姓的生活。"鲜·美·生活"是盒马未来的奋斗目标，也是广大消费者对于生鲜产品的要求，"一流的品质"加上"一流的配送服务"，相信未来的盒马必定越走越远。

6. EVCARD 电动汽车分时租赁电商

参赛团队：上海理工大学 L&C Group
参赛队员：刘佳昆　周天乐　施瑾
指导教师：韩印
获奖情况：二等奖
关键词：共享经济　电动汽车　分时租赁

基于共享理念产生的新能源汽车分时租赁既方便了人们的出行，还促进了社会资源最大化利用和环境的改善，发展速度非常快。但是，我国共享汽车的发展仍处于萌芽期，值得进行深入研究。本文以此次调研企业——环球车享汽车租赁有限公司（下称 EVCARD）为例对我国新能源汽车分时租赁发展现状进行深入研究，包括发展概况、运作模式、取得成效、存在问题等。

6.1　调研背景和过程

6.1.1　研究背景

随着我国机动车保有量迅速增加，由汽车引起的交通拥堵、环境污染等一系列问题日益严峻。越来越多的汽车企业开始将互联网和传统交通出行方式结合，运用云平台和大数据分析等技术，不断提升车辆的使用效率，降低社会的总体出行成本，缓解交通拥堵、环境污染等问题，使得人们在出行方式上具有更大的自主选择权。

6.1.2　研究意义

汽车共享出行服务整体上可划分为互联网租车及互联网约车两大类别，不同的共享方式催生不同的细分行业，把握各细分领域的市场规模、竞争格局和商业模式等典型特征，有利于充分研究国内互联网＋汽车共享出行发展现状，深入剖析共享出行服务价值链，预判共享出行服务行业的发展趋势。

6.1.3　调查过程

（1）前期准备。本次调研首先通过网上查阅资料和文献，了解共享汽车企业发展情况，并进行小组讨论确定调研企业和主题。

（2）高层访谈。根据前期了解的情况，制作调查问卷，设计调研问题，通过微信方式与某负责人进行交流访谈，了解企业现状、规划方向以及实际运营中的问题。

（3）走访企业。2017年3月20日，团队又走访到企业，对公司的组织结构、运营模式、盈利模式、企业文化等方面有了深入的了解。

（4）分析数据。收集整理调研过程中的数据，对数据进行系统分析，并与国内相关企业进行对比讨论，并设计问卷了解客户体验与需求。

（5）撰写报告。小组成员与老师深度交流，总述调研成果，撰写调研报告。

6.2　分时租赁概念及发展现状分析

6.2.1　定义

分时租赁（俗称汽车共享）是以分钟或小时等为计价单位，利用移动互联网、全球定位等信息技术构建网络服务平台，为用户提供自助式车辆预定、车辆取还、费用结算为主要方式的小微型客车租赁服务，是传统小微型客车租赁在服务模式、技术、管理上的创新。分时租赁改善了用户体验，为城市出行提供了一种新的选择，有助于减少个人购车意愿，一定程度上缓解城市私人小汽车保有量快速增长趋势以及对道路和停车资源的占用。

6.2.2　国外发展现状

"汽车共享"最早出现于20世纪40年代，由瑞士人发明。他们在全国组织了"自驾车合作社"，这在瑞士这样的山地国家非常实用，一个人用完车后，便将车钥匙交给下一个人，比在平地国家建立网络更容易。后来日本、英国等国争相效仿，但都未形成规模。

6.2.3　国内发展现状

目前国内的分时租赁汽车可以保障所有汽车共享会员使用车流程人性化，办理会员非常简单，只需提供身份证和驾驶证复印件外加169元会员卡费就可以了，在整个用车过程中是不与任何工作人员接触的，和使用私家车一样方便。从政府到各界环保人士都在关注中国自主的首个汽车共享项目，并给出了很高的评价和支持。

6.3　EVCARD 平台

6.3.1　EVCARD 基本情况介绍

1. 公司简介

EVCARD 品牌是上海国际汽车城新能源汽车运营服务有限公司开展的电动汽车分时租赁项目。EVCARD 电动汽车分时租赁是借助物联网技术实现的一种新型汽车分时租赁服务模式，实现了用户任意时间自行预订，任意网点自助取还的用车需求。上海国际汽车城新能源汽车运营服务有限公司是上海市第一家面向新能源汽车开展租赁和共享的专业公司，主要开展面向集团用户（B2B、B2B2C 模式）以及私人用户（B2C）的新能源汽车长短租服务。

2. 发展理念

以分享为理念，依托张江国家自主创新示范区嘉定园区汽车产业集聚优势，环球车享搭建起共享经济时代背景下的"EVCARD 电动汽车分时租赁"平台，致力于解决出行"最后一公里"的交通问题。在张江国家自主创新示范区专项发展资金政策引导背景下，张江嘉定园、张江核心园、张江青浦园等 22 个分园陆续启动分时租赁园区服务区。如今分时租赁已覆盖包括高校、科技园区、旅游景点、交通枢纽站、大型居住社区、医院周边等多种公共区域。

3. 相关车型

（1）分时租赁车辆租金。

如图 6-1 是根据 EVCARDAPP 中《EVCARD 会员守则》中的分时租赁车辆租金绘制的柱状图。BMW i3 是目前最贵的一款车型。

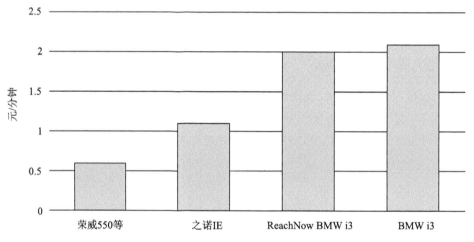

图 6-1　分时租赁车辆每分钟租金

＊注：BMW i3，30 分钟起租。

（2）短租车辆租金分析。

图 6-2 是根据 EVCARDAPP 中《EVCARD 会员守则》中的短租车租金明细绘制而成的柱状图。可以看出，荣威 E550、荣威 Erx5（沪牌）以及非沪牌在平日和周末价格无变化，保持了一致，荣威电动车 550、大通 G10、荣威 950 波动为 40 元，而沃尔沃则有 50 元的波动。

其中，荣威 E550、Erx5 车型是 EVCARD 推广也是投入最多的车型，因此其保持周末与平日价格相同很可能就是想靠荣威系列作为其主力车型用来扩大市场。

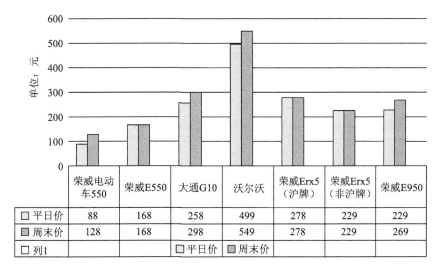

	荣威电动车550	荣威E550	大通G10	沃尔沃	荣威Erx5（沪牌）	荣威Erx5（非沪牌）	荣威E950
□ 平日价	88	168	258	499	278	229	229
■ 周末价	128	168	298	549	278	229	269
□ 列1			□ 平日价	■ 周末价			

图 6-2　短租车辆平日价与周末价部分车型有波动

6.3.2　营销方式

1. 不同车型不同价位

针对不同的客户不同时间段的不同需求，有多种车型可供用户选择。租车费用更有平日价和周末价之分，也体现了其人性化之处。

2. 服务优势

（1）EVCARD 分时租车所采用的所有租赁车型均为电动汽车，其中绝大部分为纯电动汽车，极少部分为插电式混合动力汽车。

（2）EVCARD 分时租车计费的唯一方式就是按照租赁的时长，最小单位为一分钟，当日租赁超过 6 小时后不再计费。

（3）EVCARD 分时租车从预订车辆、取车驾驶到最后还车结算，全部过程通过手机 APP 完成，无人工干预。

（4）EVCARD 分时租车的用户可以通过手机 APP 查找最近的租还热点预订车辆，驾驶到目的地后同样将车辆归还到离目的地最近的租还热点。

（5）EVCARD 分时租车为所有车辆购买了完备的保险，用户可以放心使用，如驾驶途中发生事故或车辆故障，EVCARD 分时租车还提供免费的 24 小时的道路救援服务。

6.3.3　平台特色

1. 界面清晰使用便捷

打开 EVCARD APP，能即刻定位到你的所在位置，以及自动查找附近的网点，界面清晰，方便使用，上面分别有分时、短租以及 Reach Now 三个选项，点击查找附近网点，会显示出可用车辆数，停车位总数，以及不同型号车充电状态，只需选择相应的车型然后点击确定预约就行，它的 APP 内有非常详细的收费介绍，包括押金、抵用券使用、网点服务费、增值服务费、违章及罚款、维修费、逾期未付等说明。

2. 提高用户自主性

全程仅需四步骤，首先预定附近热点车辆，接着再前往热点取车、驾车，然后可以在任意热点换车、进行充电服务，最后只需要结算就行，都在 APP 上直接操作就行。各种车型都有图片对应价格，用户可以自己评判然后选择最适合自己的车辆进行使用。

3. 增加用户依赖性

在不同时间段，最近的网点基本都能保证有车辆可供使用，同一个用户去同一个地点提车换车的几率变高，也是针对附近居民的便利所在；并且有各种优惠券和红包的奖励，使得再次租车的几率也增加。

6.3.4 运营策略

目前，共享汽车企业在上海的占有率如图 6-3 所示，EVCARD 占据了上海绝大部分的市场。

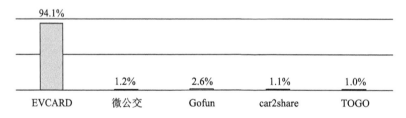

图 6-3 共享汽车企业上海市场占有率

EVCARD 正式运营 3 年时间，用户人数已突破百万，全国共有 10065 个网点，覆盖 28 个城市。如此迅速的发展得益于 EVCARD 的运营策略。

1. 大事记

（1）2013 年 7 月，EVCARD 在上海安亭诞生。

（2）2015 年 1 月，上海嘉定区 50 个网点建成，EVCARD 正式启动运营。

（3）2015 年 9 月，EVCARD 会员数突破 1 万。

（4）2016 年 2 月，投入运营车辆突破 1000 辆。

（5）2016 年 5 月，上汽集团与上海国际汽车城集团共同出资，环球车享成立。

（6）2016 年 6 月，上海第 1000 个网点建成，EVCARD 会员数突破 10 万。

（7）2016 年 9 月，EVCARD 进入成都。

（8）2016 年 10 月，EVCARD 与 e 享天开完成合并，中国最大电动汽车分时租赁平台诞生。

（9）2016 年 11 月，EVCARD 会员数突破 20 万。

（10）2016 年 12 月，上海首次日租车订单量突破 1 万。EVCARD 进入南京。

（11）2017 年 1 月，EVCARD 进入海南。

（12）2017 年 3 月，EVCARD 正式进驻上海六大交通枢纽（浦东机场、虹桥机场、虹桥火车站、上海火车站、上海南站、上海西站)。

(13) 2017 年 8 月,EVCARD 运营车辆破万,会员破百万。

2. 策略分析

截至 2018 年 4 月,EVCARD 官网显示目前全国投放车辆 16146＋,全国已建网点 8165＋,全国累计注册会员 903816＋。从 EVCARD 大事记记录不难看出,EVCARD 在前期大量投入资金在网点和运营车辆上,并紧接着开拓成都市场。整个 2016 年可谓是 EVCARD 发展的黄金时期。直至如今,EVCARD 凭借其品牌核心价值“战略合作,网站拓展、会员权益、品牌资源置换”,成为了分时租赁汽车行业中的佼佼者之一。

(1) 战略合作。

除了与多个汽车品牌合作,EVCARD 还与可口可乐、韦博国际英语、万科以及上海机场等企业进行了战略合作。值得一提的是在 2017 年 3 月 1 日,EVCARD 启用在上海机场高铁交通枢纽网点,上汽集团紧紧把握上海市加快建设具有全球影响力科创中心的机遇,瞄准“电动化、网联化、智能化和共享化”的“新四化”发展趋势,全面推进“创新驱动、转型升级”发展战略。

(2) 市场开拓。

EVCARD 最先在上海成立,2016—2017 年间先后打入成都、南京以及海南市场。这三个区域都属于近几年发展迅速的地方,并且都是旅游热点城市,尤其是成都这种热点城市,人流量大,游客多。

(3) 会员优惠。

每年的 5 月 16 日为 EVCARD 的全国会员日,EVCARD 会推出充值返券的活动来刺激消费者。现如今,其每月的 16 号都会进行一波花式送券,甚至充值金额可以累加,送券倍数也会累加,而且活动不分地域,只要是会员就可以加入,从一大层面上吸引了更多人加入其会员行列。

6.4　EVCARD 基本运行特征分析

6.4.1　用户特征

分时租赁用户以青年男性群体为主:80 后、90 后共占 75％;男性用户占约 70％(见图 6-4)。分时租赁用户受教育程度较高,研究生及以上学历占 21％,大专本科以上占 56％(见图 6-5)。

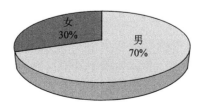

图 6-4　EVCARD 用户的男女比例

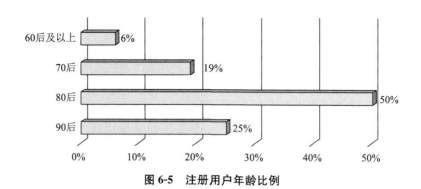

图 6-5　注册用户年龄比例

6.4.2　用车特征

1. 时间分布特征

从周变特征来看，分时租赁周末用车量高于工作日，周六最高，周一最低。从一天 24 小时的时变特征来看，与整体交通出行时间分布不同，分时租赁白天 12 小时未出现明显的用车高峰，出行量分布较为平均。另外，分时租赁夜间出行比例显著高于整体出行水平。夜间 22 点至凌晨 6 点，EVCARD 出行量占全日出行量的 25％ 左右（见图 6-6）。

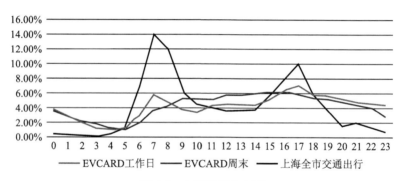

图 6-6　交通时间分布图

目前 EVCARD 用户平均使用时长为 2.5 小时，采取基于用车时长的收费机制，一定程度上更鼓励非高峰时段用车，从而降低用车成本。因此，分时租赁车辆对道路交通运行具有一定的"削峰填谷"效益。

2. 空间分布特征

EVCARD 运营订单主要集中于上海城市外围地区，与郊区（外环线以外）相关的订单量（出行一端或两端在外环线以外）占 93.4％。另外，分析轨道站点密度与 EV-CARD 人均订单强度的关系可知，两者呈现明显的负相关性，即轨道交通发达的区域，分时租赁用车强度较低；轨道交通不发达的地区，分时租赁用车强度高。"公交＋分时租赁"的互补模式初步显现。

6.4.3 用户需求分析

EVCARD 的用户需求是较为突出的。可以将其大致分为如下几类：

（1）交通不便：产生于郊区或夜间等公共交通资源紧缺、出租车价格费用高的时间及地点，综合考虑出行的舒适度、时间成本和经济性等因素；

（2）积极享乐：日常出行，在可接受的低于出租车价格的情况下，提高出行舒适度等；

（3）潮流尝鲜：对分时租赁、绿色出行及新能源汽车感兴趣，满足自己尝鲜和新潮于他人的虚荣心理等。

6.5 SWOT 分析

为了对 EVCARD 做出更有效的预测分析及对应策略，我们对其进行了 SWOT 分析（见图 6-7）。

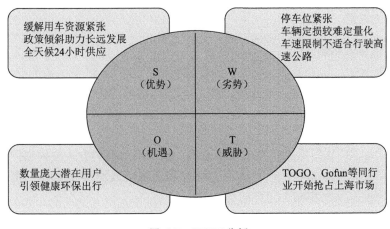

图 6-7 SWOT 分析

6.5.1 优势

1. 共享汽车可以在很大程度上缓解资源紧张

大城市车牌"一号难求"，而以公司名义申请比个人申请门槛低很多，这在限制上牌的同时也推动了共享汽车的发展。在北上广等一线城市中，城市公共资源紧张，高峰期地铁、公交十分拥挤，而出租车费用高、滴滴等网约车高峰期提价且车辆紧张。这种情况下，共享汽车能让人们花更少的钱更舒适地出行，无疑更受欢迎（见图 6-8）。

2. 政策倾斜助力共享汽车的长远发展

政策的倾斜吸引了新一轮的资本融入。交运部和住建部联合发布了《关于促进小微型客车租赁健康发展的指导意见》，鼓励汽车分时租赁，尤其是"汽车共享"。在政策扶植和共享经济大趋势的推动下，吸引了大批的资本投入，沉寂已久的共享汽车再次焕发了新生。

3. 全天候 24 小时供应

在夜间公共交通系统关闭和出租车数量较少的情况下，EVCARD 便成为弥补夜间出行交通方式的重要出行方式。

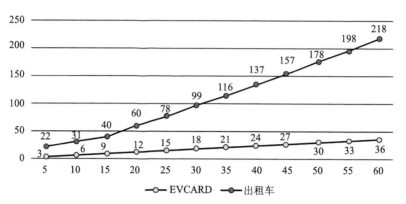

图 6-8 EVCARD 标准会员与出租车相同出行时长价格对比

6.5.2 劣势

1. 停车问题是难题

上海用地紧张，政府可划分的专属停车位有限，再加上很多私家车占用 EVCARD 专属停车位的现象比较普遍，导致用户经常无法在目的地附近找到停车位，增加了行驶距离和成本。

2. 车辆损坏较为严重

由于 EVCARD 实施定点自主提取车方式，很难用道德的方式去约束用户在使用车辆时保持清洁并爱护车辆，使得车辆内部环境和美观造成不良影响且一定程度上减少车辆的使用寿命，从而影响了用户的驾驶体验。

3. 车速限制不适合行驶高速公路

新能源技术目前还不能和传统能源车相媲美，动力的不足不仅影响续航能力还迫使车辆减少自重，从安全的角度考虑，底盘轻和电池等问题导致目前 EVCARD 车型很难满足高速公路行驶的要求。

6.5.3 机会

1. 共享汽车拥有数量庞大的潜在用户

按照统计，我国的汽车保有量为 1.8 亿，其中私家车 1.2 亿，有 2.5 亿人拥有驾照，这意味着共享汽车的潜在用户在 1 亿以上。且每年取得驾照的人远比买车的人多，潜在用户数量呈梯形增长。另外，一辆好车对年轻人来说价格不菲，日常保养费更高，相比之下新潮的年轻人也许更青睐共享汽车，毕竟眼下租车使用就可以经济实惠地解决日常需求。

2. EVCARD 将引领健康环保的出行方式

EVCARD 全部采用新能源汽车，在共享资源的基础上，环保、绿色、健康的出行方式正在潜移默化地渗透我们的生活。而EVCARD要想快速发展，可以通过各种新能源、新车型、新模式满足人们尝鲜的需求，提起人们对新出行方式的兴趣，一方面吸引新用户，将强老用户的用户黏性；另一方面还能够起到颠覆传统出行方式的引领作用，最终达到变革出行的目的。

6.5.4 威胁

TOGO等平台自成立以来迅速发展，在全国范围内包括北上广等一、二线城市和重要旅游城市开始布局运营，TOGO拥有奔驰、宝马、奥迪等豪华汽车品牌旗舰车型，在用户满意度和运营效率上较为领先，并先后获得了真格基金、拓璞基金、SIG海纳亚洲创投基金的信任和投资，在拥有巨大资本和较为良好的用户基础的推动下，TOGO、Gofun开始抢占上海市场，对EVCARD形成很大挑战。

6.6 行业对比和问题分析

6.6.1 对比分析问题原因及发展趋势

表6-1根据以上调研成果，总结了EVCARD存在的不足点，并对问题原因和发展趋势加以分析。

表6-1 相关行业对比

分类	代表企业	优势	劣势
C2C私家车共享	易约车 PP租车	前期成本低能够实现快速的城市扩张，满足更大范围、更多用户的出行需求	服务质量不足，易引起服务纠纷，缺乏安全性与智能性，责任承担评判为最大障碍
传统租车平台	神州出行 易到用车	有一定量的客户基础，车辆性能与舒适性较高	套用传统模式，没有利用新技术实现汽车共享
共享单车	摩拜单车 ofo	成本低，用户使用门槛低，受众广，使用方便	无法满足远距离出行，出行舒适感较低，受天气因素影响较大

6.6.2 与共享经济其他类型的比较

在这个共享经济的风口上，除了单车和汽车外，还有雨伞、充电宝、健身房等各种传统模式的共享，甚至连零钱都加入了共享经济的大家庭。作为其中一员，共享汽车最被看好但却高开低走，难以与其他共享经济相提并论，主要存在原因如下。

1. 模式重过任何一个共享领域

无论是共享单车、充电宝还是雨伞等，其高普及率都得益于产品成本的低廉，这些共享产品在使用中单品损耗率虽高，但可以想见，一辆汽车的成本相当于几百辆单车、几千个充电宝。从商家的角度来说，共享汽车的重资产模式盈利更难，初期成本损耗严重，烧钱更厉害。

2. 很难得到大学生群体的青睐

现今共享经济在校园尤其火热，因为这个群体是下一个消费主力军，他们更易接受新事物，共享经济的发展尤其离不开这群人。不论是共享单车、充电宝、还是共享雨伞、厨房等产品，基本上都是发源于校园，因大量需求助推了共享经济的风生水起。对比来看共享汽车，驾驶证限制、消费观念不匹配、校园道路设计等诸多因素都使共享汽车的成长在大学生群体上显得乏力，缺乏共享经济消费主力的支撑。如果可以给予大学生用户一系列优惠政策并加强校园宣传，那么将对改变大学生出行习惯起到重大影响，从而打开这一缺口获得巨大消费群体。

3. 入口门槛更高，责任风险较大，使用不够便捷

不管是从个人的驾驶证、年龄、身体状况等角度出发筛选出的受众人群，还是从注册流程、使用方法、承担风险等角度出发考量得到的用户体验，共享汽车都不能达到其他共享产品那种便利、轻松的使用体验。

6.6.3　与传统租车的比较

租车平台是已发展成熟的行业，EVCARD 相对于传统租车行业有较大的改革和创新，与此同时也衍生出相应的困难。

1. 用户选择车型范围较窄

由于共享汽车在前期投放和运营维护上面消耗的资金量巨大，而经济优势是其发展理念中的重要一环，成本制约车型选择，在车辆性能、舒适性和用户价值体现上相对下风。但随着公司的发展，已经有宝马等一系列豪华品牌合作，在逐渐提升品牌价值的同时解决这一问题指日可待。

2. 动力性能及续航能力有待提高

电池续航能力是发展新能源汽车的最大，目前 EVCARD 合作车型平均最大续航能力为 150km，充电时间长导致日常车辆在没有充满电的情况下就被使用，因此很难满足跨区域出行；另外，在动力方面上不能达到同级别燃油车所带来的驾驶体验。随着电池及程序技术的不断更新，这些问题也会迎刃而解。

与其他租车产品对比，共享汽车用户少、模式重、不便捷、动力及续航能力不足等弊端，这也注定了共享汽车短期内的发展不会太轻松。那么长远来说，共享汽车的出现的确遵循着时代的发展轨迹，其未来发展值得期待。

6.7　EVCARD 面临的发展瓶颈及建议

作为新生的一类出行服务模式，分时租赁的健康发展依赖于政策支持、企业的可持续经营能力以及用户的价值认同与规范使用，即形成"政府愿支持—企业可盈利—用户乐接受—社会有效益"的良性循环。目前国内分时租赁业务在政府、企业、用户等层面均面临不同程度的挑战。

6.7.1　政策忧虑存在——需创新模式

2017 年 8 月 8 日，交通运输部、住房和城乡建设部联合发文《关于促进小微型客车租赁健康发展的指导意见》，对投放机制、构建交通出行体系和新能源汽车扶持政策等方面提出指导意见。尽管国家部委层面给出了明确的促进意见，但在地方政府层面，分时租赁仍然面临"增加交通拥堵""扰乱出租车运行"等忧虑。EVCARD 站点建设、运营车辆额度投放等成为制约分时租赁健康发展的基础要素。EVCARD 如果能够在车辆投放及停车等方面通过创新模式来缓解政策忧虑，则将会获得政府更有力地支持。

6.7.2　营收能力面临挑战——需扩大企业合作

实现财务盈利是 EVCARD 得以持续运营的基本条件。汽车分时租赁运营模式中的主要成本包括车辆购置、售后维护等，也包括首次购买和保险等高成本项目，高额成本极大地限制了 EVCARD 的资金流通。需要进一步寻求与价值链上更多企业合作，EVCARD 在投资和运营等环节将很大程度上减轻资金压力，对现金流产生正面作用。

6.7.3　认知度有待提高——需寻求品牌溢价

EVCARD 在品牌认知度上还有待提高。提升品牌价值是企业实现盈利的有效途径，前期价格战只能作为占据市场的手段，并不可长久持续，需要大力宣传绿色环保出行，尽可能的建立个人消费者对汽车共享理念的认知和认同。通过电视、杂志、互联网等媒体的宣传，可以达到较好的概念普及效果。另外，要不断提升产品服务质量和增加产品类型来满足不同层次消费者需求，扩大目标客户群体，从而提高产品认知度和受众量。

7. 携程旅行网调研报告——聚焦携程发展新趋势

参赛团队：上海理工大学沪江青年队
参赛队员：张琨　陈凤梅　葛方欣　王晓楠　张秋杰
指导教师：谢媛媛
获奖情况：二等奖
关键词：携程网　旅游业　在线旅游服务　大数据分析

当今社会发展迅速，旅游业作为一个新兴的朝阳产业，在当前市场经济中所占比重与日俱增，我国在线旅游服务业自20世纪90年代起发展至今，现已经成为旅游业发展的主要力量。而携程更是其中重要的在线旅游企业，特别是经过了2015年的大整合、2016年的调整和2017年的国际化趋势，目前它是这个行业的绝对主角，在国内的在线旅游行业居于霸主地位。本文通过研究携程独特的发展模式、平台特色、营销策略等，并与同行业进行比较以求发现问题，希望可以不仅对携程，更是对中国的在线旅游服务业的进一步发展提出相应的建议。

7.1 调研情况介绍

7.1.1 调研对象

携程旅行网是一个在线票务服务公司，创立于1999年，总部设在中国上海。本文选择携程作为研究对象，研究当前的携程营运状态和策略布局，分析携程根据国内旅游市场竞争情况做出的国际化布局的战略选择，评估其在国内外市场开拓中的先进经验及所遇到的阻碍。在此基础上考虑能否利用大数据并结合所学专业知识来进一步分析并得出创新型结论。

7.1.2 研究背景

"在线旅游"作为一个新的服务业态成型于2003年，以携程上市为标志，派卡及电话逐步取代门店销售成为旅游产品销售的新渠道。作为当时旅游市场的主要商业模式，携程成为中国在线旅游产业的旗帜，以呼叫中心为主的OTA（online travel agency，在线旅行社）成为中国在线旅游产业的研究方向。随着去哪儿、驴妈妈、途牛等新网站的出现，标志着中国在线旅游产业新模式的兴起，原有的以OTA为主并包含呼叫中心渠道的在线旅游市场研究范围遭遇较大挑战。

《十三五旅游规划》提出，将开展"一带一路"国际旅游合作，建立丝绸之路经济带城市旅游合作机制，统筹优化入境旅游政策，推进入境旅游签证、通关便利化，入境游迎来政策机遇期。携程逐渐展开大规模国际化布局，抢占国际市场，于 2015 年 10 月底并购去哪儿网，2016 年 11 月收购英国天巡网，又于 2017 年底收购了美国社交旅游网站 Trip.com，2018 年 1 月携程子公司途风收购印度 B2B 旅游平台 Travstarz Global Group。通过以上收购措施能够看出，携程的国际化趋势在逐步加快，一场由中国引起的全球 OTA 企业竞争或将掀起。

目前我国在旅游旅游服务行业，携程仍然占据着霸主的地位，但在全球市场中，携程则还有很长一段距离要走。随着"一带一路"国际旅游合作的开展，建立丝绸之路经济带城市旅游合作机制，统筹优化入境旅游政策，旅游国际市场成为越来越重要的增长驱动力。中国 OTA 企业也在积极进行国际化布局，在全球市场进行全面扩展和渗透主要通过投资并购的方式完成国际化的落地。

7.1.3 调研过程

1. 资料收集（2017 年 12 月—2018 年 2 月）

通过实际调研法、访谈法、文献查阅法等方法收集携程及其相关行业的资料，整理学习并加以分析讨论携程的商业模式、运营策略和企业竞争力，了解我国 OTA 企业的发展情况，针对在"一带一路"背景下各企业做出的国内外市场化战略布局进行深入分析。

2. 实地走访（2018 年 3 月 1 日、9 日、14 日、20 日、26 日）

小组汇集前期所收集的资料，针对资料进行小组商讨，初步设计出走访时的调研访谈问题，制作调查问卷。然后小组与指导教师进行商议，针对调研准备的问题提纲和调查问卷题目设置等内容进行讨论并修改，最终确定调研的问题。在此基础上，小组于 3 月的 5 个不同时间段（分别对应工作日周一至周五）前往企业进行调研，以面谈、邮件、问卷和半结构化访谈等形式与携程有关工作人员进行深入交流，了解企业的现状、运营模式以及实际运营中存在的问题。

3. 调研数据整理（2018 年 3 月 27 日）

在走访结束后，小组成员首先对所得数据进行初步的整理和筛选，将资料集合并与团队指导教师商议数据是否可用、如何使用，最终确定用波特五力竞争模型和 PEST 分析方法对携程进行分析，并与国内外相关 OTA 企业进行横向对比分析。

4. 撰写报告（2018 年 3 月至 4 月中旬）

前期工作完成后，将调研收集到的数据资料系统整理并形成报告。

7.2 调研结果

7.2.1 携程在线旅游公司总述

1. 携程公司简介

携程网初创时期是一家在线票务服务公司，始创于 1999 年，其总部设在上海。携程网在国内外共有超过 20 万余家签约酒店，其机票预订、酒店预订、度假产品预订在全国位居前列。携程网发展十余年，在全国各个城市设立了 20 多个分公司，员工超过 25000 人。携程网于 2003 年 12 月在美国纳斯达克成功上市。携程网将传统旅游行业与高科技产业相结合，向国内外超过九千万会员提供集机票预订、酒店预订、商旅管理、度假预订、特惠商户以及包括旅游资讯在内的全方位的旅行服务。

携程网和去哪儿网在 2015 年 10 月 26 日宣布合并，经过 2015 年的产业大合并，携程已经成为行业的绝对霸主。在已经过去的 2017 年，携程在团队、资本、上游资源上进行了一系列布局：扩充了休闲旅游业务相关团队，与旅行社进行了资本合作，同时开始投资目的地旅行社，加强对目的地旅游资源的把控，开始布局国际市场，加速国际化布局。

2. 携程发展阶段

携程网发展历程可以分为四个阶段：

（1）初创时期（1999 年）

1999 年全球互联网投资高潮兴起，创始人为沈南鹏、梁建章和季琦，这个时期催生出了包括携程网在内中国第一批旅游网站。

（2）探索时期（2000—2003 年）

携程进入探索运营模式，收购传统旅游分销商，扩充自身实力，2000 年 11 月，并购了在当时国内规模最大的传统电话订房中心——北京现代运通订房中心，同时成为首家利用 800 免费电话进行预订酒店的公司，在行业引起了相当大的震动。

（3）成长时期（2003—2013 年）

经过了前面两个阶段的积累，携程找到了明确的市场定位，实施中国特有的电话呼叫中心服务与网络相结合的预定方式。2008 年，时任国务院副总理李克强对携程网进行了工作考察，与此同时，携程南通呼叫服务中心正式启动。2009 年，携程网首席执行官范敏当选中国旅游协会副会长，投资超过千万设立了诚信服务先行赔付基金，并战略投资 EZ travel，成功促进了海峡两岸旅游业务的深度拓展。2010 年，对永安旅游（控股）有限公司旗下旅游业务进行投资，又收购汉庭连锁酒店集团与首旅建国酒店管理有限公司的少部分股份，正式上线了手机网站——"携程无线"。

2011 年，战略投资订餐小秘书，将南通呼叫中心升级为服务联络中心。2012 年，携程进一步加强与万豪的全球伙伴合作关系，对太美旅行进行战略投资，推出了全新的国际航班机票预订平台，上线海外酒店预订新平台。

（4）扩张时期（2013 年至今）

2014 年 9 月，携程联合中信产业基金出资 5 亿元对华远国旅战略投资，携程于 2015 年 10 月底并购去哪儿网，2016 年 11 月收购英国天巡网，又于 2017 年底收购美国社交旅游网站 Trip.com，2018 年 1 月携程子公司途风收购印度 B2B 旅游平台 Travstarz Global Group。

3. 业务范围

携程网主要的经营业务为酒店预订、旅游度假、商旅管理、机票预订、旅游信息查询和特约商户等。酒店预订和机票预订是携程网最主要的两大业务（见图 7-1）。

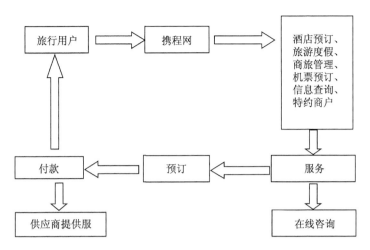

图 7-1　携程业务流程模式图

自携程网成立以来，酒店预订业务一直处于快速增长状态，近年来更是增长迅速。合作签约酒店从 2012 年的 32000 家增加了到 2017 年的 20 万余家，在全球范围内更是有超过 100 多个国家和地区，遍布 6000 个城市，为消费者提供良好的酒店预订服务。

机票预订业务是携程网的另一大支柱，近年来携程网又新增了火车票、客车票等交通票务的预订服务。机票预订业务增长迅速，在 2016 年为携程网取得了 88 亿元的收入，同比增长将近一倍，占全年收入近半，比前一年提高了六个百分点，一举超过酒店预订业务，成为携程网发展的头号功臣。

旅游度假业务方面，携程网作为一家综合型在线旅游企业，可以为消费者提供的服务渗透到整个旅游的方方面面，并涉及多种载体，支持消费者高度定制自己的旅行计划。

旅游信息查询业务是携程网同移动 APP 结合程度最深的一环，为用户提供旅游前中后期全方位的信息查询、规划、评价、心得和问答等服务。

7.2.2　携程公司调研大数据分析

1. 携程业务分析

财报显示，2017 年携程净营业收入为 267.8 亿元，同比增长 39%，2017 年毛利为 222 亿元，同比增长 54%，归属携程股东的净利润为 21 亿元。同比 2016 年几乎翻倍增长（见表 7-1）。

表 7-1　2016—2017 年携程经营情况

单位：亿元，%

项目	2016 年	2017 年	同比变化	2016 年占比	2017 年占比
住宿预订	73	95	30	37	35
交通票务	88	122	38	45	45

续　表

项目	2016 年	2017 年	同比变化	2016 年占比	2017 年占比
旅游度假	23	30	29	11	12
商旅管理	6	8	24	3	3
其他收入	9	13	74	4	5
收入合计	193	268	39	100	100
毛利	144	222	54	—	—

注：数据根据携程 2017 年财务报告整理。

（1）2017 年携程的交通票务盈利所占比重份额最大，与 2016 年相比，交通票务和商旅管理占比重没有变化。但住宿预订占比有所下滑。旅游度假的占比有所增加，占在线旅游市场总体份额的 5％，旅游度假业务收入达到了 30 亿元人民币。2017 年亮眼的业绩表明，携程在国内的优势地位继续得以稳固。

（2）度假旅游产品服务增长迅速，与酒店预订和机票预订成为带动携程网发展的"三驾马车"。酒店预订业务是携程网最重要的业务之一，2017 年携程网获得净收入 268 亿元，其中酒店预订收入 95 亿元，占全年总收入的 35％，图 7-2 显示了携程旅行酒店预订流程。

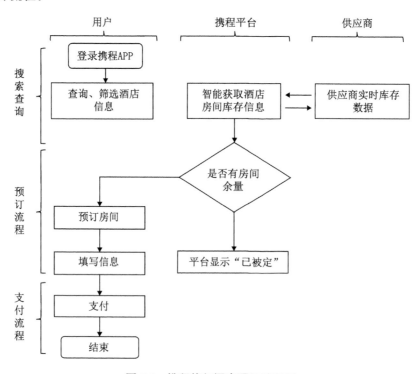

图 7-2　携程旅行酒店预订流程图

（3）机票预订业务增长迅速，在 2017 年为携程网取得了 122 亿元的收入，占全年收入 45％。近年来携程网又新增了火车票、客车票等交通票务的预订服务。图 7-3 显示了携程机票预订业务流程。

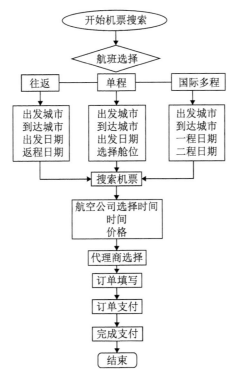

图 7-3　机票预订业务流程

（4）除了加速国际化外，继续向二、三线市场渗透，不断扩大用户规模，已成为携程重要的发展战略。无论是传统的跟团旅行，还是越来越多消费者选择的自由行，亦或是近年来流行起来的自驾游，携程网所提供的丰富服务受到越来越多消费者的喜爱。

（5）旅游信息查询业务是携程网为用户服务的重要一环，同时对于用户社区的建设，使得携程网获得大量优质的 UGC 内容。对于这些内容的收集、整理、反馈以及应用，也是携程网的优势之一。

（6）此外，携程网还涉及商旅管理以及特约商户等业务，主要方向是整合资源、提供增值服务等。

2. 携程网的商业模式

携程网向旅行社开放旅游 B2C 服务体系，提供包括产品代理、技术支持、营销推广等在内的一站式旅游电商服务。携程网将互联网与旅游业结合，通过在线预订平台将全国酒店、火车票机票预订市场信息（上游信息）和旅游消费者（下游信息）进行整合，为供应商提供了更多的消费者，也为消费者提供了更多的供应商选择，极大地提高了市场信息的透明度，提高了市场竞争的充分性，推动了传统旅游行业的网络化、移动化。

携程网的商业模式可以用图 7-4 表示。

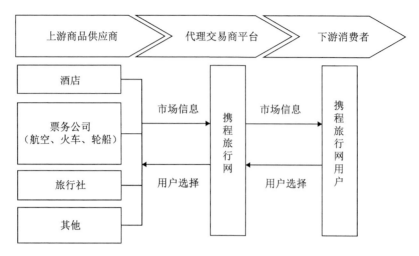

图 7-4　携程旅行网商业模式图

（1）规模化运营。携程网建立呼叫中心拥有 1.2 万个坐席，员工超过 10000 名，与全球 190 个国家和地区超过 50 万家酒店建立了长期稳定的合作关系，其机票预订网络已覆盖国际国内绝大多数航线。规模化运营不仅为会员提供更多优质的旅行选择，还保障了服务的标准化，确保服务质量，并降低运营成本。

（2）现代化服务系统现代化服务系统。包括海外酒店预订新平台、国际机票预订平台、客户管理系统、房量管理系统、呼叫排队系统、订单处理系统、E-Booking 机票预订系统等，携程网依靠这些服务和管理系统力求为会员提供更加便捷和高效的服务。

（3）精益服务体系精益服务体系追求细节尽善尽美，尽量减少服务中的各种差错与失误。例如在携程网，酒店的预订流程有 15 个环节、60 个关键绩效指标和 114 个可以完善的"缺陷点"。在每个预订过程，都有上百名员工在各个节点核查，确保不出差错。在如此严密的细节控制下，携程网将其服务产品的合格率控制在 99.9% 以上。

3. 携程网的盈利模式分析

网站的盈利模式大概分为两种，一种是走流量模式，一种是走会员模式（见图 7-5）。

（1）流量模式下，不区分用户群，依托庞大的点击率，可以获得广告收入，这是很多传统的门户网站的重要收入来源，这种模式盈利基础在于具有庞大的流量。

（2）会员模式下，必须区分出用户群，然后依靠足够数量的使用会员，获取会员服务费，或者成为会员与商户的中介，赚取商户的中介费。这种模式盈利基础在于会员使用服务的频率，而携程网其实就是会员模式，它不计成本的发行会员卡就是为了获得足够的使用会员，然后赚取旅游中介的费用。

图 7-5 显示，携程网的利润来源主要为以下几部分：

（1）酒店预订代理费，它一直是携程旅行网的的主要盈利模式，携程佣金一般是从目的地酒店的盈利折扣返还中获取的。

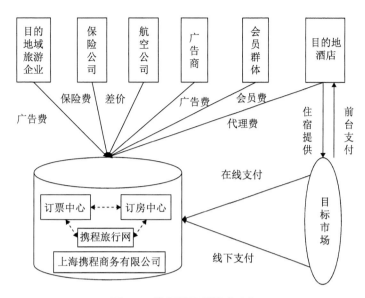

图 7-5　携程网盈利模式分析

（2）机票预订代理费，从顾客的订票费中获取的，等于顾客订票费与航空公司出票价格的差价。

（3）自助游中的酒店、机票预订代理费以及保险代理费，其收入的途径也是采用了盈利折扣返还和差价两种方式。

（4）在线广告：在酒店的盈利折扣中用户完全可以和酒店通过携程网取得联系后双方再直接交易，重新分配携程所应得的中介差价而避开携程网。机票预定费，航空公司也在开通自己的网上订票业务，避免损失中介所分得的那一部分利润。

（5）会员费：携程网大量发放会员卡，在携程网上注册会员也是免费的，但是会员可以直接购买 VIP 会员卡，VIP 会员卡不仅可以获得特别的积分，还可以比一般会员拥有更多的价格优惠。携程网拥有大量的会员数，会员费也是携程网一项颇为可观的收入。

（6）其他：出版旅游丛书是携程旅行网开展的新业务，这些旅游丛书不仅给旅程网带来了出版费，而且扩大了网站的知名度。

7.2.3　国际化成为携程新增长点

1. 携程在国际化的新动作

国际化是携程投资的另一个显著"标签"。近两年，携程一直做的就是"出海"。从表 7-2 中可以看出，2016—2018 年携程国际化布局很明显，国际化会是携程未来发展的一个新的增长点。

表 7-2　2016—2018 年携程国际化布局情况

时间	布局详情
2016 年 1 月	携程通过可转债的方式向印度上市旅游公司 Make My Trip 投资 1.8 亿美元
2016 年 10 月	在投资美国途风网之后，携程实现对"海鸥旅游"和"纵横集团"的战略投资，全面布局北美旅游市场

续　表

时间	布局详情
2016 年 11 月	携程以 14 亿英镑收购英国最大的旅游搜索巨头天巡
2017 年 5 月	携程及其他投资人投资印度在线旅游机构 Make My Trip 3.3 亿美元
2017 年 11 月	携程收购美国的旅游元搜索平台 Trip.com，同月收购英国社交媒体 Twizoo
2018 年 1 月	携程子公司途风收购印度 B2B 旅游平台 Travstarz Global Group

资料来源：前瞻产业研究院整理。

从携程 2017 年财报可以看出，纯国际机票业务已占到携程国际机票总量的 30%。携程国际业务增长背后得益于国内消费者旺盛的出境游需求，数据显示，2017 年，中国公民出境旅游突破 1.3 亿人次，花费达 1152.9 亿美元，保持世界第一大出境旅游客源国地位。纯国际机票业务增长背后也反映出携程正不断加快国际化进程。

2. 携程出境旅游用户人群分析报告

根据携程出境游订单的统计，2017 年出境旅游者中，59% 是女性，41% 是男性，女性比例高 18 个百分点。据图 7-6 可知，与其财富、体力相匹配，70 后和 80 后依然是出境游的中坚力量，80 后占比 31%，70 后占比 17%。70 前的中老年人占比 24%。但越来越多的 90 后、00 后加入出境游的伍，占比分别为 16%、13%。

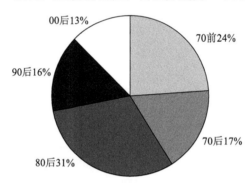

图 7-6　2017 年国人出境游游客各年龄段占比（根据携程财报整理而成）

3. 携程出境旅游方式分析

随着 90 后、00 后逐渐成为旅游主力军，"说走就走的旅行"不再是口号而转为一代人的出游习惯。携程服务平台"微领队"的调查数据显示，从自由行年轻人的统计看，"说走就走"的比例明显增长，一周内出发的人群比例高达 29%。

□ 跟团游　　■ 自由行　　■ 定制游、私家团

图 7-7　2017 年国人出境游方式（根据携程财报整理而成）

我国游客依然热衷跟团游，特别在是二、三、四线城市和地区。以携程组织的数百万出境游客为例，跟团与自由行约各占一半（见图7-7），但出境自由行增长是大势所趋。除了跟团游和自由行以外，定制旅行、私家团或者通过旅游平台预订一位当地向导，成为中国游客新选择，2017年携程定制旅游增长达到220%。

7.2.4 携程特色分析

1. 个性化定制旅游

随着在线旅游市场的不断扩大，旅游消费者的市场细分化愈加明显，定制旅游产品应运而生。2016年1月29日，携程旅行网国内首个规模最大的C2B"定制旅游"服务平台正式上线，在该平台上实现了定制旅游客户与供应商的真正对接（见图7-8）。喜欢定制旅游的消费者可以向世界范围内所有旅游地的任意旅游服务商以及定制规划师表达旅行要求。对于顾客的售后保障，携程定制旅游平台推出"签订合同"和"先行赔付"的机制。

图7-8 携程定制旅行界面

携程旅行网的旅游定制有以下特点：

（1）将顾客的旅游需求通过数据库的信息匹配与定制规划师形成订单式连接，这种机制的产生创新了我国业内的定制旅游运作模式。目前，旅游者可以通过三种方式获得定制服务：一是在线提交定制需求订单，二是直接选择平台上的定制规划师，三是选择模块定制线路，这三种定制服务类型基本涵盖了不同旅游者的消费需求特点。

（2）成功推出定制APP，同时也以手机客户端的形式一并开展。携程定制平台建立了业内规模最大的"定制师库"，客户可以在已经注册备案的1000余名资深定制规划师中进行偏好挑选，选择心仪的定制师为其提供定制服务。

（3）建立相关的服务规范与信用体系，助力定制规划师的专业化发展。在产品预订和体验等各环节都由携程"微管家"服务系统进行监督管理，确保顾客的合法权益。

2. 业内首个"全球游学平台"

2017 年 4 月 12 日，携程旅游上线业内首个"全球游学平台"并发布相关产品标准。该平台定位是针对 4～18 岁不同年龄段、不同经济能力、兴趣爱好的孩子，提供丰富游学和营地类产品。除了传统的国际课堂、名校体验，还有户外挑战、自然探秘、人文教育、科学探索、军旅体验、志愿者项目等丰富线路选择，价格在几百元到几万元不等，致力于全方位提升孩子的综合素养。

全球游学平台具有以下特点：

（1）发布行业内首个"游学选品标准"（见表 7-3）。携程网针对"安全管理""课程设计""执行经验""接待标准""口碑"中国家长最关心的五大痛点，硬件、软件双管齐下对游学产品品质进行规范和量化，将上千条产品划分为金牌营、银牌营和品质营。其中品质营是门槛——平台产品达到标准才可上线售卖，金牌营、银牌营则在接待经验和口碑上有更高的要求。

表 7-3　携程发布的游学选品金牌营标准

游学选品：金牌营标准	
执行经验	国内营：累计接待人次：300 人以上最近一年接待人次：150 人以上
口碑	历史点评分≥4.8
课程设计	课程类产品：每日课程≥5 小时
安全管理	国内独立营每 6 名儿童需配备一名工作人员，户外应配备急救资质随团人员
接待标准	亲子类产品：酒店携程点评分在 4.2 分以上，用车空座率不低于 10%

（2）着力打造"透明营"。透明营规定了产品接待人次、携程点评分、游学工作人员与客人配比，在课程活动时间、住宿详情和点评、用餐标准等方面内容。消费者可通过手机端、网站，100 多个城市的上千家携程旅游门店选购。

（3）全线实施"六重旅游保障"。无论预定携程自营还是供应商产品，家长和孩子在行程中的"食、住、行、游、购、娱"6 大环节出现与约定不相符等问题时，携程将先行赔付，再帮助消费者维权。此外，针对生病、拒签、火山地震灾害、突发事故等，推出"特殊原因退订保障""重大灾害旅游保障金""旅游预警机制""全球旅行 SOS"等多重保障。

7.3　携程内外部环境分析

7.3.1　波特五力竞争模型分析内部

利用波特环境五力模型可以对携程旅行网所面对的行业竞争进行波特分析（见图 7-9）。

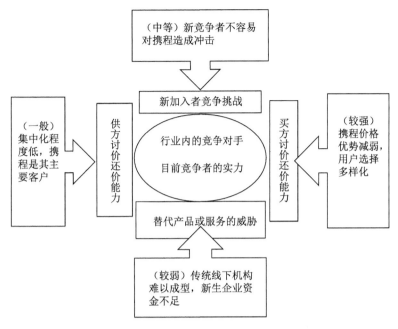

图 7-9　携程旅行波特五力竞争模型示意图

1. 供应商讨价还价能力（一般）

携程旅行网的供应商包括四大方面：电子设备供应商，航空公司，酒店宾馆，旅行社。

（1）作为出行预订服务的网站公司，携程旅行网主要是向顾客提供信息咨询。而要想得到顾客的肯定，就要尽可能多的与不同的供应商合作，来满足顾客的信息需求。相对于航空公司、酒店宾馆和旅行社，电子设备的供应商就相对集中，但携程旅行网对于硬件设备的需求远远不如信息来的多，这就使电子设备的供应商较为固定且单一。

（2）携程网的要素替代品是机票酒店的直接预订服务，即机票直销，酒店直接入住。就目前而言，已有部分航空公司开始实施机票直销，甚至以后航空公司机票代理费会"归零"。所以，携程网将面临失去一大供应商的威胁。

（3）携程网在国内的影响范围之大，使它成为了供应集团的主要客户。供应商讨价还价的能力减弱。

（4）携程网是信息提供网站，主要提供信息咨询与提前预定服务，相当于"中介公司"，所以要素是携程的主要投入资源，失去了供应商的信息提供携程网也将不复存在。供应商的讨价还价的能力增强。

（5）现在许多要素供应者（如航空公司）已经采取"前向一体化"策略，使自身得到更广的宣传与扩张，这对于携程是一大威胁。

2. 购买者讨价还价能力（较强）

携程网的本质是借助互联网的信息中介机构。作为中介机构的最大风险是在于中介双方直接交易而绕开中介机构。目前的消费群体日趋年轻化，用户完全可以直接和酒店或航空公司进行交易，避免损失携程作为中介所分得的那部分利润。因此，携程必须以优质优价吸引顾客，在这一方面，买方讨价还价能力有所加强。

当优惠服务与自行订票订酒店差别不大时，会有用户选择自行解决。因此，买方在这方面还有一定的讨价还价能力。

3. 潜在进入者的威胁（中等）

（1）携程已形成规模经济。携程网同全球134个国家和地区的28000余家酒店建立了长期稳定的合作关系，并与国内外超过5000家航空公司保持良好的合作关系，其机票预订网络已覆盖国际、国内绝大多数航线，送票网络覆盖国内52个主要城市。携程网拥有亚洲旅行业首屈一指的呼叫中心，其坐席数近4000个。携程网与许多酒店航空公司合作，并收购旅行社，形成了规模经济。这不仅可以为会员提供更多优质的旅行选择，还保障了服务的质量标准化，进而确保服务质量，并降低运营成本。

（2）一些社区攻略分享类网站，如蚂蜂窝、驴妈妈等推行客户生成内容的模式。这一类机构是线上旅游利润的分享者，通过用户生成的内容，将客流引入预定系统的网站，借以与相关的机构进行利润分成。

P2P交际模式，在旅游行业内也比较流行，较为出名的包括丸子地球等，主要依靠当地的一些懂汉语的留学生或者原住居民一对一陪伴的方式解决游客出行、导游、游玩。这种模式很符合目前交际＋旅游的概念，也有很好的旅游体验。

C2B定制化旅游模式，如蚂蜂窝和世界邦等完全按照消费者的需求来设计路线，体现了未来旅游模式的发展趋势。以上三种旅游新模式的兴起均对携程的商业模式发起了挑战。

（3）虽然携程网拥有先进的经营理念和强大的互联网技术支持，占据中国在线旅游市场的份额极大，是绝对的市场领导者，品牌优势明显。但是，随着其他在线旅游网站的进一步发展，携程网的在位优势被进一步减弱，若不采取措施其优势地位难以保持。

4. 替代产品的威胁（较弱）

第一，传统线下旅行代理机构很不便捷，虽然降低了电子商务带来的经济、产品和信息风险，但是旅游消费群体日趋年轻化，更倾向于选择在线旅游的方式。互联网门槛的降低，使得传统旅行社可以开发自己的网站（如中旅在线），或者可以通过收购一些网站，在度假旅行方面和携程网进行差异化竞争。但携程网在其主营业务方面的优势是传统的旅行社短期内无法超越的，因此传统旅行代理机构的威胁较弱。

第二，携程网早已完成原始资本的积累，拥有充足的资金，这是很多竞争对手难以企及的。同时，携程网拥有国内无人能比的庞大用户群体。综上，携程网面对的替代产品的威胁较弱，行业竞争优势较为明显。

5. 行业内现有竞争者的竞争（强）

随着中国旅游业的蓬勃发展和在线旅游行业的迅速崛起，携程网面临的竞争对手只会增加不会减少的境况。

（1）途牛网。

途牛旅游网于2006年10月创立于南京，以"让旅游更简单"为使命，为消费者提供国内64个城市出发的旅游产品预订服务，并提供丰富的后续服务和保障。

途牛旅游网从一开始就选择了差异化的发展道路，避开了订机票酒店的商旅模式，专注于旅游度假产品，主推随团旅游线路和自由行套餐。途牛在整个模式中所扮演网络零售商的角色，通过整合各家旅行社的"看家"旅游路线，顾客只需轻点鼠标，便能轻松在线预订旅游产品。同时，途牛通过批量采购各家旅行社的路线产品，可以获得相应的批发价格，出售给下游用户时可获得适当的价格差，这是网站的主要收入来源。途牛旅游网提供 8 万余种旅游产品供消费者选择，涵盖跟团、自助、自驾、邮轮、酒店、签证、景区门票以及公司旅游等，已成功服务累计超过 400 万人次出游。

（2）Booking。

Booking 公司成立于 1996 年，向用户提供各种类型住宿最优惠的价格，其中既有小型的家庭经营住宿加早餐旅馆，也有五星级豪华酒店。其姐妹网站 Villas.com 于 2014 年 5 月上线，致力于为客人提供自助式住宿的选择。它秉承国际化的理念，支持 40 多种语言，共有 50 余万家住所，遍布全球 205 个国家和地区。2017 年 Booking 营收 828.6 亿元，归母公司股东净利润 153 亿元，均远超携程。

（3）Expedia。

Expedia 是全球最大的在线旅游公司，其业务量约占全球在线旅游市场的 1/3。于 2007 年通过与艺龙的合作正式进入中国市场，现有业务部门遍及美国、加拿大、法国、英国、比利时、德国、意大利以及西班牙。TripAdvisor 是 Expedia 旗下品牌，目前是全球最大的旅游社区，在酒店和景点点评服务上拥有绝对领导性地位。

2017 年 Expedia 营收 657.3 亿元，约为携程的 2.5 倍。在市值方面，截至 2018 年 3 月 15 日，Expedia 以 1087 亿元的市值踞全球第三大 OTA。

7.3.2 PEST 分析宏观环境

PEST 分析是一种基本的宏观环境分析，本文从政治、经济、社会和技术四个维度对携程战略的制定和实施进行分析（见图 7-10）。

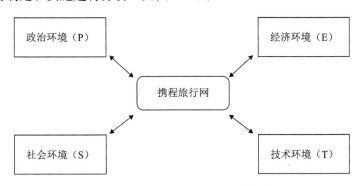

图 7-10 携程旅行网的 PEST 分析模型

1. 政治环境：政策影响的双面性

一方面，供给侧改革激发旅游市场活力。《"十三五"旅游业发展规划》提出，大力发展旅游业将其定位为国民经济战略性支柱产业。消费税制改革、鼓励落实带薪休假制度、开放二孩政策、错峰旅游制度、规范旅游市场秩序、整治价格欺诈和强制购物等措施为携程网的发展提供了良好的政策环境，促进其发展壮大。

另一方面，携程的竞争对手也借此迎来了良好的发展机遇，提高了入侵的可能性。所以，国内入侵者对于携程带来的威胁在进一步加大。同时，更多的外资企业也把目光投向了中国的在线旅游市场，他们拥有雄厚的资金和先进的技术。例如，Expedia 收购中国的互联网公司艺龙后，在华业务拓展迅速，先推出旅游点评网站到到网，又以超过 1200 万美元的价格收购旅游搜索引擎酷讯网，并承诺为这两家网站投入至少 5000 万美元。

2. 经济环境：旅游业有效促进宏观经济发展

首先，居民收入水平逐步提高。2017 年，全国居民人均可支配收入达到 59660 元，增速超过 GDP 增速。其次，旅游业对 GDP 贡献度持续上涨，2017 年中国旅游业在 GDP 比重占比达到 11.06%，对关联产业的拉动效果显著。旅游产业有效拉动就业，截至 2015 年，旅游产业已实现直接就业 2789 万人。旅游直接和间接就业 7911 万人，占全国就业总人口的 10.21%。最后，出境手续程序便捷化，我国出境游规模已连续三年排世界第一，截至 2017 年 6 月 1 日，已有 63 个国家和地区面对中国公民退出了免签政策。国内良好的经济环境，促进了携程的快速发展。

3. 社会环境：消费主力人群促进旅游消费升级

首先，80 后、90 后成为消费主力军，其消费观念具有跨带级的影响和带动作用。其次，休闲度假需求凸显，消费者在旅游产品决策时更注重个性化和趣味。消费升级促进了消费品类的转变，2017 年我国人均 GDP 超过 8836 美元，进入全民休闲度假模式。最后，旅游消费频次增加，旅游消费成为重要日常消费，消费者旅游频次和花费金额均有快速增长。全民旅游消费观念的普及和人数的增长对于携程的发展提供了良好的外部契机。

4. 技术环境：一体化提升度假旅游体验

首先，旅游信息化，国家旅游局公布《"十三五"全国旅游信息规划》，就旅游信息化提升工程、旅游＋互联网、智慧旅游等作出了部署。其次，智慧景区线上线下一体化，景区通过投放智能设施，建设物联网、应用大数据技术等打造智慧景区，与线上线下平台实现对接，提升服务品质内容。最后，标准化的产业体系，在线旅游平台对景区和酒店等产品标准化改造深化，不同旅游元素动态打包，实施整合，在线预订便利性提升。上述措施的出台，均会对携程的发展产生积极的影响。

7.3.3 分析结论

通过波特五力竞争模型和 PRST 的内外部环境分析，可以看出携程目前面临如下挑战：

（1）传统 B2C 模式遭遇挑战，用户选择更加多样化；

（2）价格在位优势逐渐下降，主营业务受到冲击；

（3）国际竞争对手实力强劲，国内竞争者数量增加；

（4）捆绑销售削弱用户忠诚，隐私泄露事件频发。

7.4 对策及建议

7.4.1 "一体化"策略：以用户需求为导向整合开发旅游功能

现阶段旅游 APP 的分类众多，用户往往既要下载地图 APP，又要下载打车和票务 APP，占据较多移动端内存空间，账号系统不统一，应用切换麻烦。因此未来携程的开发应该集合地图、打车、票务等各种旅游服务功能，形成一个满足用户一系列需求的 APP。以任务/技术匹配理论为基础，以用户需求为导向，满足用户的绩效期望和努力期望。

7.4.2 "差异化"策略：针对不同用户提供定制服务

与团队旅游服务不同，个性化服务针对的是每个游客的特点，以满足其与众不同的旅游需求。旅游者的满意度越高，对提供服务的电子商务营销企业的忠诚度也越高。因此，携程要加大对旅游消费者的信息资料、体验和意见收集，科学分析旅游消费者的消费特点，对客户进行细分，针对不同消费者进行个性化产品设计，如针对老年群体可以提供医疗养生路线定制等。

7.4.3 "人本化"策略：充分尊重和保障用户的自主选择权与隐私

由于智能移动互联终端的随身性与黏性，它可以快速地涉足存储用户的私密信息，旅游公司要保护用户的信息安全，就需要应用更先进的技术手段保障消费者的隐私和安全。之前爆出的携程漏洞事件也为企业在信息安全方面敲响了一个警钟。在这方面，虽然携程已经开发了指纹支付的安全措施，但还可以更进一步利用指纹和声音辨别系统双重加密，进一步升级保障系统。支付安全的保障会让用户有安全感，让用户更好享受移动互联网带来的便利。针对机票"捆绑销售"问题，携程给予消费者两种选择，一种是极速预订，另一种为普通预订。在普通预订页面，消费者可以根据自己的需求决定是否勾选。通过这一系列措施满足用户的不同需求，会增加其对携程的好感度和忠诚度。

7.4.4 "国际化"策略：积极开拓海外旅游市场

将国际化确立为重要战略，可将国际化战略可以分为几个大部分，第一是中国的出境游，为客户解决出境自由行的一大痛点——当地小交通问题。让出境旅行者可以获得经济、可靠、自由行度更高的小交通服务，更可以体验到当地特有的城市风光。第二是加强与海外在线旅行平台的合作，国际战略合作双方在系统直连、创新营销、产品多元化等方面进行全方位合作，可以为消费者提供更多选择和更优质服务。第三是提供多语言预订平台，重点打造最丰富产品类型，实现双方票务系统直连。

7.4.5 "信息化"策略：利用大数据提升用户体验

大数据时代的到来，数据成为了一种新型资源。对于用户在预订、享受和评价旅游产品服务的过程中，所产生的数据进行收集、整理和分析运用，对于携程网准确获取单个用户或用户群的偏好与习惯有着很大的帮助。例如，当用户在平台上预订机票、酒店或者景区门票时，可以分析用户过去的订单，得出用户的出行习惯和旅游偏好，为用户提供种类相同或相似的旅游产品服务，既节省了用户的时间，对于旅游产品服务的销售也起了促进作用。

7.5　小结

通过本次电商调研大赛，团队对"互联网＋旅游"模式的龙头企业——携程公司及携程网进行了详细充分的调研，具体包括公司当前发展情况、行业现状、企业特色等相关性内容。报告不仅分析了携程在国内的优势和劣势，而且分析了携程的国际化趋势、出境游人群等。

携程作为一个典型的 B2C 旅游电子商务平台，在其发展过程中存在着安全与信任问题，如"携程漏洞""恶意捆绑销售"等使携程的公众舆论形象受到损害。此外，由于在线旅游模式的兴起携程还面临着价格优势下降、用户选择多样化等一系列挑战，以及在国际战略化布局中的一系列问题。有鉴于此，团队从一体化、差异化、隐私安全等方面提出了自己的意见和建议。

本报告的撰写为本次上海电子商务企业调研圆满画上了句号。通过这次调研，我们对在线旅游企业有了一个清楚的认知。此外，团队成员对资料的收集和与企业人员沟通的技巧有了明显的进步，在指导老师的指导下，调查报告的写作相比之前也是有了进步，总而言之，我们很感谢学校能够提供这样一次机会，让我们对电子商务企业有了进一步深入了解，同时也非常感谢携程为本次调研提供的大力支持。

8. 新东方在线教育调研报告

参赛团队：上海理工大学熊猫队
参赛队员：葛力铭　高洁　蔺思雨　王佳书　张秀翔
指导教师：秦炳涛
获奖情况：三等奖
关键词：在线教育　在线直播　碎片化学习　新东方

近年来，中国的线上教育领域开始进入井喷状态。显示，2017 年教育行业一级市场全年共发生 412 起融资事件，总金额达 282.86 亿元。作为教育行业的老牌龙头公司——新东方集团更是早在 2005 年就着手成立在线教育，并通过整合原有新东方的品牌和资源优势，逐渐占据了在线教育行业的一席之地。本文通过分析新东方在线的商业模式、营销策略、关键业务、核心资源以及同行业对比等来分析企业发展的健康状况。通过"关于新东方在线的调查研究问卷"分析新东方在线是否准确地满足了客户需求，在哪些方面做的不足，在此基础上，提出了我们的一些思考和应对策略。

8.1　绪论

8.1.1　研究背景

1. 在线教育定义

最新数据显示，我国在线教育用户规模达 1.18 亿，用户使用在线教育服务的比率为 16.6％，整体保持稳定增长。涌现了猿辅导、一起作业等多家新锐独角兽企业，也包括新东方在线、51Talk、VIPKID、沪江网校等琳琅满目的在线教育品牌。中国在线教育已发展为涵盖 K12（基础教育培训）、职业培训、语言学习、IT 培训、高等教育等领域的庞大产业。

随着"互联网＋"不断深耕在线教育市场，资本对在线教育的热情不减，在线教育更被业内人士看成"风口"。经济高速发展的今天，人们对教育的重视程度越来越高，在线教育作为近几年新兴的学习模式，行业占比逐年增加。如何客观冷静地应对在线教育模式的"崛起"、正确引导和规范国内在线教育行业的发展，是未来几年在线教育行业面临的新要求。

在线教育即 E-Learning，或称远程教育、在线学习，现行概念中一般指的是一种基于网络的学习行为，与网络培训概念相似。知行堂将 E-Learning 定义为通过应用信息科技和互联网技术进行内容传播和快速学习的方法。

2. 在线教育发展现状

国内互联网巨头以及传统教育机构开始在这个潜力无穷的市场规划布局。

早在2012年，百度就已上线文库课程专区，提供"视频＋文档"式的在线课程资源。之后，百度教育又推出针对职场教育的百度传课和针对K12教师人群的百度优课。2018年，其更进一步推出百度教育大脑，希望在满足用户既有学习需求的同时，也能依靠人工智能产生好内容、好体验。

曾做过英语老师的马云，对教育领域当然也"情有独钟"。自2013年推出淘宝同学、整合在线教育市场之后，2014年，阿里巴巴又携手淡马锡和启明创投，大手笔投资国际互联网教育巨头——Tutor Group旗下的VIPABC。VIPABC是一个真人在线互动式的英语培训平台，拥有来自全球32个国家和地区的合格认证老师。

BAT之一的腾讯先后推出了在线教育平台腾讯精品课和腾讯课堂，涵盖K12、职场技能、互联网、外语等方面的课程内容。不仅如此，腾讯也在资本市场"大秀拳脚"。2015年，继为K12教育O2O平台疯狂老师投资2000万美元之后，腾讯又在2016年以4000万美元的大手笔投资K12在线直播课平台猿辅导。

作为传统培训行业的两大巨头，新东方和好未来也在紧锣密鼓地布局在线教育转型之路。新东方先是与国外在线教育巨头Coursera开启战略合作，紧接着又投资机器人教育平台乐博乐博和成立新东方百学汇教育咨询有限公司，后来其又发布B2B业务品牌"新东方教育云"，全面整合旗下B2B业务，开启品牌化之路。

好未来的转型对策则是持续不断的投资和收购，其范围涉及K12（高考派）、O2O（顺顺留学、轻轻家教）、外语教学（励步英语）、儿童教育（小伴龙）、教师备课（学科网）等。国内在线教育市场规模不断扩大，前景看好（见图8-1）。

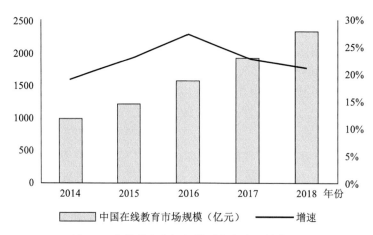

图8-1　在线教育市场规模（来自产业信息网）

未来几年，在线教育用户规模将保持20%以上的速度继续增长，到2019年预计达到1.6亿人（见图8-2）。

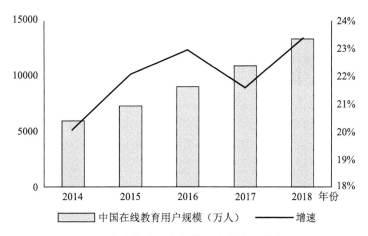

中国在线教育用户规模（万人） —— 增速

图 8-2　在线教育用户规模（来自产业信息网）

3. PEST 宏观环境分析

（1）政治方面。

近几年，在线教育持续地享受着国家的政策利好。2010 年，《国家中长期教育改革和发展规划纲要（2010—2020 年)》规划了未来 10 年教育改革发展的蓝图；2012 年提出"三通两平台"建设，即宽带网络校校通、优质资源班班通、网络学习空间人人通，建设教育资源公共服务平台、教育管理公共服务平台；2015 年，与在线教育相关的新政出台，为"互联网＋教育"的发展保驾护航；2016 年，教育部印发《教育信息化"十三五"规划》的通知，提出将信息化教学能力的培养纳入师范生培养课程体系、学校办学水平考评体系。

（2）经济方面。

近 40 年，我国的社会生产力持续增长，人民生活水平也在不断改善。对教育也是愈加重视。由于中国传统对于升学问题的重视，再加上升学压力的逐渐加大，我国家庭教育支出增长较快。中国教育在线调查显示，50％家庭对子女教育培训投入每年超过 5000 元，其中超过 1 万元以上的占比 25％。随着经济发展和生活水平的提高，家庭对于子女教育关注程度也越来越高（见图 8-3）。

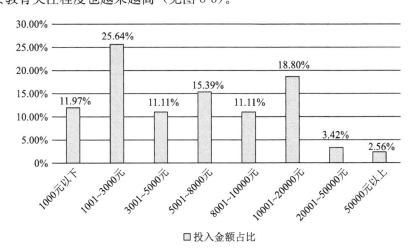

投入金额占比

图 8-3　中国家庭教育培训投入情况（来自中国教育在线调查）

（3）社会方面。

越来越激烈的市场竞争使得越来越多的年轻人意识到终身教育和培训的重要意义，因此，考研、出国留学、职业教育等面临着巨大的需求，而在线教育省时省力的特点刚好可以满足这部分需求。在早幼儿教育方面，85后、90后家长们对下一代教育的认知，正在发生着巨大的变化，80后已经成为早幼儿的家长主力军，他们不希望孩子也像自己从前一样在学校接受死记硬背的枯燥学习方式，更倾向于寻求孩子的个性化发展。因此，在线教育的丰富性与趣味性更加符合家长的期待。从老师的角度来看，对于国内目前的线上产品和课外教辅内容，大多数老师持"比较认可"的态度（见图8-4）。

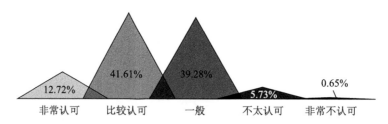

图8-4 教师团体对线上学习的态度（来自新浪教育）

（4）技术方面。

在科技创新的驱动下，凭借更低的学习成本、更高的学习效率、更佳的学习体验的优势，在线教育很大程度上"颠覆"了传统教育。随着AI技术和AR技术的发展，未来的在线教育必将走向智能化、体验化。从另一个角度来看，互联网技术是对教育的赋能，而不是简单的颠覆。成熟的技术确保了用户线上学习的体验，数字原住族对线上学习的习惯接受，都为线上线下相结合的"混合式教学服务——新教育"奠定了坚实的基础。

8.1.2 研究方案

（1）前期资料收集。

首先通过互联网等工具搜索相关的在线教育行业资料，了解国内外在线教育的发展现状和未来趋势，查阅了国内主要的在线教育机构。

（2）走访企业。

结合前期初步了解的情况，制作调查问卷，设计调研问题，走进企业以面谈的形式与行业从业者进行交流，了解企业的现状、规划以及实际运营中面临的问题。

（3）整理数据。

收集整理调研过程中得到的数据资料，其中通过数百份调查问卷数据对新东方在线教育市场进行分析。通过运用PEST宏观环境分析、SWOT分析、五力模型分析等对调研企业深入研究，并与国内其他相关典型企业进行对比分析。

（4）撰写报告。

最后，团队成员与指导老师进行深度交流，成员之间合理分工，总结调研结果，撰写报告。

8.2　新东方在线的商业模式和营销策略分析

8.2.1　新东方在线基本介绍

1. 公司简介

新东方在线是新东方教育科技集团旗下专业的在线教育网站，是国内首批专业在线教育网站之一。2005 年 3 月，独立运作新东方在线的迅程网络科技有限公司成立。随后，新东方在线进行了两次战略调整。第一次是 2009 年的产品聚焦。即以考研英语为切入点，将课程拓展到了全学科。第二次在 2012 年，新东方在线看到了互联网发展的速度，决定增加投入，积累量的优势，抢先占领市场。

依托新东方强大师资力量与教学资源，新东方在线拥有中国先进的教学内容开发与制作团队，致力于为广大用户提供个性化、互动化、智能化的卓越在线学习体验。课程涵盖出国考试、国内考试、职业教育、英语学习、多种语言、K12 教育 6 大类，共计近 3000 门课程。提供基于 B2C 和 B2B 商业模式的面向学前儿童、中小学生、大学生以及职业人群的专业在线教育服务。目前，新东方在线网站个人注册用户已逾 1700万，累计付费用户超过百万。

图 8-5 记录了新东方在线成长过程中的主要事件。

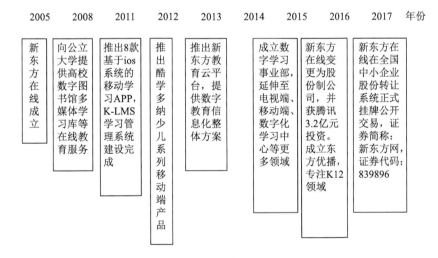

图 8-5　新东方在线成长大事记（Chronicle of Event）

2. 收入情况

新东方网主营业务收入分为在线教育服务收入和品牌授权及软硬件服务收入两类。其中，在线教育服务收入包括面向个人的在线课堂服务（在自营平台提供的课堂服务）和面向机构的在线教育服务（面向全国各高等院校、中小学校、公共图书馆及部分企事业单位按需搭建平台，投放资源，收取使用费、更新费、咨询费、让渡许可使用权）。新东方在线的主要营收是在线教育的服务（B2C 模式），根据 2016 年其招股说明书的披露，在线教育服务收入在 2016 年 1～3 月、2015 年度和

2014 年度占同期营业收入总额的比例分别为 99.49%、95.08% 和 98.85%（见表 8-1）。

表 8-1　新东方在线营收各领域占比

项　　目	2016 年 1—3 月		2015 年度		2014 年度	
	收入金额（元）	占比（%）	收入金额（元）	占比（%）	收入金额（元）	占比（%）
在线教育服务收入	78487858.95	99.49	302176915.42	95.08	213597112.20	98.85
品牌授权及软硬件服务收入	387412.93	0.49	11935875.97	3.76	2449673.16	1.13
其他业务收入	17508.50	0.02	3705563.11	1.17	30985.80	0.01
合　　计	78892781.38	100.00	317818354.50	100.00	216077771.16	100.00

2014—2016 年新东方在线连续三年实现稳步增长，净利润翻翻。其营收额分别为 2.16 亿元、3.17 亿元、4.11 亿元；净利润分别为 1062 万元、1543 万元、5597.99 万元，发展势头强劲。

3. 课程体系

其面向个人的在线课堂服务如下（见图 8-6）。

图 8-6　新东方在线官方网站

目前，新东方在线以录播为主、直播为辅，提供覆盖中小学、国内考试、出国考试、小语种、英语综合能力、职业考试六大类课程体系（见图 8-7）。对用户来说，可以借助新东方在线这个网站来挑选自己感兴趣的课程，并通过介绍详情页的浏览来获得此门课程的大纲、名师简介、课程优势、价格等内容。甚至一些课程还免费配送配套教材。班级 QQ 群有专门班主任进行管理监督，知识堂配备专业老师 24 小时解答学生问题，并在购买和售后阶段随时有在线客服实时交流，实时解决客户的疑问。

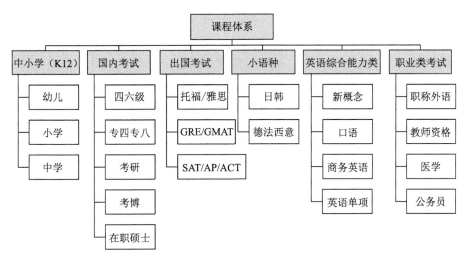

图 8-7 新东方在线课程体系

新东方在线还设有专门的 BBS 社区，供学生之间进行交流学习，资料互传，传授经验心得等活动，有效地弥补专业老师没能覆盖到的知识点，也为大学生提供了共同讨论的平台。通过教育资源吸引学员，通过老师与学员在论坛上互动，进行无形的宣传。

8.2.2 新东方在线商业模式

新东方在线教育商业模式见图 8-8。

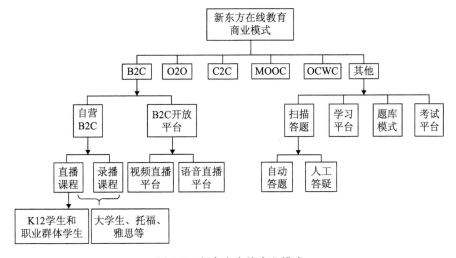

图 8-8 新东方在线商业模式

新东方在线教育主要以 B2C 为主导，基本流程是从最开始的音频＋flash 课件，到视频的录播课，再到现在的直播课。但是纯直播模式并不适合所有年龄层学生的需要，应分层次分析。首先从用户的年龄层来看，K12 和职业这两类群体，适用于纯直播模式，因为 K12 的学生和职业群体学生的学习时间是固定的。大学生和托福雅思考生适合录播＋直播在线混合式的教学模式，因为此类考生时间比较自由，自控能力较强。

其次，另设有扫描答疑、学习平台、题库模式和考试平台板块，其中扫描答疑包含自动答疑和人工答疑。

网校的商业模式基本有三种：免费、低价、高价。免费模式只能作为一种推广的手段；低价模式能迅速获取市场份额，却不能构成真正的壁垒；高价模式能够构成壁垒，但用户迁移成本会很高。新东方现在品牌效应已经发展起来了，采取的商业模式主要是高价为主，低价为辅，根据不同的人群需要，在注重质量的基础上来定价。

8.2.3 新东方在线营销策略

1. 产品开发策略

当前我国网络教育市场覆盖极为广泛，教育培训机构数量众多，但大部分教育机构业务存在同质化的现象，多是针对各个阶段的学生，而针对职称考试、留学预科等方面的产品较少。因此，新东方在线采取了精品化和差异化的产品开发策略，满足不同消费者的多样化需求。如引进一些独家的名师，形成招生的特有卖点。而一些与其他平台共有的名师就采取精细的视频制作方法，以期在视频的精良度和可视化方面超越竞争对手。

2. 价格定制策略

价格是消费者选择产品的一个重要因素，合理的价格策略也是在线教育产品营销战略的重要组成部分。新东方在线采取了科学、合理的价格策略。其主要方法是需求导向法。所谓需求导向定价策略，是指产品价格的制定是依据细分市场中的消费者对产品的认知以及需求情况，而非完全依据产品的开发成本。在这个过程中，首先需要对市场进行细分，然后了解细分市场下的不同消费者对网络教育产品的认知情况以及需求情况，最后是有针对性的进行定价。对于新东方在线而言，因为其起步较早，在留学预科、中小学英语、大学英语四六级、考研英语等方面具有较大的优势，因此在具备明显优势的产品类型方面，选择了引领行业的定价策略。而在医师职称、职业教育等不具备明显优势的产品项目方面，由于消费者对于新东方在这些方面的产品服务认知程度不高，参考国内提供同类服务的产品价格，在确保产品质量的前提条件下，尽可能降低产品价格。

3. 整体促销策略

合理有效的促销策略，能够使得更多的消费者接触和认可企业提供的产品和服务。新东方在线背靠新东方集团，共享着新东方这个共有的品牌价值，因此营销推广和品牌建设的费用占企业总体成本的比重极小，在 2015 全年销售成本只占全部成本不到2%（见表 8-2）。

表 8-2 新东方在线成本结构

项　　目	2016 年 1—3 月	2015 年度		2014 年度
	成本金额	成本金额	同比增长率（%）	成本金额
课程成本	16853043.90	60484516.89	64.58	36751852.52
许可使用费	4378849.20	4158522.52	110.60	1974605.72

项　　　目	2016 年 1—3 月	2015 年度		2014 年度
	成本金额	成本金额	同比增长率（%）	成本金额
房租及设备租赁	2271191.20	5966770.62	20.08	4968935.88
辅导教研成本	1488345.43	10043789.05	112.63	4723555.61
固定资产折旧	602550.34	2486964.46	41.29	1760185.11
商品销售成本	56841.45	1720313.49	−10.97	1932211.20
渠道占用成本及其他	3667.11	7360319.79	−51.99	15332374.09
软件开发成本	—	6554625.94	—	—
合　计	25654488.63	98775822.76	46.46	67443720.13

与新东方在线的促销策略可以分为以下几个部分：

（1）搜索引擎推广

互联网背景下，搜索引擎优化的优势得以凸现，并且正在渗透到网络生活的各个方面。越来越多的企业开始通过百度、360、搜狗等搜索引擎进行产品的推广和营销。对于新东方在线而言，首先是利用百度、雅虎、搜狗、360 等搜索引擎竞价排名的方式，使得互联网用户能够更为快捷地接触新东方这个品牌；如在百度首页输入"在线考研课程"时，响应结果的第一条便是新东方在线的官网。其次，新东方在线还在新浪、网易、搜狐等各大网站以及 BBS 论坛发布信息，将产品信息更为广泛地推送到消费者手中；最后，它还进一步加强手机客户端、微信公众号等多平台的开发，使得目标客户能够更为方便、快捷地了解产品信息。

（2）广告策略

对于绝大多数消费者，尤其是对互联网接触不多的目标客户来说，广告是一种极其有效的营销策略。但目前新东方在线户外广告方面投放量较小，只是少量投放人流量大的地方。在互联网广告方面，百度是新东方的合作伙伴，在搜索工具上持续进行优化，使营销更加精准。新东方在线还在各大搜索引擎购买"考研""四六级""出国"等关键字排名。此外新东方和百度研究院、百度市场部成立专项小组进行合作，分析目标用户的上网路径，在必经之路上投放广告，譬如百度百科、百度贴吧，这些都是属于客户人群最集中的地方。另外，新东方也在尝试和百度地图合作，对于中小学生家长来说，他们选择培训机构，地理位置是最重要的因素之一。基于这几点来做精准营销，新东方在线取得了不错的广告效果。

（3）人员推销策略

新东方在适当的时候和地点会组织人员有针对性地进行产品宣传，具体的方式包括：

在学校放学时集中发传单，发放人员每人有自己负责的片区，并做到每天发单。发单时做到消费者或其家长进行沟通和交流，让他们了解新东方，把新东方这一品牌牢记心中，并以适当的方式索要电话；

与教育培训中介机构合作，以让利的方式使其介绍消费者购买产品服务；

在目标消费者集中的地方进行直接宣传，例如出入境管理局、大使馆、学校、考试报名中心等。在推销过程中，筛选过的推销人员都具备高度的责任心，服务意识强，综合知识和综合能力较强，热情待人，谈吐文雅等良好素质。

（4）品牌推广

新东方不断采取品牌推广的方式进行营销，例如向学习特别优异的学生提供奖学金；向成绩进步幅度较大的学生不但给予精神上的鼓励，而且提供物质上的奖励；向家庭条件有困难的学生采取不同的收费政策或灵活的付款方式等，以此来提高公司的品牌声誉，使得更多的消费者认可新东方这个品牌。同时，新东方在现有学生关注的人人网、QQ 空间、贴吧、考研论坛等平台上都有着较为人性化的宣传，许多学员或者以自身学员为视角的文章得到广泛关注，形成了口碑营销。利用社交网络的宣传，等同于用消费者来推广自己的品牌，宣传力度较其他方式高出很多，有效提高了消费者的忠诚度。

8.3 新东方在线的调研分析

8.3.1 调研方式

本次调研主要采取了问卷调查和实地走访相结合的方式，收集相关数据，获取资料信息。为了做到"让事实说话，让材料说话，让数据说话，让典型说话"，本组成员针对新东方在线教育设计了"关于新东方在线的调查研究"，共计发放调查问卷 400 份，回收 300 份，均为有效问卷，为项目的深入调研做了充足的准备。

8.3.2 问卷数据分析

1. 关于消费者对新东方在线课程的需求

有 48.79％的调查群体认为平台可以满足大家的课程需求，有 45.56％的调查群体认为有时候能满足他们的课程需求，而 5.65％的调查对象认为不能满足自己的课程需求。这说明，目前新东方在线的课程供应已经大体上满足了消费者的需求，受到了人们的青睐（见图 8-9）。

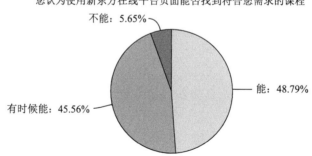

您认为使用新东方在线平台页面能否找到符合您需求的课程

不能：5.65%

能：48.79%

有时候能：45.56%

图 8-9 关于消费者对新东方在线课程的需求

2. 关于新东方在线课程资源

有 21.77％的人认为平台提供的课程资源非常丰富，54.44％的人认为提供的课程资源丰富，20.97％的调查对象认为课程资源一般，而 2.82％的人认为课程资源不丰富。对这些问题的认识与改进是提升新东方在线消费者满意度的重要着眼点（见图 8-10）。

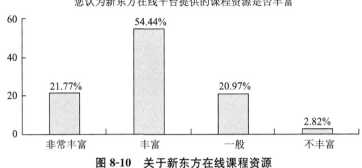

图 8-10　关于新东方在线课程资源

3. 关于新东方在线课程的讲解

有 52.02％的被调查者认为讲解简洁易懂，43.95％的被调查者认为讲解需要琢磨，而 4.03％的人则认为课程讲解较难理解。这个数据表明，新东方在线课程的讲解获得了大多数受访者的认可，在一定程度上被广泛群众接受（见图 8-11）。

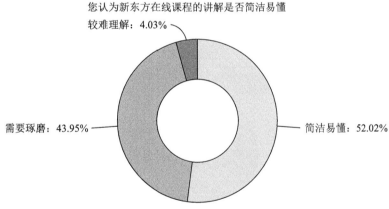

图 8-11　关于新东方在线课程的讲解

4. 关于用户期望的新东方在线上课频率

有 41.13％的调查对象期望平台上课的频率是每周 1～3 次，12.5％的调查对象期望上课频率是每周 4～6 次，16.13％的调查群体期望上课频率是每天 1 次或以上；也有 10.48％的调查群体期望上课频率是每月 1～3 次，还有 19.76％的调查对象期望上课频率少于每月 1 次。以上数据表明，绝大多数人期望新东方在线上课的频率较高，他们有更多的在线上课需求；只有较少部分人期望在线上课频率低，因此总体来看，新东方在线有一定的市场需求（见图 8-12）。

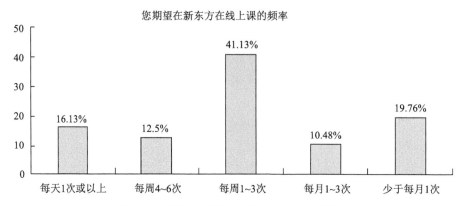

图 8-12　关于用户期望的新东方在线上课频率

5. 调查群体选择新东方在线的预期支出

25.4％的人们选择新东方在线的预期支出少于 100 元，31.45％的人们选择新东方在线的预期支出在 100～500 元，25.81％的调查对象预期支出在 500～1000 元；预期支出在 1000～3000 元的调查对象占 12.9％，仅有 4.44％的调查群体预期支出在 3000 元以上。新东方在线的主要受众群体是学生，普遍没有较强的支付经济能力，所以，无论学生还是学生家长，都青睐于价格低廉的在线课程。新东方在线课程在官网的售价在 1000 元以上的居多，这会对吸引新用户产生不利影响，再加上国内在线课程品牌众多，竞争激烈。因此新东方在线在未来几年可以适当降低课程价格，从而提升自身竞争力（见图 8-13）。

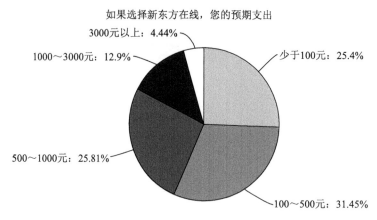

图 8-13　调查群体选择新东方在线的预期支出

6. 关于人们认识新东方在线的途径

新东方在线成立以来，知名度和影响力不断扩大，从数据结果来看，44.76％的调查对象通过身边同学介绍知晓新东方在线，37.5％的调查对象通过广告宣传知道新东方在线，有 12.9％的调查对象是自己挑选的新东方在线，只有 4.84％的受访者是通过线下宣讲会的途径。从售前到售后，新东方在线为用户提供了一系列的保障，从而在留住老用户的同时不断吸引新用户。其次就是依托广泛的线上宣传，进一步提升新东方在线的知名度和影响力（见图8-14）。

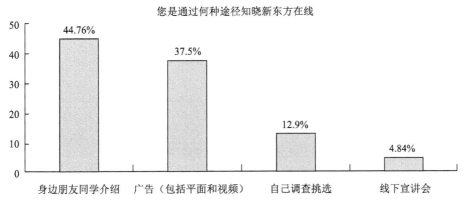

图8-14　关于人们认识新东方在线的途径

7. 关于用户最看重新东方在线的因素

63.31%的受访者看重方便快捷，节省时间；55.65%的受访者认为新东方在线是大品牌值得信赖，49.19%的调查对象看重新东方在线的课程种类齐全；此外网络课程播放不受限制、师资力量强大、价格便宜也是一部分受访者看重的因素（见图8-15）。

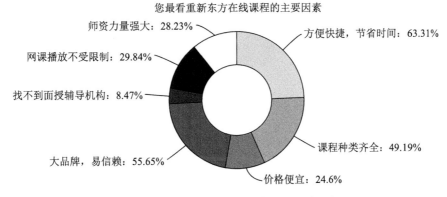

图8-15　关于用户最看重新东方在线的因素

8. 关于消费者对于新东方在线课程的购买需求

52.42%的调查对象偏向于购买新东方在线的考研课程，42.34%的调查对象期望购买四六级课程，37.5%的调查群体购买出国留学课程，少部分人购买小语种、职业教育课程、中小学课程。考研、四六级、出国留学是新东方在线的主要课程，所以大学生也是新东方在线最大的需求群体（见图8-16）。

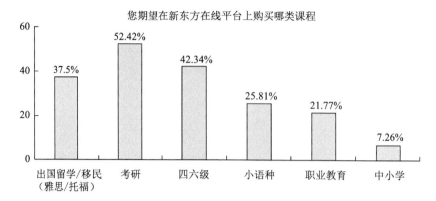

图 8-16　关于消费者对于新东方在线课程的购买需求

9. 关于促使消费者购买新东方在线课程的原因

63.71％的受访者会因为打折而购买新东方在线课程，58.47％的受访者会受赠送教材的促使购买课程，赠送优惠券和奖学金机制也会分别促使 47.18％和 43.95％的人购买新东方在线课程。不难发现，一定的优惠或者奖励政策会鼓励更多用户购买新东方在线课程（见图 8-17）。

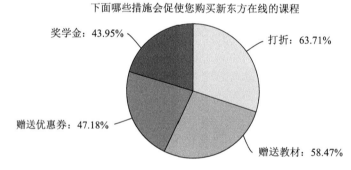

图 8-17　关于促使消费者购买新东方在线课程的原因

10. 关于购课过程中人们最担心的问题

购课过程中，57.26％的调查群体担心宣传和实际有差距，52.82％的调查群体担心后续课程是否完整；还有 48.39％的受访者担心课后无人跟进监督，46.77％的人担心师资水平不佳，35.89％的受访者担心网课画质或者音质不好。针对人们的多方面顾虑，新东方在线应该从这些地方着手，进一步完善现有的在线课程品质，同时不断提高在线授课师资水平，让消费者放心（见图 8-18）。

11. 关于新东方在线课程的内容设置

68.55％的调查对象希望能有专项练习，64.11％的调查对象希望设置在知识框架，也有 60.89％的调查对象想要考点汇总。一定的课程测试也是 44.35％的受访者所需要的。除此以外，22.58％的人希望老师布置线上作业，25.4％的人想要以游戏的方式来开展课程（见图 8-19）。

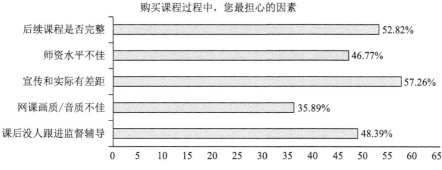

图 8-18　关于购课过程中人们最担心的问题

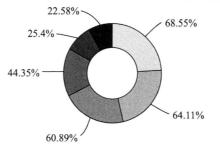

图 8-19　关于新东方在线课程的内容设置

12. 关于新东方在线的不足之处

58.87％的受访者认为新东方在线课程没有浓厚的课堂气氛、缺乏与老师的直接交流，52.02％的受访者认为新东方在线缺少同学之间交流的平台；此外，31.85％的调查群体认为新东方在线课程资源更新速度慢、质量较低，讲解生硬、课程分类不明也是受访者指出的不足之处。缺少沟通交流是在线课程普遍的一个局限性，新东方在线的一些现有课程会为用户配备专门的老师跟进交流，建立学生线上交流群，尽可能营造出课堂氛围。在未来这种方式则需要扩大范围，从而不断弥补在线课堂相对于线下课堂的不足（见图 8-20）。

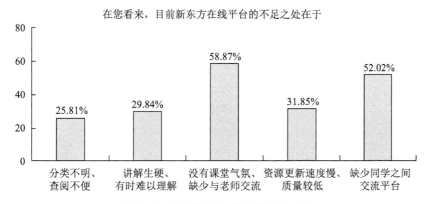

图 8-20　关于新东方在线的不足之处

13. 关于新东方在线教育产品的功能添加

59.68%的受访者希望新东方在线教育产品应该添加在线提问功能、有专业老师即时给出解答，50%的人们希望能够提供离线题库、方便节省流量，42.74%的调查对象希望在线课程内容能够与课本相匹配，也有40.32%的调查对象建议手机上能够做题和练习听力，语音输入和好友互动也是人们所希望有的功能。这一定程度上也反映了新东方在线教育产品功能需要进一步丰富完善，更好的与在线教育产品相匹配（见图8-21）。

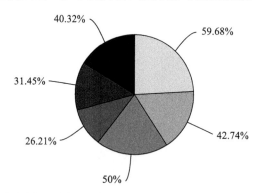

□ 在线提问，有专业老师及时给出答案 ■ 内容能够和课本相匹配 ■ 提供离线题库、节省流量
■ 输入方式可以有语音输入 ■ 求助好友，互动学习 ■ 手机可以做题，也可以练习听力

图 8-21 关于新东方在线教育产品的功能添加

8.4 新东方在线市场环境分析及同行业比较

8.4.1 波特五力环境分析

图 8-22 是本调查对新东方在线波特五力环境分析示意图。

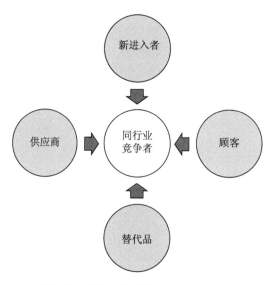

图 8-22 新东方在线波特五力环境分析

1. 供应商

供应商是向产业提供资源的人或组织。在英语培训行业，供应商是为培训提供资源的人或者组织，主要包括培训对象、教室和培训用的书籍、资料等。大部分培训机构为了降低经营成本，通常雇用的是兼职人员，以在校大学生为主。这部分人员通常不具有讨价还价能力，对于那些高素质的并且熟悉培训机构教学的培训教师来说，他们的需求很大，但是供应不足，这部分教师则具有较强的讨价还价能力。

2. 顾客

对于新东方在线来说，消费群体绝大部分是学生。这一群体进入新东方主要是针对考试，包括各种在校检测及四六级、GRE、托福等考试。目前，英语仍然是一门最重要外语，其基础学科的地位很难动摇。因此，新东方在线的消费群体在未来很长一段时间内均不会减少，顾客的议价能力有限。

3. 新进入者的威胁

新东方自 1993 年创办以来，专注教育培训 25 年，累积学员超过 2000 万人，称得上是"航母级"的教育机构，所以目前新进入者的威胁相对较少。而在在线教育领域，整个行业仍处于探索期，新进入者所具有的互联网思维和较强的开发实力，大大削弱了进入的障碍。但其对教育的理解不深，导致短期内无法获得消费者的信赖。所以，整体来看，新进入者的竞争力偏弱。

4. 替代品的威胁

对于在线教育而言，其替代品或许就是线下教育。在这一方面，新东方在线已经开始尝试将线上线下相结合，衍生出线上听课线下解答的新模式。掌上英语学习机是英语培训机构的强有力的竞争对手，也是其主要的替代产品。学习机对传统的教育形式是一个严峻的挑战，也必将成为将来辅导孩子学习的主要方式。但学习机无法完全取代教师授课，机器语言难免会有一些生搬硬套的东西在里面，可能无法灵活的解决孩子在学习过程中遇到的一些问题。因此电子学习机要想完全取代在线英语培训机构还需要有很长的一段路。

5. 竞争者的威胁

与新东方在线存在竞争关系的网校主要包括：民办、高校下属、具有政府行为背景、社会群体下属、科研机构、社会媒体和境外培训机构等。对于英语培训机构行业来讲，同样存在着十分激烈的行业竞争。通过对七种培训机构的市场调查发现（见图 8-23），民办培训机构占有市场份额的 31%，高校下属的培训机构占 1/4，有政府背景的培训机构占 1/5，社会群体的下属培训机构占 12%，科研培训机构占 1%，社会媒体和境外培训机构分别占到 7% 和 5%。

从图 8-23 可以清晰看出，以新东方为首的民办培训机构在各类培训机构中占比最大。但是随着各种形式办学机构的飞速发展，新东方教育学校面临的压力也越来越大。

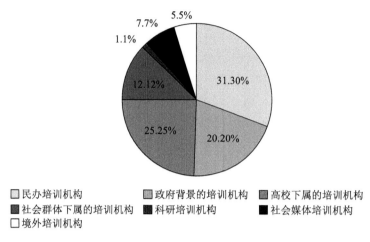

图 8-23 各类培训机构销售额占比图

8.4.2 SWOT 分析

1. 优势

（1）虽然新东方在线成立时间晚，但是新东方集团累积了 20 年丰富的教育经验和教育资源可以利用。另外，新东方集团沉淀了一批忠实的客户资源，特别是集团客户，对新东方在线的在线业务拓展产生了巨大的帮助。

（2）新东方在线定位清晰，创新能力强于许多创业者。新的进入者还没有确立正确清晰的定位，也没有深入分析行业细分领域时，盲目闯入在线教育行业，很容易导致失败。

2. 劣势

（1）在线教育平台技术开发实力尚浅，在线学习体验有待进一步提高。由于新东方在线的在线平台技术开发实力有待提高，导致影响用户学习体验，无法有效挖掘用户需求。新东方在线需要再进一步进行市场调研的基础上，加大技术开发投入，向行业领导者取经，努力弥补自身不足。

（2）网络安全存在隐患。若平台一旦出现问题或者遭到攻击，网站便会瘫痪，教学内容及电子商务支付等均会面临严重的安全问题；另外，在保护用户信息方面投入不足，这些不仅将会阻碍企业的健康发展，更使众多的用户利益受损。

3. 机会

（1）在线教育行业处于发展初期，市场潜力巨大，未来发展前景光明。由于可结合移动终端进行碎片化学习且内容丰富，在线教育近几年出现井喷式发展。

（2）互联网的飞速发展。全球互联网技术的飞速发展为依赖互联网发展的企业提供了基础。

（3）移动网民数量日益增多，移动终端的飞速发展。中国网民数量已经达到 5.69 亿人，利用移动终端，可以共享教学资源，进行课前预习和互动，帮助用户提高自主学习能力。

4. 威胁

（1）教育行业的特点是培育周期长，无法在短期内获得可观收益。鉴于教育行业的特点，商业周期长，无法在短期内获得超额利润。这要求新东方在线必须提供持续优质的课程和服务，才能提高客户信任度，建立用户黏性和较强的市场壁垒。

（2）互联网巨头及资本市场涉足在线教育行业，竞争激烈。近几年，在线教育受到资本市场热烈追捧，市场规模迅速扩大，未来势必诞生许多强势的在线教育企业，市场竞争将越来越激烈，也对新东方在线提出了更高的要求。

表 8-3 提炼了新东方在线 SWOT 的策略分析精华。

表 8-3　新东方在线 SWOT 策略分析

内部因素　　外部因素	优势（Strength） 教育资源基础较为雄厚，得到新东方教育集团的大力支持；定位清晰，创新能力强	劣势（Weakness） 在线教育平台技术开发实力尚浅；在线学习体验有待进一步提高；网络安全存在隐患
机会（Opportunities）	SO 战略	WO 战略
在线教育行业处于发展初期，市场潜力巨大，未来发展前景光明；互联网的飞速发展；网民数量日益增多，移动终端的飞速发展	充分发挥自身优势，立足于在职群体，充分利用集团资源优势，开发适合试产该需求的课程及服务。利用移动终端，共享教学资源，进行课前预习和互动，帮助用户提高自主学习能力	充分进行市场调研，提供持续优质的可能和服务，提高客户信任度，建立用户黏性和较强的市场壁垒。 拓展营销渠道，广泛宣传，着重口碑和品牌效应
威胁（Threats）	ST 战略	WT 战略
教育行业的特点：培育周期长，无法在短期内获得可观收益；互联网巨头资本市场涉足教育行业，竞争激烈	建立专业务实的企业文化；借助集团的雄厚实力，创新产品和服务模式	加大技术开发投入，引进高端IT人才，加强技术创新，保障网络信息安全；吸引风险投资

8.4.3　同行业品牌比较

表 8-4 对在线教育行业的主要品牌进行了对比。

表 8-4　在线教育行业主要品牌对比

电商平台	目标定位	发展模式	优势	劣势
好未来	中小学教育	线上＋线下	标准化教学制度，稳定的教学产品输出	业务线较小而不全，网点数量较少
沪江网校	语言，留学，升学，职业职场	在线小班制＋一对一模式	以社群学习为核心，使学习变得简单真实有趣	语种太多，师资不是那么纯正，课时较短
51 talk	美国小学，青少年英语，成人英语	在线教育	在线教学，课程收费较便宜，拥有 8000＋名专业	大多是菲律宾外教，可能存在口音

续　表

电商平台	目标定位	发展模式	优势	劣势
VIPKID	4～12 岁少儿英语	在线一对一外教	专属中教指导老师，量身定制课程，只选用优质北美外教	不固定老师，收费较高，教材是针对当地孩子设计

8.5　新东方在线的未来战略和前景展望

8.5.1　未来发展建议

在 K12（Kindergarten through twelfth grade，是学前教育至高中教育的缩写）领域，为避开实力较强的竞争对手，未来的新东方在线可用"农村包围城市"的战略，重点布局三四线城市。具体运作方式上，K12 教育最大的障碍在于付费者是家长，使用者是学生，两者分离，如果采取纯线上的方式很难解决这两者之间的关系。因此，新东方在线应回避纯互联网的形式运作，通过开设线下体验店和公立校合作等方式切入。为了应对线上和线下的撕裂，新东方在线可着力发展双师课堂教学模式。即在一个线下班中，任课老师（教学能力较强的名师）通过大屏幕远程直播授课，另一个辅导老师在班级内负责维护课堂秩序、课后答疑等工作（见图 8-24）。

图 8-24　线上线下结合的双师课堂模式

老师可采用作业盒子等 APP 创建班群，布置作业、指导学生自主练习；学生实时提交，系统自动批改，并生成班级及个人的做题报告，构建班级同学的知识图谱。

8.5.2　前景展望

双师课堂作为教育信息化的产品之一，目的是为了让学生接受更优质的教育，达成最有效的教学效果，最终实现跨区域的教育公平。新东方应采取大规模推广的模式，可大打"清华北大名师授课"品牌，主要目的是解决不发达地区的师资问题。一个例子就是，此前新东方与四川甘孜州签订合作协议，将以甘孜智慧教育云平台和康巴网校作为新东方的资源输送主平台和渠道，以新东方"双师课堂"为主要模式，为当地中小学生和教师提供可实时互动的新东方直播课程和培训。

总的来说，不论是线下课堂还是线上教学，教学的核心就是一切以接受者（学生）为核心，不论技术怎么变革，不论哪种形式的教育，重点依旧在"教育"二字上面。线下课堂保证了师生面对面教学的体验感，线上教学则利用互联网技术突破了时间、空间的限制，满足了学生的多元化学习需求。

8.6 结束语

通过调研，我们了解到近年来中国的线上教育领域开始进入井喷状态。作为教育行业的老牌龙头公司——新东方集团更是早在 2005 年就成立注重线上的新东方在线，并通过新东方的品牌和资源优势，再加上互联网技术加持，逐渐占据了在线教育行业的一席之地。新东方在线根据不同的人群采用不同的模式，充分发挥了直播课程和录播课程的作用，使得在线教育行业得到蓬勃发展。

本文通过分析新东方在线的商业模式、营销策略、关键业务、核心资源以及同行业对比等来分析企业未来的发展是否健康可持续。通过"关于新东方在线的调查研究问卷"来分析新东方在线是否准确的满足了客户需求，在哪些方面做的不足等问题，在此基础上，提出了我们的一些思考和应对策略。新东方在线教育面临强大的竞争对手带来的诸多挑战，因此未来的道路还需要根据时代作出相应的改变，从而引领中国在线教育行业更好更快发展。

9. 网易考拉海购

参赛团队：win-win 联盟队

参赛队员：邹逸　李小珂　鲁玲岚　赵紫娟　徐亮

指导教师：刘勤明

获奖情况：三等奖

关键词：跨境电商　互联网＋　网络零售　网易

本文主要梳理了网易考拉海购（简称网易考拉）的企业现状、商务模式，使用实地调研、数据收集、问卷调查等形式对电商配送平台的用户印象、网易考拉的运营情况两方面进行了调研分析，并运用 SWOT 分析分析、整理了网易考拉的优劣势。最后结合上述内容对电子商务配送平台的未来进行了展望，并对网易考拉未来发展提出相应的建议。

9.1　调研背景与方法

9.1.1　选题背景

伴随"互联网＋"与"一带一路"倡议的实施，我国跨境电子商务发展进入了新时代。第三方机构 iiMedia（艾媒咨询）发布的《2016—2017 年中国跨境电商市场研究报告》显示，2016 年中国跨境电商交易规模达到 6.3 万亿元，海淘用户规模达到 4100万人次。预计 2018 年中国跨境电商交易规模预计将达到 8.8 万亿元，海淘用户规模达到 7400 万人次。随着我国经济实力的不断上升，人民群众的生活水平的不断改善，人们对跨境电商的需求将会日益提高。

9.1.2　研究意义

在达沃斯论坛上，习近平主席再一次强调了"人类命运共同体"的重要性，作为连接国内国外市场的跨境电子商务，如何更好地对接"一带一路"建设、如何加强国内跨境电商的综合竞争力，这些问题都值得我们深入探讨。本项目以网易考拉作为案例，研究我国跨境电商的营运情况，分析问题，寻找创新点，并以此为立足点研究解决措施与经验。

9.1.3　调研过程与分析方法

1. 调研过程

（1）前期资料收集通过互联网、图书馆查询相关的行业资料，收集我国跨境电商发展情况。

（2）走访企业根据前期了解的情况，设计调研问题，深入企业以面谈、邮件、电话等方式与企业人员进行交流，了解企业现状，并认真记录分析企业存在的问题。

（3）问卷调查制作《网易考拉海购调查问卷》，在微信、QQ 等社交平台上投放，收集数据。

（4）整理调研过程中得到的数据资料，通过多种方法对企业进行分析并与其他相关企业进行对比分析。

（5）团队与老师进行深入分析讨论，总结调研过程、结果，最终撰写报告。

2. 分析方法

运用 PEST 分析法，对国内环境的政治、经济、社会、技术进行详细分析；运用 SWOT 分析、波特五力模型等方法来分析网易考拉企业内外部，并与其他相关企业进行对比分析；采用问卷调查方法，制作《网易考拉海购调查问卷》，深入社区人群，以便了解网易考拉海购的社区知名度等方面，本次问卷投出 128 份，收回有效问卷 97 份，受访人群主要分布上海、广东、江苏、湖北等地。年龄主要在 18～25 岁之间，其中女性占比 68.04%。

9.2 跨境电商现状分析

9.2.1 国际电商环境分析

WTO 统计显示，2016 年世界商品贸易出口总额为 15.46 万亿美元，其中，美国商品进出口总额达 3.7 万亿美元，超越中国重返贸易总额第一位，中国以 3.68 万亿美元排名第二，德国、日本分别排名第三、第四位。对消费者更有吸引力的价格，更适应市场的社交营销手段以及跨境电商的加速增长等因素都推动着美国电子商务市场的飞速发展。

基于欧盟电商协会的报告，2016 年欧洲电子商务交易额共计 5300 亿欧元，2017 年全年欧洲电子商务交易额增长 14%，达到 6020 亿欧元。由于欧洲国家众多，不同的国家有其不同的法律体系，比如在电子支付方面，同时存在着数十种不同的支付方案，因此法律和监管体系的多样性增加了在线零售商的运营成本，降低了消费者对跨境电商的信任度，阻碍着欧洲跨境电子商务的进一步发展。

9.2.2 国内电商环境分析

随着"一带一路"倡议的落实，中国与"一带一路"沿线各国的双边贸易额在同步上升，带动了投资和旅游的发展，这意味着巨大的跨境支付市场将被打开，同时海陆空渠道也逐步建成，为跨境物流行业带来了广阔的发展空间。

下面采用 PEST 环境分析法对国内环境进行详细分析（见图 9-1）。

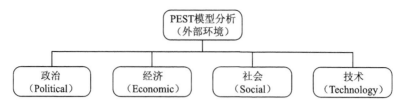

图 9-1 PEST 模型

1. 政治

（1）2016 年 4 月，财政部、海关总署、国税总局联合发布《关于跨境电子商务零售进口税收政策的通知》，对跨境电商零售进口收税，并同步调整行邮税政策。

（2）2017 年利好跨境电商进出口的政策不断出台，比如以暂定税率方式降低部分消费品进口关税，使得通过一般贸易进来的商品价格上有优势，将直接减少从国外直接海淘或者人肉代购这种行为。十九大报告提出，要拓展对外贸易，培育贸易新业态新模式，推进贸易强国建设。

（3）2018 年 4 月 10 日，习近平主席在博鳌亚洲论坛指出，今年将努力增加人民群众需求比较集中的特色优势产品进口，11 月还在上海举办中国国际进口博览会。中国将实行高水平的贸易和投资自由化便利化政策，探索建设中国特色自由贸易港。2018年 4 月 13 日，习近平主席在庆祝海南省办经济特区 30 周年大会上宣布，支持海南逐步探索、稳步推进中国特色社会主义自由贸易港建设。

2. 经济

（1）国际经济回暖，国际间的经济往来增加。

（2）我国生产成本上升，产业转型速度加快，部分国外商品在价格上更有优势。

（3）人民币和外币之间的汇率变化，随着人民币对美元、欧元等货币的升值，海淘行业迎来春天。

（4）随着电子商务的发展，我国的跨国贸易模式逐步转入线上，B2B、B2C 平台发展迅速。

3. 社会

（1）中国的移动互联网发展成熟，移动端购物成为潮流。

（2）全球商品生产商、物流体系的整合，全球供应链逐渐完善。

（3）我国消费观念和消费习惯的转变，海外购物成为消费热点。

4. 技术

（1）4G 技术的成熟和 WiFi 热点的推广，促进了移动互联网和电子商务的发展。

（2）我国移动支付和物流体系的成熟，促进了海淘行业的发展。

（3）大数据和云技术的发展，为海淘行业提供了技术支持。

9.3 网易考拉海购平台简介

9.3.1 基本介绍

1. 平台概述

网易考拉是网易旗下以跨境业务为主的综合型电商，通过产地批量直采和海外直邮两种方式为用户提供低价保真的海外商品。同时以 100％正品、天天低价、7 天无忧退货、快捷配送服务等为消费者提供海外商品购买渠道（见图 9-2）。

图 9-2　网易考拉网站页面

（1）目标人群。网易考拉以富裕人群为主要目标人群，他们具有庞大的市场潜力。拥有中高消费能力的人在 2017 年达 3.6 亿，预计 2018 年会继续增长。这一类人群随着生活水平的提高，消费需求旺盛，购买商品的关注点倾向于食品安全、品质优良、品类多样、个性化等方面，对价格的敏感度会有所下降。

（2）商品类别。主营母婴、美容彩妆、家居生活、营养保健、环球美食、数码家电等品类，主营这些是因为这类商品需求量大，需求稳定可预测，并且易进行批量处理。

（3）网站定位主打"自采直营"。由网易在海外直接采购商品，利用"品牌保证＋货源保障"迅速切入海淘市场，满足用户购买可靠正品的需求；90％以上的货品都从保税仓发货，因此具有一定价格优势，满足对低价海淘商品的需求；运用庞大的积累用户，迅速实现用户导流，形成良好的口碑效应。

2. 企业组织结构图

网易考拉的内部组织结构为直线职能制（见图 9-3），这种组织结构是根据相似的技能、专业技术、工作内容和资源使用，将不同的职位划分到各部门，每个部门只负责一种类型的业务活动。

网易考拉组织结构的主要优点包括：

（1）各部门可以充分使用资源；

（2）便于产生规模经济；

（3）高度的技能专业化便于部门内的技能得到良好的发展；

（4）便于最高管理者的指导与控制，达到统一指挥的目的，从而提高决策效率。

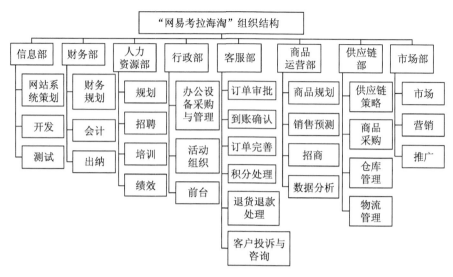

图 9-3　网易考拉组织结构图

网易考拉组织结构的主要缺点包括：

（1）不利于培养全面的管理人才；

（2）容易造成职能部门之间沟通不畅，导致宏观上出现协调困难等问题；

（3）对外部变化反应迟钝，创新滞后；

（4）高度集权，最高管理者精力有限，易造成拖延。

9.3.2　营销与运营策略

2017 年 8 月 1 日，电子商务研究中心发布了 2016—2017 年度中国跨境进口电商发展报告。报告显示，在主流的跨境进口电商平台中按整体交易额进行计算，网易考拉海购排名第一，占 21.4％市场份额（见图 9-4）。

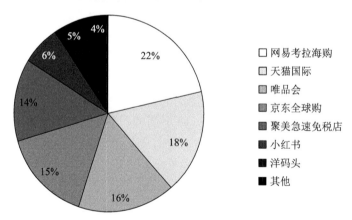

图 9-4　2016—2017 年中国跨境进口电商平台市场份额占比

数据来源：电子商务研究中心。

网易考拉海购从 2015 年上线开始，三年时间其市场份额跃居中国跨境电商榜首，得益于其独特的营销与运营模式。

1. 营销方式

（1）内部引流。和其他初出茅庐的电商平台相比，网易考拉海购有着强大的流量靠山——网易集团。网易运营着邮箱、游戏、新闻门户、在线教育、云音乐、有道词典等产品，旗下拥有亿级潜在用户。依托于网易整个体系内强有力的资源，网易考拉海购可以无偿获得丰富流量，低成本甚至零成本获取优质用户。

（2）广告投放。互联网广告搜索引擎是大多数网站的流量入口，网易考拉海购在百度、360 搜索、搜狗搜索等一些主流的搜索引擎网站上也投放了竞价排名广告和品牌广告推广引流。除了搜索竞价广告之外，其他在互联网头发的广告还有视频广告、贴吧广告、信息流广告等。

（3）社会化营销。社会化媒体被称为"能互动的媒体"，以双向互动、短、平、快等特点一跃成为众多品牌、产品的营销重地。微信公众号定位在用户维系、用户互动，网站引流以及 APP 引导转化，菜单栏和文章内页可以链接到网站或者引导到下载 APP 的 H5 页面。新浪微博则更多地作为一个品牌宣传渠道存在。目前网易考拉海购在微信公众号和微博运营方面做得还不错，且一直在持续运营与粉丝保持互动，具体情况如表 9-1、表 9-2 所示。

表 9-1　微信公众号运营数据

媒体类型	名称	头条阅读量	预估活跃粉丝	更新频率	内容类型
微信订阅号	网易考拉海购精选	1000＋	11913	4 次/每月	活动，推荐，干货
	网易考拉派	5000＋	55895	1 更/每日	推荐，盘点，咨询，福利
	考拉妈咪帮	700＋	4034	1 更/每日	育儿资讯，优惠信息，商品推荐
	网易考拉女神说	300＋	3000	1 更/每周	时尚咨询，优惠信息，商品推荐
微信服务号	网易考拉海购	4000＋	454779	1 次/每周	活动，动态推荐

表 9-2　新浪微博运营数据

媒体类型	名称	粉丝数	微博总数	更新频率	内容类型
新浪微博	网易考拉海购	39464	1519	3～4 次/每日	活动，推荐

数据来源：电子商务研究中心。

（4）应用商店及 ASO 优化。网易考拉海购 APP 基本上从安卓端大大小小的应用市场到 IOS 端 APPstore 都有覆盖。苹果应用商店是网易考拉海购的重点维护的渠道之一，因为苹果手机和海购用户同为追求高品质生活的高消费人群，二者重合度较高。

APP store 榜单排名方面，网易考拉海购 IOS 版在免费总榜近 3 个月来平均稳定在300 名左右，在购物分类榜中徘徊在 20 名左右。

（5）考拉网盟。为了扩大网易考拉海购的品牌知名度以及帮助商品销售，网易推出了网易考拉海购网站联盟（简称考拉网盟），这是与广大推广媒介（如个人或企业站长）之间的一个合作平台。这种按 CPS 付费的推广模式，类似于阿里的淘宝客，旨在帮助网易考拉海购推广商品、扩大品牌知名度，同时也为合作者创造可观的经济利益。

（6）合作换量。在商务合作方面，网易考拉海购平台曾与凤凰知音开启战略合作计划。登录凤凰知音汇 APP 的用户发现，所有凤凰知音会员可实现与网易考拉账号的绑定，下单成功即可享受里程返还，每消费 100 元即可获赠 20～35 公里里程，双方的强强联手为用户带来极致海淘体验的同时也为考拉海购带来了高价值的新用户。

（7）用户推荐。用户推荐一方面产生自口碑传播，另一方面则来自产品内的引导分享。这涉及将营销产品化，形成产品的一部分。例如，网易考拉考拉海购 APP 中随处可见的分享按钮以及分享赚钱功能、邀请好友拿奖励玩法和分享 APP 功能。

2. 运营策略

2017 年"双 11"当天，网易考拉 23 分钟超 2016 年"双 11"销售额。

当年"黑五"当天，网易考拉在杭州、宁波等全国多个主要跨境保税区取得了销售额第一的成绩。

"双 12"当天，网易考拉销售额同比增长 8 倍，居杭州、郑州等多个跨保税区销售额第一。

从网易考拉的部分运营数据可以看出，网易考拉发展只有三年时间，但是它却成为了中国海淘中的一匹黑马，这主要是凭借其独特的运营策略和运营方式。

（1）内容运营。网易考拉的内容运营分为两个方面：用户生产内容 UGC（User Generated Content）和职业生产内容 OGC（Occupationally-generated Content）。考拉社区和评论中的图文由用户产出，用户可与他人进行互动直播；好文的内容由网易官方产出，这些有质量保障的图文视频信息，能够提升产品的整体格调。在网易考拉里特色功能主要就是活动版块里的限时购、一元试用、榜单等，都是营销活动的特色玩法。另外，还有能让用户长知识的"有好物"版块和视频直播版块，能在一定程度上增加考拉海购的信息丰富度，提升用户黏性。

（2）用户运营。网易考拉的用户运营有一个特别板块"网易推手"，即网易鼓励用户向自己的社交圈推广网易商品的一种方式。用户觉得好的产品，可以在微信、微博、QQ 等渠道向朋友推广，朋友下单后自己能获得网易考拉的奖励。推手可以获得官方提供的卖货技巧和最新特价活动咨询，且分享的商品享受网易考拉的售后和客服。对于解决用户问题这一板块，考拉有专门的"帮助与客服"，尽量解决客户问题。另外，APP 内有一系列的功能来促活留存用户，用户每日进入 APP 签到可以获取相应的考拉豆，连续签到天数越多获得的考拉豆也更多，从而增强用户使用产品的黏性。

（3）活动运营。在网易考拉的首页二级导航中，有专门的活动分类，包括了网易考拉近期的所有优惠活动。同时，网易考拉对于一些产品也有一个试用平台，主打一元试用的商品和一些其他价格的超值试用商品。对于不同的节日，网易考拉有不同的活动，如纸尿裤狂欢节、考拉妈咪节、爱购狂欢节、"双 11"洋货节等。

9.3.3 平台特色

1. 100%保证正品

调查显示（见图9-5），用户购买海外商品最关心的三个问题分别是正否正品、价格便宜和购物体验，而是否正品这一问题高达68.5%，网易海淘针对这一问题，提出许多措施保证货源，使消费者购买安心。

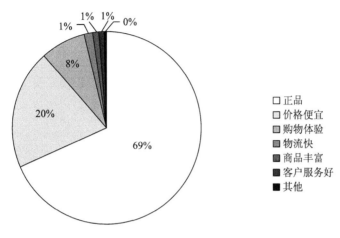

图9-5 用户需求分析表

数据来源：电子商务研究中心。

网易考拉在美日韩台等主要海淘热门国家或地区设立分公司，直接在当地大资金、大批量采购，拿到极低的海外批货价。同时，网易考拉直接找上游渠道拿货，比如海外品牌商、一级代理商。与品牌商直接合作，由品牌商直供商品到网易考拉的保税仓，可以帮助用户节省20%～44%的费用。过去的一年半，网易考拉已经揽下了数百个知名品牌商授权。

2. 边看边买

网易考拉有一个"视频"栏目，该栏目主要根据视频不同专题内容来进行列表推荐，用户随意浏览并根据自己的喜好点击观看，平均每个视频时长五分钟以内。有时还会有视频直播，每次直播前都会有预告。观看视频的过程中可以发送文字和表情进行讨论，观看过程中可以随时将喜欢的商品加入购物车，可以做到边看边买。

3. 分享赚钱

"分享赚钱"是网易考拉鼓励用户分享商品的一个有偿推广活动。用户通过分享考拉海购提供的带有"分享赚钱"标识的商品给朋友，其朋友通过分享链接购买后将能为该用户带来一定商品价格比例的现金收益。

进入分享赚钱页面，可以看到其他用户赚了多少钱的即时广播消息，以及当周赚钱最多的达人前三名及其所赚金额的排行，页面下方还以较大数字固定显示当前用户的累计收益，让当前用户能够很直接的对比到自己所赚的钱和别人所赚金额的差距，以此形成很好的用户激励。

9.4 网易考拉海购市场环境分析及与同行业的比较

9.4.1 市场及环境分析

1. 市场需求分析

（1）用户分析。电子商务研究中心监测显示，跨境网购用户集中在 26～35 周岁的青年群体，占 69%，19～25 周岁的跨境网购用户占比达 15.1%，36～45 周岁的跨口网购用户占 13%。而 18 周岁以下及 46 周岁以上的跨境网购用户只占总人数的 2.9%（见图 9-6）。从网易考拉的报告中可以明显看出，女性用户的人均海淘消费金额高出男性用户约 25.6%，她们最爱购买的品类分布在母婴、美容彩妆、服饰鞋包等海外尖货。

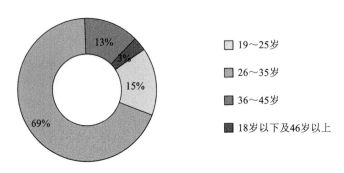

图 9-6 用户年龄占比图

数据来源：电子商务研究中心。

（2）市场占有率。中国跨境进口电商平台可以划分为三个梯队，第一梯队为网易考拉、天猫国际、唯品国际以及京东全球购，占整个市场 70.4%。电子商务研究中心监测显示，2016—2017 年，在主流的跨境进口电商平台中，按整体交易额计算，网易考拉排名第一，占比 21.4%。

2. 产业环境分析

（1）现有竞争者。跨境电商行业目前已进入快速增长期，网易考拉海淘当前的现有竞争者主要是以传统电商巨头为代表的天猫国际，从好物分享社区发展起来的小红书等，各平台都竭力想从这个增量市场上获得最大的利益（见图 9-7）。

（2）供应商讨价还价的能力。网易考拉有一定的议价能力，因为它坚持自营直采的模式得到了国外很多品牌的信任，网易考拉还可以借助网易媒体平台的优势助力国外品牌推广。但是品牌授权是国内很多电商企业都面临的问题，高端的国外品牌对于国内的渠道选择很慎重，因而网易考拉普通供应商的还价能力较低，高端供应商的还价能力较高。

（3）购买者讨价还价的能力。对于消费者来说，购买者的总数很多，但每个购买者的购买量较小，产品价格差异购买者只能接受。所以购买者讨价还价的能力较低。

（4）新进入者的威胁。网易考拉成立到现在已有 3 年。如今，越来越多的商家进驻跨境电商市场，新进入者势必会对网易考拉形成巨大的威胁。

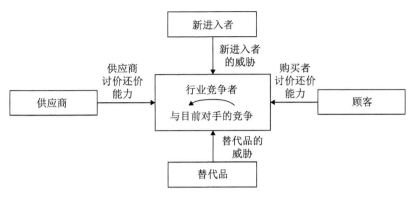

图 9-7　产业环境分析图

（5）替代品的威胁。网易考拉的产品主要是国外品牌，只是目前能与国外知名品牌抗衡的本土品牌较少。随着未来中国本土品牌质量的提高，对海外代购将产生较大的威胁。

3. SWOT 分析

网易考拉的优势（Strength）突出表现在：

（1）市场份额大。电子商务研究中心监测显示，网易考拉、天猫国际、唯品国际以及京东全球购占整个市场 70.4% 的份额。而网易考拉的市场份额占比排名第一，占 21.4%。

（2）充足的资金来源。网易多年的高盈利和储备充足的现金流可以帮助网易考拉得到迅速的发展。

（3）有利的竞争态势。网易考拉可以依靠网易公司超 7 亿的庞大用户群来进行推广，拥有网易较强的门户媒体资源、较大的产品渠道推广能力。

（4）大规模的保税仓储。网易考拉采用保税进口模式，该模式是将商品提前备货至国内保税仓，配送速度快，正品率高，运费价格低，包裹安全性好。同时网易考拉在国内拥有最大的保税仓储规模，并在海外多个地区布局海外仓。

（5）客户满意度高。网易考拉采取纯自营直采模式，电商从源头直接采购商品销售给客户，对供应商资质进行严格审核，以保证商品为正品。针对跨境保税商品实行 7 天无忧退货，从而使得客户满意度高。

（6）产品质量好。网易考拉采用机器人作业以减少人工作业出现的发货错误，"自采直营"对海外商品进行全检从而保证商品质量。同时，它是首家支持"全品类恒温储存"的跨境电商，建造恒温仓库可以减少商品质变。

（7）人力资源充足。网易考拉海购的人力大多来源于网易集团的高素质人才，员工的经验比较丰富，教育状况好。

网易考拉的劣势（Weakness）突出表现在：

（1）没有抓住进入跨境电商的最佳时机。在网易考拉上线前，已有多个跨境电商平台如小红书、聚美优品、洋码头等上线，网易考拉错过了抢占第一市场的机会。

（2）缺乏传统电商的引流。网易考拉海淘只借助了网易集团来引流，很少采用传统的如广告、明星效应等方式来提高平台流量。

（3）毛利水平低。由于网易考拉海购的战略计划是追求市场（销售额）而非利润，所以尽管网易电商业务的净营收暴涨 300% 多，但是毛利润却没有与之匹配增长。

（4）品类选择少。网易考拉海购虽然已经覆盖美妆、母婴、食品生鲜、营养保健及数码家电等多种品类，但平台提供的产品品种相较于其他平台而言较少。

（5）平台设计上存在许多不足。比如某些页面联系客服的入口较深，不少用户对于客服的服务质量产生不满；社区活跃度不高；需要交税的商品，税费没有直观显示出来；不支持图片搜索；仍有很多人对商品的真假有质疑等。

网易考拉的机会（Opportunity）突出表现在：

（1）国家政策支持。

国家商务部和国税总局于 2016 年 4 月 8 日出台了《跨境电子商务零售进口税收政策》，明确了跨境电商可享受出口退税等相关优惠政策。

随着"一带一路"倡议的实施，中国与"一带一路"沿线各国的双边贸易额在同步上升，为跨境物流行业带来了广阔的发展空间，很好地带动了国内跨境进口电商产业的发展。

跨境进口电商逐渐合法化、规范化，使得跨境电商可以在更舒适的政策环境下自由发展。

（2）市场上暂未出现具有明显竞争优势的跨境进口电商平台。2013 年后，我国跨境电商平台数量极速增多。但由于跨进电商发展时期不长，还未出现具有明显竞争优势的跨境电商平台。

网易考拉的威胁（Threats）突出表现在：

（1）国内竞争对手众多。天猫国际、京东海外购、顺丰海淘，小红书等海外商品购物平台与网易考拉共同竞争市场，网易考拉所面临的市场竞争很激烈。

（2）海外电商企业的威胁。网易考拉遭遇亚马逊、eBay 等航母级电商公司的挑战。

4. 网易考拉的 SO 战略

通过 SWOT 分析，可以看出网易考拉具有明显的内部优势，同时也拥有许多外部机会。因此，我们可以制定增长型战略，即 SO 战略（Strength&Opportunity）（见图 9-8）。

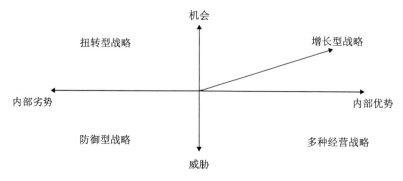

图 9-8　网易考拉的 SWOT 战略

第 1 阶段：

（1）战略概述：抓住购物流程，便于运营展开引流转化。

（2）产品设计：专享秒杀、促销活动、手机专享优惠。

（3）引流渠道：网易集团。

（4）扩散传播：价格战冲击前排自营电商，频繁制造节日，低价迅速占领市场。

第 2 阶段：

（1）战略概述：优化购物体验，加大促销力度。

（2）产品设计：一键收藏、实时搜索、随心物流追踪、海量个性推荐、在线客服。

（3）优化购物体验：修复 bug，极简视觉体验，一页便捷购物。

（4）扩散传播：发动几次大促销，在母婴和美妆产品上保持相对的品牌和价格优势，吸引大批海淘人士的关注。

第 3 阶段：

（1）战略概述：扩增商品分类，全方位优化购物体验。

（2）产品设计：产品分类、新发现、品牌墙、优化搜索体验、晒单获取优惠券。

（3）优化购物体验：商品订单弹幕扩散传播："双 11"推出大量针对移动端的运营活动。

第 4 阶段：

（1）战略概述：构建生态和壁垒。

（2）产品设计：积分体系、社区、排行榜、专辑、视频、好文。

（3）优化购物体验：修复 bug、第三方登录、支付方式多样化、扫一扫。

（4）扩散渠道：通过专辑、视频、好文与社区形成内部创建生态圈，活动功能持续推出。

9.4.2 与同行业的比较

1. 与同行业电商平台的比较

目前，中国跨境进口电商模式主要有五种：自营保税进口 B2C、买手制 C2C＋海外直邮、社区型自营 B2C、海外直发平台、平台＋自营类。表 9-3 比较了这五种模式下的特点。

表 9-3 同行业电商平台比较

经营模式	代表平台	模式介绍	评价
自营保税进口 B2C	网易考拉海购	电商从源头采购商品销售给客户	自营直采质量可靠，配送时效好
买手制 C2C＋海外直邮	洋码头	商家或个人买手每周 90 多个全球航班海外直邮	买手直采、通过自营物流或第三方物流发货；消费者质疑假货
社区型自营 B2C	小红书	UGC 社区推荐选定目标产品，直接联络国外品牌或一级供应商	社区资源、精准销售；主要问题为疑似假货、发货慢、退款难

经营模式	代表平台	模式介绍	评价
海外直发平台	Hai360 海外购	与国外电商合作，海外直发	商品种类较多，但质量不能保证，发货慢
平台＋自营类	宝贝格子	限时闪购和海外直购相结合	货物价格实惠，发货难、物流慢

2017 年全国核心跨境进口电商用户满意度调查显示，网易考拉海沟的满意度最高，为 3.99 分（总分为 5 分）。小红书为 3.78，仅次于网易考拉。相对于买手制，自营模式具有明显优势。

2. 同行业物流配送的比较

平台类跨境进口电商，如唯品会、苏宁海外购、蜜芽等，一般采用海外直邮模式，该模式在海外发货通过一次性快递配送到位，一般附有商品的采购模式，商品相对可靠。平台类＋自营类跨境进口电商，如网易考拉、京东全球购，大部分采用保税进口模式，该模式商品提前备货至国外保税仓，配送速度快，商品正品率高。个人卖家和海外电商平台，如 Hai360 海外购，一般采用海外直邮模式，该模式运费低，但物流时间长，商品可能面临掉包，破损等问题。以下是几个典型代表电商平台的快递体验对比（见表 9-4）。

表 9-4　电商快递体验对比

	保税进口	海外直邮	海外直邮
商品正品率	很高	较高	不确定
配送速度	快	较慢	较慢
运费价格	低	高	一般
包裹安全性	安全	安全	不安全
适用模式	电商平台	平台，个人代购	个人代购，平台
典型代表	网易考拉海购	小红书	洋码头

3. 同行业海外布局的比较

目前，跨境网购物流主要有海外直邮、海外拼邮、保税进口三种模式。其中，直邮或者海外仓模式较为普遍。如天猫国际商品来自 63 个国家和地区，3700 个品类、14500 个品牌，在物流上保税区货物 3～7 天到达，海外直邮 7～14 天到达；网易包含 80 个国家和地区的 5000 多个品牌，在国内，保税仓发货首家实现"次日达"服务；在海外，网易考拉海外仓已布局东亚、东南亚、北美洲、欧洲和大洋洲。表 9-5 是有代表性的企业海外布局情况。

表 9-5　各电商海外布局

平台名称	商品品类及数量	仓储物流
天猫国际	3700 个品类，63 个国家和地区，14500 个海外品牌	保税区、海外仓，保税区 3～7 天，海外直邮 7～14 天
京东全球购	2500 多个海外商家覆盖品牌 7300＋产品遍及 40 多个国家和地区	美国、加拿大等国家建立海外仓，国内广州、上海杭州、郑州、宁波设立保税区
网易考拉海购	产品种类丰富，80 多个国家和地区的 5000 多个品牌	产地直采自营，全球 12 大海外仓，国内 11 大保税仓
洋码头	80 多个国家和地区数量超过 60 万件 400 个品类	海外仓储、国际直邮、全国建立 17 个大型国际物流中心，海外直邮平均 5 天

9.4.3　发展中的瓶颈

1. 网易考拉平台及社区知名度低

网易考拉海购主要以网易平台引流，依靠网易的资源占据了一定的市场。但是现在国内的电商潮流是往社区型发展，微博、抖音等互动型社交平台加深了用户之间的交流，参与度更高。相比于小红书这样的社区型电商平台，网易具有明显的不足。

根据我们的问卷调查，受访者中有 53％的人听说过网易考拉，在知道网易考拉的人数中，通过微博等社区型网站上了解到考拉的仅有 20.8％，这部分人群集中在 25～35 岁之间。国内比较大的电商平台普及，如天猫、京东社区知名度较高，天猫国际、京东海外购知名度分别是 92.8％、72.2％。由于小红书美妆笔记的风靡，有 61.8％的人知道小红书，相比之下，网易考拉的社区知名度较低（见图 9-9）。

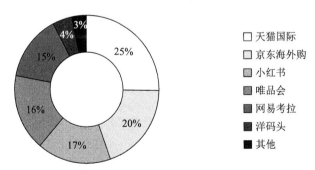

图 9-9　各大电商知名度比较

2. "物流外包"问题渐显

网易考拉的物流配送采取和第三方物流公司合作模式，实行"外包"。深入调查后发现，与网易考拉合作的第三方物流企业并不仅仅是官方给出的中外运和顺丰两家企业，还包含了圆通、韵达等多家物流公司。这些物流企业实力不同，提供的服务质量参差不齐。与自建物流的京东相比，网易考拉的"物流外包"上存在一些问题。

（1）服务的跟踪力度有限。社交网站上，如知乎、简书等平台上用户反应网易考拉的物流信息化服务不透明，订单的更改受阻，甚至还有强行停止订单的情况。

（2）客户物流体验不佳。第三方物流公司提供服务质量参差不齐，不便于制定统一的服务标准，难以形成一体化的服务。

（3）企业内部的管理难度加大。由于物流外包至少涉及两个不同的企业，而且不同的企业运营模式、规章制度不同，在处理事务上极易产生摩擦和冲突。

3. 正品品牌效应被削弱

目前，"海淘族"对于海外商品最关注正品因素。实行买手制模式的企业因很难得到正品信任，一部分市场被限制，网易考拉一直以直营自采模式赢得"海淘族"信任。但是随着海关监管的严格，"通关单的申请"让洋码头、小红书这样有模式特色的企业不再有"假货顾虑"，利用其平台独特的优势，以及较高的客户黏性，网易考拉的正品品牌效应被大幅削弱。

9.5 相关对策建议及发展前景

9.5.1 对策建议

1. 提高平台知名度

网易考拉目前大多只依靠网易公司进行引流，效果有限。虽然搭建了互动社区，但社区的活跃度太低。建议可以模仿小红书等平台引入明星来社区"种草"，利用明星效应提高平台的访问量与销售量，加强用户黏性。

2. 解决物流问题

（1）统一第三方物流服务质量。由于网易考拉合作的物流公司较多，而且由于外包的模式限制，外包出去业务服务内容与模式比较单一，普遍不能提供全程掌控的一站式服务。考虑到网易考拉的市场定位，为确保服务的质量，在物流服务商的选择上，应考虑物流企业形成一体化解决方案的实施能力，在服务改进方面要实现服务的标准化与定制化。

（2）加大服务跟踪力度。在物流监管上应不断实现全程化、可视化。健全订单信息查询功能，通过与国内外的物流公司合作，搭建订单信息物流查询平台，使消费者能够随时掌握货物的运输状态，以减少消费者的顾虑。

（3）加强售后服务保障。在自营商品详情页上应增加联系客服入口，提升客服服务的质量和效率，及时回复"海淘者"的咨询与疑问。同时，加强线上商品信息的完整性，从而提高顾客满意度。

（4）做好企业内部组织的变革工作。物流业务的外包涉及部分员工的既有利益，需进行良好的沟通以便了解员工的真实想法，采取相应的措施，降低由于采取物流外包引起的企业震荡。加强组织文化的建立，如强调双赢的经营管理理念，目标一致的组织文化，减少和第三方物流企业员工的摩擦。

3. 改善正品品牌效应

（1）加快与国外知名品牌的战略合作。要加快与外国知名品牌的合作，签订长期合作协议，维持正品品牌效应，抢占跨境电商正品品牌保障第一的宝座。

（2）强对平台形象的维护。在百度和知乎等网站上有许多人对网易考拉商品的真假有质疑，建议运营人员加强对口碑的重视力度，多关注网上网友对平台提出的问题，及时回应。同时对于体验感不好的用户，可以先解决他们的问题，然后通过发优惠券、代金券等方式进行安抚，从而提高平台正面形象。

（3）扩大商品种类和库存量。相比聚美、京东等公司的跨境电商模块，网易考拉的商品种类和库存数量都相对较少。应学习天猫国际、京东等国内知名跨境电商平台，优化商品分类目录，增加商品的类型和数量，以吸引更多的"海淘者"。

4. 改善 APP 的设计，提高用户体验感

（1）添加明确加入购物车的动画。点击网易考拉"加入购物车"按钮时，除了购物车 icon 上的数字会增加以外，没有"已加入"标识，也无其他明显动画效果，容易让用户进行多次点击（见图 9-10）。所以应该添加明确加入购物车的动画，从而提高顾客购物体验。

图 9-10　网易考拉"购买页面"

（2）优化推送内容。首页中的"专区"、分类页面中的"专区"，以及首页的"消息中心""新发现"和活动页面中的专题推送，都有很大的重合性，造成信息的冗余复杂。应优化推送内容，缩减页面的结构框架。

（3）让用户自行选择购物车结算商品。选择完商品后，系统会默认全选所有商品，不仅影响用户在购物车众多商品中的选择，也有可能会导致顾客大意全部下单，造成后期退货等不必要的流程。建议让用户在购物车中自行选择所需商品进行结算。

（4）完善移动客户端对各种机型的适配。论坛有网友指出，当点击网易考拉移动导购或活动页面时，会出现格式错乱问题，疑似页面未加载完全应完善移动客户端对各种机型的适配。

（5）在商品详情页上增加预计税费的显示。由于"海淘"产品大多需要交税，商品价格若只显示了交税后的价格总额，容易让顾客误以为商品价格贵是因为平台赚取了额外的费用，而非本身的税价高所导致的。

（6）在扫码中增加图片搜索的功能增加图片搜索功能，便于顾客通过图片找到自己心仪的产品，提高用户 APP 使用感。

9.5.2　对策评估

1. 通过加大平台引流，平台知名度得到提高

网易考拉海购之前只依靠网易集团内部渠道来引流，效果有限，导致平台知名度与社区活跃度不高，月度活跃度用户规模与小红书相比较少（见图 9-11）。

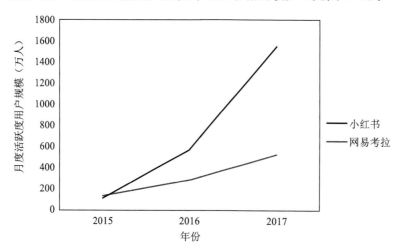

图 9-11　小红书与网易考拉月度活跃度用户规模（万人）

数据来源：中商情报网。

小红书是从 2015 年 5 月 25 日开始投放视频及平面广告铺垫，使得企业关注度稳步上升，到 6 月 1 日开始由营销活动和新媒体传播引起爆点，再到 6 月 6 日周年庆的时候达到顶峰，整个营销活动的节奏把握得非常好。小红书一系列的平台引流工作促使它的月度活跃度用户规模在短时间内赶超网易考拉。

网易考拉可以模仿小红书等平台，引入明星来社区"种草"，在热门电视节目上打广告，提高平台知名度。

基于中国电子商务研究中心 2018 年 4 月 12 日发布的消息，网易考拉已加盟国内热门综艺节目《奔跑吧》，预计这次广告加盟，会使得月度活跃度用户规模得到显著地提升。

2. 通过物流各方面的比较，投诉占比下降

比达咨询《2017 年第 2 季度中国垂直海淘 APP 市场研究报告》数据显示，中国垂直海淘 APP 用户感到满意的物流方式中，平台自营物流居首，占比 68.5％，是用户更偏好的物流方式。中国垂直海淘 APP 用户选择物流方式的影响因素中，货运时间以 75.8％占比居于榜首，其次是货运费用，占比 63.3％，货运安全、货运手续代理是否齐全以 54.1％、45.4％居于 4 位、5 位（见图 9-12）。

网易考拉仍采用和第三方物流合作的物流模式，就目前情况看，本文在上节提出的四点物流优化建议比较适合网易考拉的需求。

《2017 年中国电子商务用户体验与投诉监测报告》显示，2017 年网易考拉投诉占比 17.57％，在全国跨境电商中排第二，仅次于小红书。基于以上优化，在物流快递服务配送实效和服务质量明显提升后，预计投诉占比将下降 5～7 个点。

3. 加快与国外知名品牌的战略合作，维持正品品牌效应

网易考拉主打"自采直营"模式，有一定的海外客户基础。2018 年，网易考拉以迅猛的姿态与法国、新西兰、澳大利亚等多个国家的知名品牌商签合约。预计短时间内正品品牌效应不会被削弱，但以长久发展的眼光来看，还需要做多方面的努力。

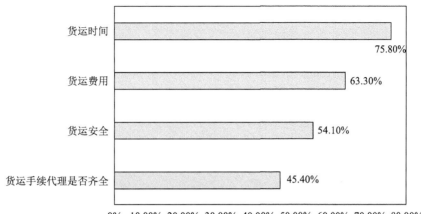

图 9-12　2017 年中国垂直海淘 APP 用户选择物流方式的影响因素

数据来源：比达咨询。

4. 不断地完善平台内部，提高用户黏性

通过加强对平台形象的维护，可以提高平台的口碑；通过优化商品分类目录，扩大商品种类和改善网易考拉海淘 APP 的设计，可以提高用户体验感。做好平台内部各方面的优化工作，可以很大程度上，吸引客户，提高用户黏性。

9.6　小结

本次电子商务调研大赛中，在老师的悉心指导和全团队的通力配合下，我们对以"自营直采"为主要模式的跨境电商——网易考拉进行了细致的调研、分析与研究，包括公司的发展现状、战略规划、组织结构、行业现状、存在的问题与解决措施等相关内容。经过调研分析，我们一致认为，跨境电商是极具潜力的贸易方式。在网易考拉"自营直采"的发展模式下，消费者可以更便利地在电商平台上获得喜欢的国外商品。既满足了消费者对国外商品的需求，又促进了网易考拉自身的发展，同时还服务国家"一带一路"建设，促进我国的跨境电商的发展，实现了多赢局面。

10. 上海石油天然气交易中心

参赛团队：上海理工大学胜羽队

参赛队员：王晓建 魏子华 崔鑫鑫 江星燕 于淼苗 沈珺

指导教师：魏文栋

获奖情况：三等奖

关键词：石油天然气 线上交易 挂牌交易 竞价交易

10.1 绪论

10.1.1 调研背景与目的

目前，我国天然气交易体系基本沿用传统的计划经济体制，天然气进口贸易主要由中石油、中海油、中石化参与实施，天然气交易基本处于价格垄断状态，造成了供需失衡和资源错配，最优的天然气有时很难输送到需求量大或承受能力高的地区，为此需要对天然气进行市场化改革。2016年，国家发展改革委出台了《关于推进"互联网＋"智慧能源发展的指导意见》，明确鼓励天然气生产经营企业和用户进入天然气交易平台建设，以打破市场垄断，推动能源市场开放和产业升级。在此情形下，上海和重庆率先建立了一东一西两大天然气交易中心，随后新疆天然气交易中心也在建设之中。

天然气交易中心的建立，健全和促进了天然气价格形成机制和市场化交易机制。通过供需双方的议价和博弈，最终形成了反映市场稀缺程度和内在价值的天然气交易价格，使价格信号能从时间、空间上反映实际成本和供需状况，从而能有效引导供需，激发市场活力。

当前我国天然气交易中心的交易品种局限于现货天然气和汽柴油，相关的金融衍生品还未开发，与成熟的市场相比，差异较大（见表 10-1），存在许多不足，如信息披露不够全面，产品运输、存储、调峰和船舶停泊等服务不够周到等。

表 10-1 欧洲天然气交易中心对比表

交易中心	所在国	建立时间	交易中心类型	目前交易中心的主要功能	2013 年流动率
NPB	英国	1996 年	虚拟	平衡气量供需、资产配置、天然气价格避险、投机	22
TTF	荷兰	2003 年	虚拟	平衡气量供需、资产配置、天然气价格避险、投机	15.9
NCG	德国	2009 年	虚拟	平衡气量供需	3.2
Zeebrugge	比利时	1999 年	实际	天然气过境的平衡供需	4
ZTP	比利时	2012 年	虚拟	平衡气量供应	—
PEG	法国	2004 年	虚拟	平衡气量供应	3.3
GPL	德国	2009 年	虚拟	平衡气量供应	2.8

为了更好地了解市场，了解天然气交易平台的运营状况，课题组实地调查了上海天然气交易中心的建设历程、运行模式、盈利模式、资金管理与服务、信息服务，通过国际国内对比分析、运营分析、用户分析，总结平台建设过程中存在的问题，预测平台未来的发展方向，并提出政策建议。

10.1.2 调研内容

课题组成员在指导老师的带领下，于2018年1月10日对上海石油天然气交易中心进行了实地调研。在调研过程中，课题组成员秉持客观的态度和科学的方法，对交易中心及交易平台进行了全面了解，并探讨了相关问题，如业务活动、盈利模式、资金管理与服务、信息服务以及交易平台成立后有关的成交案例等。在此过程中，交易中心的有关负责人展示了近期商品成交价格的实时浮动状况和交易量的实时变动情况，介绍了交易平台的运作过程和价格的实时监测方法。随后，课题组成员参加了上海石油天然气交易中心关于风险管控制度建立的会议。会议结束后，指导老师与课题组成员围绕中心概况、上市品种、入市指南（含入市流程、会员管理、交易管理等）、规章制度等事项对交易中心有关负责人进行了讨论。

10.2 调研基本情况

10.2.1 平台简介

上海石油天然气交易中心平台由上海市人民政府批准建设，秉承"公开、公平、公正和诚实信用"原则，开展天然气、非常规天然气、液化石油气、石油等能源产品的现货交易，提供交易相关的技术、场所和设施服务以及资讯与信息服务。交易模式包括挂牌交易和竞价交易。平台实行会员制，符合会员资格要求的国内外交易商都能进场交易。此外，平台还计划择机推出中远期现货和金融衍生品交易，以建成立足中国，面向全球的国家级、国际性石油天然气交易平台为目标，平台将创建良好的市场环境，充分发挥市场配置资源和发现价格的功能，为广大石油天然气经营者提供一个全新的、参与中国乃至亚太石油天然气行业的大舞台。

10.2.2 实地调研

1. 业务流程

（1）从宏观层面上，上海石油天然气交易中心是一种B2B的交易模式。上下游能源企业都可以在此平台上进行交易，而交易中心则充当一种中介服务，撮合交易的形成，从而减少无效和低效的供需匹配。

由图10-1可以清晰地看到，上下游企业都在交易中心进行交易，而交易中心为它们交易提供中介服务支持。其中，上游企业主要包括中石化、中石油、中海油以及进口油气资源企业；下游企业主要包括城市燃气、工业用料、化工、天然气发电、油气企业等。

图 10-1　交易中心与上下游企业关系图

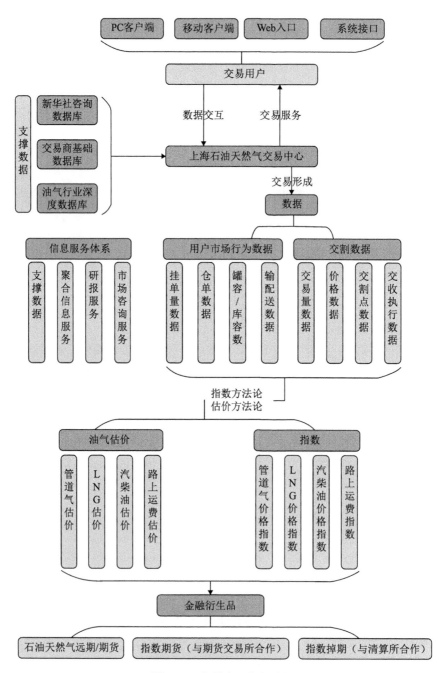

图 10-2　交易中心业务流程

从微观层面上，交易中心主要为其交易用户提供了交易、金融以及信息服务。平台上汇集了新华社咨询数据库、交易商基础数据库、油气行业深度数据库等，这为交易中心平台的运行提供了基础信息数据；同时，在交易过程中，会产生大量的用户市场行为数据，进而又为平台提供了更多的基础数据；此外，交易中心还利用各种估价方法对管道气、LNG、汽柴油和路上运费进行估价，从而产生了管道气价格指数、LNG价格指数、汽柴油价格指数、路上运费指数等各种交易数据和金融数据（见图10-2）。

（2）交易中心采取挂牌交易和竞价交易两种交易方式。挂牌交易是指买方或卖方交易中心电子交易系统对外发布相关商品挂牌买入价或是挂牌卖出价及其他交易条件，由卖方按照挂牌买入价，买方按照挂牌卖出价摘牌成交或双方协商议价成交，通过交易系统签订电子交易合同（见图10-3）。竞价交易是指买方或卖方通过电子交易系统对外发布相关商品买入最高价或卖出最低价及其他交易条件，由卖方在买入最高价以下报价或由买方在卖出最低价以上报价，在规定的时间里按照"时间优先，价格优先"原则，以卖方最低报价或由买方最高报价成交，并签订电子交易合同（见图10-4）。

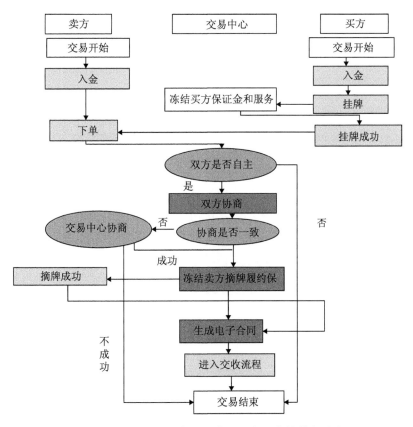

图10-3　上海石油天然气交易中心现货买方挂牌交易流程

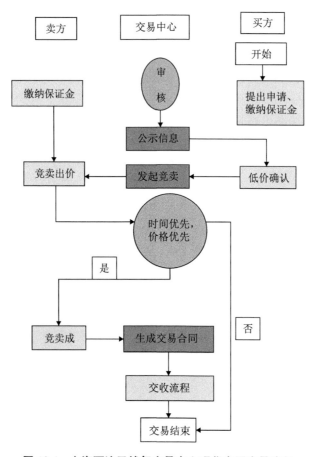

图 10-4　上海石油天然气交易中心现货竞买交易流程

2. 盈利模式

（1）会员费：交易中心实行会员制，根据会员的申请，并按照服务内容的不同将会员分为：特级类、A 类、B 类、C 类会员，其中特级类会员每年会员费 100 万元，A 类会员每年会员费 50 万元，B 类会员有两档，会员费分别为每年 30 万元（B+类）和每年 10 万元（B 类），C 类会员无需缴纳会费费用。

（2）交易服务费：指交易中心在交易达成之后向交易双方收取的服务费用。成品油服务费是根据交易双方承受能力、合理成本、风险控制等原则制定交易服务费，交易中心可根据交易情况调整服务费的收取标准。交收差部分的交易费用不再收取和退还，溢短由买卖双方自行线下解决。同时，LNG 交易和管道石油天然气服务费为电子交易合同总价款的 1‰。

3. 资金管理与服务

（1）交易中心实行履约保证金制度。各交易商在交易开始前，应通过银商转账系统将交易金额的 10% 的保证金划转入交易结算账户，否则，将不能参加交易。特别是，履约保证金由指定结算银行实行第三方监督。

（2）保证金缴纳方式灵活。以下几种保证金缴纳的方式，可以方便交易双方，并体现了交易中心服务本质。具体包括现金、银行授信（或基于授信的货款承诺书）、银行履约保函、银行承兑汇票。

（3）多家合作结算银行。合作的银行主要有中国工商银行、中国建设银行、中国银行、招商银行、交通银行和昆仑银行。这说明交易中心背后拥有强大的后台金融支撑体系，同时为交易双方在结算方面提供了极大的便利，并且为以后交易中心远期期货交易方面提供系统性金融支持，构建现代市场化体系，打造能源金融平台。

4. 信息管理

（1）信息服务。

交易中心实行信息披露制度，根据有关规定通过交易中心官方网站及电子交易系统等方式向会员和公众发布信息。一是公众信息服务，交易中心每个交易日结束后，向社会公众发布当天交易具体信息。二是会员专享信息服务，交易中心为其用户提供一站式的信息解决方案，包括生产、交易、投资所需要的各种信息。

（2）信息安全。

1）在信息保密上，会员、指定结算银行、交收储运机构、信息服务机构、检验机构、软件供应商等组织及其工作人员和其他相关人员对从交易中心获得信息承担保密义务。

2）在信息认证方面，一是实行会员制，不是会员，直接被拒之门外。二是在交易达成后，通过电子交易系统签订电子交易合同，避免交易合同转手。

5. 平台物流支持体系

交易中心在物流运输方面，采取与管道公司、交收储运机构合作方式。交易中心作为一个平台来撮合成交易，而管道公司和交收储运机构负责将能源产品从卖方企业运送到买方企业手中。其合作管道运输有中石油天然气管道运输、山西通煤层气输配有限公司天然气管道运输、应张天线天然气管道运输等。

10.2.3　平台运行效果分析及评价

1. 用户

管道气竞价交易通过公开的市场交易方式交易，改变了以往只能靠关系从三大油企手里买气的现象。其次，只能依靠进口现货LNG的企业也可通过此方式获得管道气源，拓宽了用户获得气源的渠道，使更多的企业（资源商、LNG液化厂商、传统城市燃气企业以及部分贸易商）积极参与到市场交易中来，为国内客户创造一个进出方便、交易自由、风险可控、品类完整的天然气采购市场。

2. 股东

上海石油天然气交易中心是由新华社、中石油、中石化、中海油等十家股东组成。其股权构建思路是："由国家发改委协调、新华社主导、上下游企业深度参与"。股权分配上，新华社占30%，"三桶油"则各自占10%。这样，有助于平台顺利构建和通畅运行。

同时，利用擅长数据搜集统计分析的股东新华社的优势，有助于"三桶油"在国际国内市场通过合理的市场竞争，得出一个符合市场需求的真实的价格指数，也就有助于增强中国在国际石油天然气市场上话语权和定价权。

3. 市场

上海石油天然气交易中心正式运行以来，积极协调上下游企业进入交易中心交易，积极探索并陆续开展液化天然气（LNG）和管道天然气（PNG）竞价交易。目前，交易中心反映市场价格、市场供求关系、市场局部不平衡的作用得到初步体现，为合理配置资源、推动天然气价格市场化起到了积极的探索作用，逐步增加了现有天然气市场的灵活性和流动性。

4. 政府

"十三五"是能源革命发力提速的关键时期，石油天然气领域的市场化改革步伐不断加快。上海石油天然气交易中心的建立和运行，加快了国家能源行业市场化改革、上海"四个中心"和自贸试验区建设进程，增强了上海能源要素市场的国际影响力，进一步完善油气价格形成机制。

10.2.4 平台未来发展规划

中心目标：按照"先气后油、先现货后远期、先国内后国际"的发展战略，打造具有国际影响力的三大平台，包括能源交易平台、能源信息平台、能源金融平台，建设现代市场体系，形成"中国价格"（见图 10-5）。

平台计划在三年内成为中国石油天然气交易及定价中心；五年内成为亚太地区石油天然气交易及定价中心；七年内成为具有全球影响力的石油天然气交易及定价中心。

2016年		2020年
即期现货交易	咨询	交易信用证服务
LNG船货交易	数据	产业链融资贷款
远期现货交易	出版物	远期结售汇业务
掉期现货交易	估价	国际交易商资金池建立
长期交易	指数	大数据分析服务
期货交易		

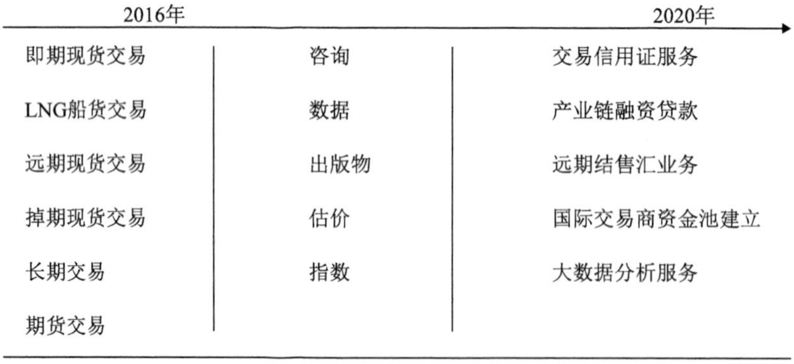

图 10-5　交易中心未来业务发展规划

10.3　交易平台 SWOT 分析

10.3.1　优势分析

1. 政策优势

交易平台不仅受国务院有关部门的监督指导，新华社经济信息部门支持，而且国家发改委也出台了一系列政策来支持交易中心推进天然气市场化改革，鼓励交易中心最大限度地激发市场活力。

2. 区位经济优势

上海作为全球重要的国际金融中心城市，同时也是我国多条石油天然气输运管道的终点和进口液化天然气进入国内的一个起点之一。在这里建设一个石油天然气交易中心，可以发挥石油天然气消费中心和运输枢纽的优势，同时也可以充分利用上海高效、完备的资本市场来监管，并降低风险。

3. 股东优势

中石油支持国家形成天然气基准价格，促进天然气上下游企业参与交易，使得交易量达到一定的比例。积极参与上海石油天然气交易中心进行交易，支持交易中心不断探索发现价格的新模式、新方法、新手段，新华社作为股东之一，使平台的推广上具有先天优势，新华社以其自身信息来源为基础为交易中心提供数据服务。新华社作为独立的第三方能公正客观地为交易双方提供石油天然气方面的信息，可以进一步推动交易中心发展，推动天然气市场化改革。

4. 技术优势

交易所拥有先进适用可靠的计算机交场系统，通过高容量光纤及数据专线、双向卫星、三所联网等通信手段确保前台和远程交易的实时和安全可靠。同时，通过中心数据库实现结算、资金、交割、异地交割仓库、风险监控等系统数据的实时同步传送和交换。

5. 发展优势

在交易模式上借鉴发达国家成熟的交易经验，学习交易平台更好的维护和运营之道，为平台更好的发展扫除障碍。采用电子商务等先进的交易模式，创造性地使用全新自主研发，专门针对油气现货市场交易定制的交易系统，交易系统数据交互迅速，系统操作简单快捷，并配备专有系统数据与网络安全实时保障。在产品交易设计上采取首创双挂牌与双协商交易方式相结合，大大提高了交易的灵活性和成功率。与中海油合作开展液化天然气船货保供预售专场交易。

10.3.2 劣势分析

1. 交易规模相对较小

目前交易平台竞价交易模式虽然已经取得部分可观的成交量，但是与实际天然气市场化改革要求和国际平均成交量水平还有一定差距，平台目前处于成长期，增加其注册会员的数量，推广其交易竞价平台，提升平台的影响力还需继续进行。

2. 受制于油气体制改革进程，长远发展需时间和多方努力

天然气电子交易平台的建立所必需的的条件是使政府放松对天然气价格的管制，不过度介入天然气行业，欧美国家的天然气市场化进行了多年才取得成功，我国的天然气产业更加复杂，行业结构更加多样化，市场化改革不会一蹴而就，交易中心的发展仍需时间和多方努力。

3. 议价能力较弱，制约平台发展

目前交易平台的主要卖方来自中石油、中海油、中石化这三家公司，其余少量为地方燃气公司。在面对持有大量天然气的厂商时，交易平台处于被动地位，无法保证

"三桶油"在平台交易而不是直接与下游大工业用户接洽，如何引入更多的上下游客户以提高议价能力是平台目前遇到的一大问题。否则，较弱的议价能力在很大程度上会限制平台的发展。

4. 仅有现货交易在与国际交易平台竞争时受限

目前我国交易中心交易内容仅是现货天然气和汽柴油，天然气金融衍生品尚需开发。我国正在建设的交易平台公布日成交价格、数量、竞价方式等情况，信息覆盖面正在逐步扩大，但与成熟的美国市场相比，缺少足够全面的信息，包括非交易性服务，具体包括天然气运输、存储、调峰和船舶停泊等服务在内的信息服务，且金融机构介入程度相对较低，在吸引国外交易商进行交易时处于弱势。

10.3.3 面对的机会

1. 结合大数据精准交易信息

在"互联网＋"大时代下，交易平台可以顺应时代大环境，运用大数据等对交易会员交易信息需求量和供应量等数据分析挖掘，为更好地使天然气供需满足市场发展现状，既有利于调节上下游企业的储气量又有利于实时调整放入交易平台的气量，促使上下游用户及早签订保供合同，调动上游企业积极签订海外采购合同的积极性和预见性，精准化和高效化有利于交易平台的规模发展使多方获利。

2. 交易平台发展潜力巨大

上海天然气交易平台尽管起步晚于新加坡，但其独特的自身优势将在未来的竞争中越发明显。首先，上海多气源的格局，中国现货市场所需要的流动性及供应量极佳。与日韩等国不同的是，中国参与交易的企业除去三大油气企业外，还有大量地方燃气公司，天然气市场活跃。其次，国家政策的大力扶持为上海天然气交易平台的运行提供了保障。最后，中信期货等金融机构参与了天然气现期货交易的指导为交易中心交易业务提供了良好的经济基础和环境。最后，"国家管网公司"提案的提出为网销分离提供了条件。

10.3.4 面临的挑战

1. 天然气行业法律不健全影响交易中心发展

现阶段我国尚未出台相关天然气法律，市场监管权力也分散在不同的政府部门和机构之间，并未形成独立的天然气监管机构，不利于天然气行业发展以至于会阻碍交易平台的发展步伐，需要学习借鉴欧美国家的发展经验。

2. 创新性的业务发展需要适应期

作为我国第一家石油天然气现货交易平台，其特有的电商模式对平台中的上下游企业来说仍是一个创新的模式，利用交易平台进行现货业务是对传统长协的一种协调和补充，上下游企业需要一定的适应调整时间，才会积极参与到交易中心组织的交易中去。

交易中心遵循国家规定的天然气市场化价格的幅度波动制定规则，当交易金额达到上限时，引起居民或非居民用气价格的攀升，容易成为导致价格高涨的替罪羊而受公众批评。

3. 国内新建交易平台的竞争

对于上海石油天然气交易中心来说，国家成立的重庆石油天然气交易中心和即将成立的新疆天然气交易中心以及海南大宗商品交易中心在位置、自然储量、国家政策支持等方面存在一定的竞争压力，但对于中国形成在国际和亚太地区天然气定价话语上它们之间的区域合作协调性大于竞争性。

4. 国际成熟交易平台的竞争

亚太地区日本和新加坡两大中心在内在基础、硬性条件和软性条件上和上海交易中心各有差异，对于吸引国际企业规模和数量和制定亚太地区交易价格话语权上存在一定的竞争性，上海应充分意识到自身优势和特殊的中国市场和环境，规避风险、利用机会发挥其优势。

10.4 对策与建议

10.4.1 积极探索开发金融衍生品

在天然气交易平台形成了权威公允的天然气价格后，可以围绕价格形成一系列的金融衍生工具，为进口到岸的天然气长约的套期保值提供重要保障。交易中心可以积极开发出诸如远期、期货、掉期等金融产品，以吸引更多企业在此平台上进行交易。

10.4.2 吸引各方投资

明确交易平台的发展前景并制订良好的商业计划是吸引各方投资的前提，只有在企业有了未来发展潜力的基础上，广告公司、投资公司等才会进行投入资金支持；除此以外，优秀的管理团队和技术开发为平台的建设提供硬件和软件支持。因此，上海的天然气交易平台应充分利用其政策影响、地域优势、金融环境，制订中长期发展规划。

10.4.3 支持国家制定相关法律法规

在天然气交易尤其是线上交易方面，我国现有的法律法规尚不完全，在交易过程中，极有可能出现用户权利被侵犯或交易不受控制等不利情况。因此，制定完善的法律法规对天然气交易平台用户及管理人员有极大的意义。交易中心应注意配合相关部门构建完善天然气交易法律体系，以形成有序、健康天然气交易市场，以方便应对今后上海天然气交易中心不断扩大交易规模后所遇到的问题。

10.4.4 培育专业精英人才

面对天然气现货、期货交易市场的逐步推广、竞争日益激烈，需要全面培养天然气、LNG 领域金融人才。上海交易中心的人员配备仍存在不均衡、不充分的问题，应积极培养人员熟悉线上交易，解决线上交易的售后问题，探索天然气金融衍生品等方面，推动天然气交易的全面化和专业化。

10.5 总结

通过对上海石油天然气交易中心的调研，调研团队对上海石油天然交易中心有了较为深入的了解，对平台的运行效果、未来发展规划以及目前存在的问题有了一定认识，也进一步明晰了上海石油天然气交易中心对目前我国石油天然气交易的影响。在此基础上，团队成员对平台进行了 SWOT 分析，探究了其竞争优势以及不足。调研过程中，团队成员发现问题，解决问题的能力得到锻炼，搜集资料，深入研究的能力也得到提升，各个团队成员发挥各自所长，通力协作，最终形成报告的同时，也收获了一份别样的友谊。

11．智能云科信息科技有限公司

参赛团队：上海理工大学 Pioneers 队
参赛队员：王远卓　芦津　吴聪　刘丹　高丽娜
指导教师：刘玉人
获奖情况：三等奖
关键词：智能制造产业　大数据　云计算

11.1　调研的背景和意义

随着互联网、大数据、云计算和人工智能的日益发展，互联网渐渐由消费领域扩展到生产领域，从服务业拓展到制造业。当前中国经济形态正在从"工业经济"向"信息经济"发展，从生产制造向智能制造方向发展，新技术的发展为"互联网＋"注入了新动力。

当前我国智能制造产业尚处于初级发展期，大部分企业处于研发阶段，仅 16％的企业进入智能制造阶段；从智能制造的经济效益来看，52％的企业其智能制造收入贡献率低于 10％，60％的企业其智能制造利润贡献率低于 10％，提升空间很大。

智能云科则是一家面向中小企业的大数据公司，通过旗下工业 4.0 共享平台：iSESOL，为制造企业提供技术咨询、金融服务和运营服务等。因此，我们选择智能云科信息科技有限公司为调研对象，以此为例窥见上海乃至全国的"互联网＋工业"行业，分析其发展环境、现状、趋势等。

11.2　调研方案

本次电子商务企业调研的顺利开展得益于团队制定的完整调研方案。调研小组由 5人组成，其中 4 名研究生，一名本科生，调研对象为智能云科信息科技有限公司。调研方法包括实地调研、电话访谈、邮件联系等。

11.3　智能云科信息科技有限公司概况

11.3.1　公司简介

智能云科信息科技有限公司由神舟数码控股有限公司、沈阳机床（集团）有限责任公司和光大金控（上海）资产管理有限公司于 2015 年共同投资成立，以"工业 4.0"和"互联网＋"理念为框架，在生产力协同制造、个性化云制造、平台延伸业务三大领域开展核心业务，专注打造加工领域的云制造服务平台 iSESOL：i-Smart Engineering & Services Online。

iSESOL 平台通过对装备互联产生的工业数据，构联行业供需对接、生产力协同与产品定制的批量生产服务，打造新制造业态，提高全社会的装备利用率，提升中国制造核心竞争力。

iSESOL 平台为社会提供交易智选云、生产管理云、区域协同云、金融合作云、人才培养云、个性定制云等多方面云服务。"互联网＋工业"的核心不是简单的自动化能力的提升，而是要改变社会的业态，改变一种分配模式。通过实时的工业数据，制造业可以实现全面数字化，真正形成一个分享的新业态。

目前平台已有数百家企业入驻，接入机床约数千台。智能云科信息科技有限公司技术总监张晓表示，公司的目标是至 2020 年接入 10 万台机床，以更好地形成整合与协同效应。

表 11-1 记录了智能云科信息科技有限公司发展历程。

表 11-1　智能云科信息科技有限公司发展历程

时间	事　件
2015 年 4 月	智能云科信息科技有限公司正式成立
2015 年 10 月	智能云科入驻长阳谷创意产业园
2016 年 1 月	前往硅谷与 APPLE、Flex、KPCB 等知名公司参观
2016 年 4 月	举办"智能制造生态建设实践"研讨会
2016 年 4 月	"iSESOL 云平台"内侧上线，已完成 2300 台设备上线
2016 年 4 月	作为核心团队成员参与工信部电子工业
2016 年 4 月	与江门市高新技术工业园合作的智能云制造基地
2016 年 5 月	MES 研发中心成立
2016 年 6 月	工信部信息化和软件服务业司副司长前来调研
2016 年 6 月	上海市委副书记杨雄莅临智能云科考察指导
2016 年 7 月	租赁 APP 上线试运营
2016 年 7 月	G20——二十国集团青年会议代表团前来交流学习
2016 年 9 月	"降低制造业成本助力中国制造 2025"
2016 年 9 月	"珠西智造　装备未来"
2016 年 10 月、11 月	智能云科定意平台设计师沙龙城市巡展在上海总部举办
2017 年 11 月	上海市委书记李强莅临智能云科考察指导
2018 年 4 月	国务院总理李克强参观智能云科

11.3.2　社会价值和公司愿景

智能云科的核心价值是通过政府引导、iSESOL 平台整合资源，实施国家制造业创新中心建设、智能制造、工业强基、绿色制造、高端装备创新等五项重大工程，从根本上解决我国制造企业面临的窘境。

智能云科的愿景是全面提升制造业的生产效率，实现生产过程的高度柔性化、个性化，推动大众创业，催生新的就业机会，分享制造智慧，重拾工匠精神，形成制造业大数据。

11.3.3 主营业务

核心业务分为制造数据云、交易智选云、区域协同云、金融合作云、人才汇聚云与个性定制云六大版块（见图 11-1）。

图 11-1 核心业务四、平台体系和平台架构

11.4 平台体系和平台架构

11.4.1 交易智选云

机床是制造业的工业母机，如果没有一个好的制造装备，后面的生产很难持续。中国的基础制造业产能相对过剩，但高端制造能力相对缺乏，高端设备使用效率不高。为此，iSESOL 网面向机械加工领域，通过产能资源协同，向企业提供订单交易与多维度增值服务，通过询盘报价、商机与交易管理、订单智能筛选匹配等各项线上服务功能，实现供需双方的商务接洽、商机评估、智能优选、打样试制、远程下单、支付存管、生产追溯等交易全流程服务模式。这样，不仅能提高闲置产能资源分配与再利用的可能性，而且能够构建共享经济生态，助力制造需求与生产能力最优匹配，让线上交易环节与线下生产过程更为可信可控。

自 2017 年 iSESOL 工业互联网平台上线以来，截至 2017 年底，iSESOL 服务范围已涵盖 26 个省份、161 市，服务企业客户 2000 余家，已连接智能装备 10643 台，服务机时 269 万小时。

11.4.2 生产管理云

在传统的企业车间生产管理过程中，往往不同程度上存在着协同化水平不高、管理相对粗放、经验化决策等问题，具体可表现为缺乏全面准确收集生产过程状态数据的手段，易出错、难考核、难以实时监控、易滞后、难追溯、处理效率低几个方面。

而 iSESOL 网并不止步于普通的电商平台模式，还致力于促成企业间的横向集成，在改善产业生态的同时反哺自身。

iSESOL 提供如 iSESOLWIS 等在线 SaaS 管理软件，涵盖信息采集、工厂管理等功能，可以帮助企业实现从管理层到生产执行层的有效结合，使企业运营、订单管理、生产安排与过程管理、工序流转等实现全流程管控。

11.4.3 金融合作云

据统计，我国部分行业数控机床利用率不足 50%，甚至低于 30%，检测设备的利用率只有 10%，而且目前市场上制造装备的租赁业务普遍模式只是将传统租赁业务搬到网络扩大曝光率，并不能真正解决制造过程中的信息沟通问题。

iSESOL 生产力租赁云服务平台填补了这方面的空白，它将是租户企业、租赁公司和租赁物串联起来。

中小企业可以通过 iSESOL 生产力租赁平台进行掌上租赁，随时、随地、随身监控运行状态，实现设备在线追踪查看和管理。另外可选择按开机时长、加工时长、切削时长、有效加工时长进行小时计费的分时租赁方式，费用低于普通租赁，让更多的中小企业告别采购设备的庞大成本，享受共享经济带来的便利。

租赁公司把机床租赁给客户，通过连接到 iSESOL 的机床设备运行过程中所传输回来的数据作为结算依据，加上预付费付款方式有助于对租赁业务更好的风险管理。图 11-2 显示了这一生产力租赁模式基本流程。

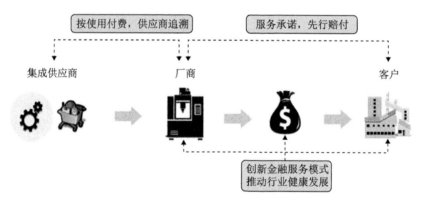

图 11-2　生产力租赁模式

11.4.4 个性定制云

智能云科的个性定制云实现了单件需求的批量化生产，激活了新兴需求。

个性化云制造业务以互联网平台聚集社会化的创新设计资源和生产加工资源，并进行有效地连接，为定制化产品需求提供高度柔性的云制造服务，并创建 C2M2C 的全新模式。目前，已推出定意 Do One 珠宝平台和云制创意工坊，提供定制化珠宝饰品与小批量工艺品制作的选择。

11.4.5 区域协同云

区域协同云集聚相关企业形成区域集群，以核心基地带动区域制造业上下游的整体发展。协同制造业务是针对特定区域的行业特点组织设备和技术资源，建设面向企业用户的实体协同制造服务中心，通过技术咨询、人才培养、金融服务和运营服务等，鼓励并扶持当地制造业升级改造，形成完善的生态链。

11.4.6 人才培养云

人才培养云以慕课教学方式与线下实操相结合的学习体系，实现人才的定向培养。人才培养业务可以连接企业、教育机构与学生，融合闲置产能及教育机构的优势教学资源，提供 O2O 教育模式，促进人才就业、鼓励学生创业，为智能制造提供人才保证。

11.5 商业模式

11.5.1 基于 B2B，不止于 B2B

传统 B2B 交易网站普通仅限于基本信息流，即供需双方信息撮合，没有真正深入交易本身，而 iSESOL 网在电商平台的基础上，将形成企业间的横向集成，提供如 iSESOLWIS 等在线 SaaS 管理软件，深入到交易流本身，将交易过程与交易本身进行挂钩，过程化的信息穿透打破常规网站做法。iSESOL 的每一笔订单，都将由 iSESOL 接单顾问提供全流程跟踪与智能优选提供指导服务。以 B2B 电子商务为基础，以 O2O 服务模式为依托，超越了传统 B2B 电子商务网站的范畴。

11.5.2 工业互联＋智能制造＋在线交易

工业互联：交易业务涉及金属加工领域的标准件及非标零件加工需求，为供需双方建立起便捷的沟通桥梁；为供应商提供更多闲置生产能力的分配，获得更多的优质订单。为采购商提供基于装备互联和工业大数据筛选而出的优质外协合作对象（见图 11-3）。

图 11-3　iSESOL 数据传输图

智能制造：基于 iSESOL 旗下生产管理云的 iSESOLWIS 为制造企业提供基于车间装备管理与生产管理等十多种在线 SaaS 功能模块，云端在线助力企业实现从智能装备-智能车间-智能工厂的逐步衍进，利用接入 iSESOL 平台实现数据的双向传递，将交易过程与生产管理紧密结合，让供应商实现开源节流。通过多维度的生产能力分析与推广，让采购方与供应方能够以最低成本和最优产能搭配来满足各自需求（见图 11-4）。

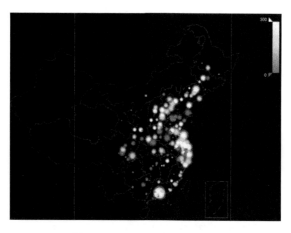

图 11-4　iSESOL 产能热力图

在线交易：供需双方在 iSESOL 网上进行交易，清晰记录，方便快捷。

11.5.3　实时互联＋按需付费＋即使计算

iSESOL 生产力租赁服务云平台采用"实时互联＋按需付费＋即时结算"的新商业模式，租赁公司提供通道，客户按需使用付费，厂商按机器提供的工时收费，并向上游供应商按使用付费。

11.6　盈利模式

依托于智能云科的商业模式，从目前业务拓展情况来看公司盈利模式可以暂分为生产力交易管理盈利模块、生产力租赁盈利模块以及俱乐部会员服务盈利模块。

11.6.1　生产力交易管理盈利模块

在生产力交易管理盈利模块中，交易前期囊括中介服务、信息服务、竞价服务等盈利点；在交易的中期包含 O2O 服务模式中的深度订单跟踪管理服务、ISESOLWIS 管理系统支持服务以及相关咨问题询服务等盈利点，主推的 ISESOLWIS 分为专业版和通用版并包含软件使用费、标准服务费、定制服务费（模块定制费）几项，企业可基于自身规模以及需求差异自由选择版本与服务；交易的收尾阶段又包含结算监管服务、质量审核服务以及相关评价服务。

图 11-5 显示了 iSESOL 设备开机率的 TOP10 城市，从中可以发现目前公司的业务主要集中在珠三角和长三角区域。

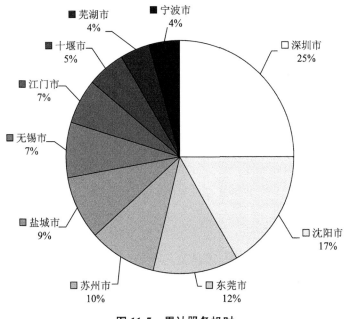

图 11-5　累计服务机时

11.6.2　生产力租赁盈利模块

生产力租赁模块的构建，一方面是为生产力需求方提供了更多样化的选择，且在此过程中，租赁方可以更低的现期资金支出保证生产活动的正常进行，还可以实现资金流的多样化配置，同时也深度体验了所租赁设备的性能，为将来的购买或交易提供更好的判断。另一方面则是考虑到应对市场生产力供给的不足，这亦是对生产力交易模块的一种补充。

目前，生产力租赁模块仅开放以沈阳机床有限公司自主研发的 I5 智能数控机床为租赁对象的生产力租赁服务。

11.6.3　俱乐部会员服务盈利模块

iSESOL 俱乐部是智能云科推出的会员服务计划，基于 iSESOL 网为俱乐部会员提供一系列在线服务，方便供应商进行内部管理与对外报价，为采购商提供更为便捷的下单服务流程。iSESOL 俱乐部会员不仅可以通过 iSESOL 网获得各类线上增值服务，还可以通过实名认证与深度验厂、提升产能交易数额参与线下俱乐部活动等更快地获取"精英会员"资格。俱乐部高级会员将享受专属客服及更多精英会员服务（见图 11-6、图 11-7）。

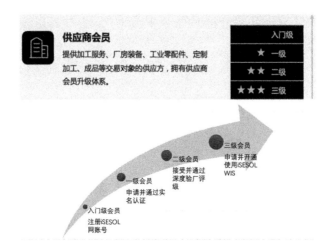

图 11-6　iSESOL 供应商会员类型和等级提升条件

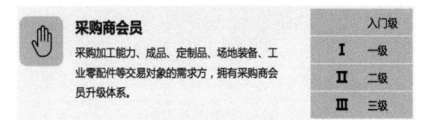

图 11-7　iSESOL 采购商会员类型和等级提升条件

11.7　基于层次分析法的 SWOT 分析

11.7.1　公司掌握的优势

1. 技术变革背景以及政策支持

工业互联网是新一轮科技革命和产业变革的核心内容，它会贯穿工业生产的全生命周期，从产品的设计、研发、生产制造、营销到服务构成闭环，彻底改变传统工业的生产模式，促使企业由制造型向服务型转变。

《上海市制造业转型升级"十三五"规划》明确提出，要加快发展战略性新兴产业、改造提升传统优势制造业、积极推进生产性服务业。2017 年上海的产业结构出现了变化，工业成为上海经济增长的重要动力，而先进制造业和战略性新兴产业则成为上海工业增长的主要驱动力，无论是重点行业还是战略性新兴产业都在积极布局智能制造。智能云科信息科技有限公司 2015 年成立于上海，以推动"智能制造"为己任，打造真正的智能制造系统，实现产品端到端全过程一体化管理，即从客户需求到销售执行，全部实现数字化、可视化、跨区域的统筹管理，顺应了技术变革要求以及政策要求，并享受到了诸多行业红利。

2. 技术背景过硬

著名传统制造业公司与国内领先的网络设备制造商、网络互联解决方案提供商以及知名资产管理公司强强联合,赋予了智能云科得天独厚的行业资源与技术支持。iSESOL 平台基于物联网、大数据技术搭建的智能云制造平台,可以提供交易透明,扩大采购范围、降低采购成本三大附加红利。

(1) 交易透明:交易记录可查询、避免暗箱操作,打通采购与财务管控环节;

(2) 扩大采购范围:通过 iSESOL 网发布询价信息,将以前在本地采购的方式拓展到全国乃至全球,进行产品的价格比较,寻求最优质的供应商;

(3) 降低采购成本:进行集中采购,减少采购环节与采购过程中的差旅费、谈判费等直接使用费,有效降低成本,缩短采购时间。

这三大附加业务红利无疑都命中了行业痛点,切实降低了企业成本并提升了生产效率,成了加强平台用户黏性的有力支撑点。

11.7.2　公司潜在的劣势

(1) iSESOL 作为国内首个围绕机床构建的云制造服务平台,既是优势也是劣势。新的市场尚不成熟,虽然有一定数量的厂商响应积极,但大部分仍持观望状态,要耗费大量的前期投入探索商业模式、盈利模式。

(2) iSESOL 生产力租赁云服务平台的租赁供应商目前只有沈阳机床,尚未引进其他大型机床供应厂商。因此,iSESOL 生产力租赁云服务平台想要做大做强,必须引入更多租赁供应商,给予客户更多的选择。

(3) 品牌宣传不足。从企业营销的角度看,iSESOL 的网络形象宣传不力、促销缺乏力度或缺乏针对性。品牌在市场上苍白无力,则品牌战略无实施基础,当然也就谈不上品牌战略的合理性和有效性了。

11.7.3　公司顺应的机遇

(1) 中国传统制造业的转型需求迫切,"智能制造"的呼声越来越高,公司定位顺应了时代的浪潮。

(2) 互联网、计算机技术的迅速发展,为具有互联网基因的智能云科提供了更多的发展可能性。

(3) 互联网时代的到来,不仅在物联网、大数据技术上的发展日新月异,在思维层面社会的接受速度比较快,响应更加的迅速。

11.7.4　公司面临的威胁

(1) 技术更新迭代速度快,企业研发压力大。智能云科在技术上保持业界领先水平并持续提供优质的服务,如此才能引领好产业生态的构建。因为操作模式是容易复制的,而只有始终保持云服务以及工业互联平台、智能制造终端等核心技术先进性,以及基于核心技术的服务与产品的更新优化,才是真正把握客户的根本。这无疑对智能云科提出了一个巨大而长期的挑战。

(2) 用户和客户存在线下串联的可能性。随着经济发展和社会需求的加剧,容易出现供应商和采购商越过 iSESOL 网这一平台直接形成固定合作关系,并且潜在的竞争对手也有可能通过强强联手对 iSESOL 的市场地位产生冲击。

（3）盈利模式还不成熟。目前入驻 iSESOL 平台是免费的，仅仅是会员服务的 iSESOLWIS 安装收费，因为盈利模式较为单一，这无疑会带来巨大的财务风险。

（4）对沈阳机床的依赖度过大，尚未有稳定盈利能力。目前智能云科仍然没有实现盈利，处于资金回收期，更多的依赖于股东沈阳机床的资金补贴和产品提供，还需要进一步寻找突破口。

11.8 对策及建议

11.8.1 把握国家政策优势，加大研发力度

作为国内首个上线围绕机床构建的云制造服务平台，应把握好国家政策优势，始终保持一定强度的研发力度，提高服务的质量。其重点是解决解决供应商和采购商沟通渠道的畅通，交易的便利，切实解决行业痛点。这样才能始终走在行业的最前端，潜移默化的影响传统市场上厂商交易习惯，不断拓宽自身的市场份额。

11.8.2 加快提升 iSESOL 平台知名度，树立良好品牌形象

制造业生产的技术、资金门槛以及适用性使得 iSESOL 平台的普及不容易像电商零售平台一样具有高度的传播性。因此要加大业内口碑的传播效率，一方面要加大广告、会展的投入力度，另一方面还要建立更为完善的用户评价体系以及对外用户评价宣传渠道。还可以通过 B2C 业务带动 B2B 的发展。

11.8.3 加快市场推广，引进大量合格的供应商和采购商，形成规模效应

目前 iSESOL 网和生产力租赁云服务平台的供应商、采购商、租赁商仍旧较少，活跃度不是很高，智能云科需要加大市场推广，在保证质量的同时，尽快加大平台的流量，只有这样，才能形成规模效应，使得边际成本尽可能低，尽快实现盈利。

11.8.4 通过融资并购等形式应对激烈的市场竞争

面对越来越强的市场竞争，在开发新的供应商、采购商、租赁商的同时，可以通过融资并购的方式，兼并同类型公司，迅速提高自己的市场占有率，并强化自己的竞争优势。

12. 打造"高品质"网购 B2C 服装市场——以唯品会为例

参赛团队：福尔摩斯大 BOSS 队
参赛队员：黄绍聪　李鑫　张俊　吴玉玲
指导教师：秦炳涛

12.1　调研概述

12.1.1　调研背景

中国网络购物经过多年的高速发展之后，整个网上零售市场已形成"双超多强"的格局，天猫继续领跑 B2C 市场，京东、唯品会、苏宁易购、国美电器等增长迅速，各大网购平台的竞争进入白热化阶段。同时，自 2017 年，网上零售 B2C 市场服装品类发展表现出一些创新模式：一方面，服装供应链发生进步，线上服装订制（C2M）兴起，电商平台将互联网、大数据等技术优势注入到上游服装制造商，帮助其完成传统生产模式的改造升级；另一方面，一贯受推崇的服装特卖模式也凭借平台强大的供应链运营能力基础，结合网红等社交电商模式向更高层面迭代发展。

唯品会自 2008 年 8 月成立起，在很短的时间内，唯品会通过"名牌折扣＋现实抢购＋正品特卖"成为中国三大具有影响力的电商之一，开辟了中国 B2C 电商"特卖"的创新模式。平台以服装为主，现已逐步扩展到美妆、母婴、居家等更多领域。

12.1.2　调研目的与意义

此次调研是基于对中国网络购物 B2C 行业的深入了解与探究之后，基于小组成员的专业所长以及兴趣，在指导老师的指导下，以期能够发现唯品会在短短几年内实现快速占领市场份额的内在以及外在原因，通过实地调研和问卷调查，希望能够更加深入了解唯品会的运营现状以及发展前景。

在网络购物 B2C 电子商务企业高速发展的 21 世纪，对唯品会进行调研，了解唯品会的企业运营状况及市场发展前景，为唯品会提出合理的建议及优化方案，提升唯品会的企业竞争力及市场占有率。

12.1.3　成员专业背景

（1）小组成员一名研究生来自产业经济学专业，能够在中国瞬息万变的网络购物市场，通过对产业的整体把握，分析产业链的变化，对企业发展提出建议；

（2）小组成员三名本科生分别来自国际经济与贸易专业、金融学专业、会计学专业，能够从营销模式、市场分析、财务分析等多个细分方面，对企业进行深层次的挖掘；

（3）小组指导老师秦炳涛一直以来致力于企业战略管理与企业文化研究，唯品会的迅猛发展一直是他所关注的热点，此次调研也是在他的建议与指导下完成的。

12.2 网络购物 B2C 服装市场分析

12.2.1 网络购物 B2C 服装市场规模

随着社会经济的发展和"互联网＋"时代的到来，网络购物市场规模持续上涨。2013—2017 年 B2C 行业市场规模基本呈现逐步上升的趋势，整体保持平稳略有下滑，2017 年 4 季度市场规模达 11904.2 亿元，同比增长 41.41％（见图 12-1）。其中，B2C 服装类作为网络购物 B2C 行业的主要市场占比达 35.13％，截至 2017 年第二季度，B2C 服装类市场规模已达 3077.4 亿元，同比增长 47.31％（见图 12-2）。

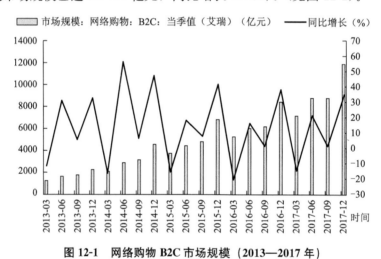

图 12-1　网络购物 B2C 市场规模（2013—2017 年）

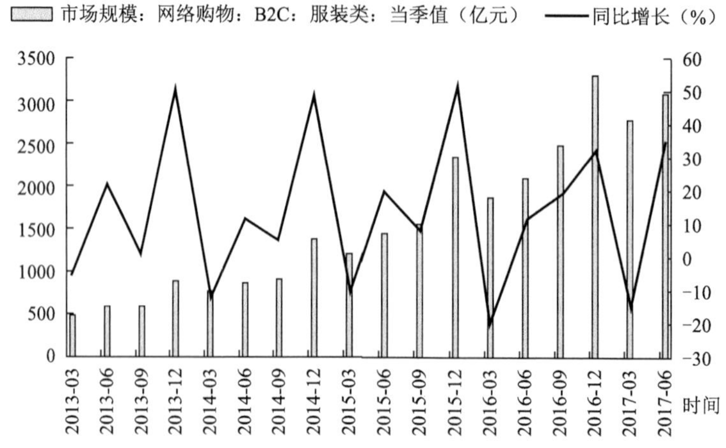

图 12-2　网络购物 B2C 服装市场规模（2013—2017 年）

资料来源：wind。

目前，国内电商行业发展在战略布局、商业模式、技术手段等方面发生了重大变化，网络购物 B2C 服装市场规模增速稳中趋缓，传统的网络运营模式已经不太适应当前的发展速度。主流电商平台要想保持市场竞争力，必须创新营销模式，挖掘用户价值，重塑流量走向。

12.2.2 网络购物 B2C 服装市场竞争格局

1. 天猫

天猫是中国最大 B2C 电商平台，以经济实惠的品牌产品而闻名。该平台坚持严格的验证流程和评级体系，卖方必须是法人实体并提供真实的商品或服务。因此，与淘宝相比，产品范围、产品价格和物流服务相似，但天猫的品牌和质量得分更高。天猫主要吸引了高价值消费者，是高收入群体和 80 后人群首选的电子商务网站，通常占据市场份额 70% 以上。

2. 京东

京东近几年在服装方面发展很快，从 2013 年的 2.29% 增长到 2017 年的 8.70%，已经超过了唯品会的市场份额，但和天猫相比仍处劣势，如"双 11"时，多家服装店退出京东，仅专门卖给天猫。目前京东将重点放在发展跨境电商，计划吸引更多海外品牌进入京东平台。

3. 唯品会

在品牌和质量方面，唯品会在所有电商中排名最高。然而，"闪购"的销售模式也限制了唯品会可以提供给消费者的选择，因为并非所有项目都可以同时打折。但唯品会一直在努力为消费者提供独特的购物体验，消费者复购率高，在 B2C 市场中常位居第三，2017 年二季度的市场占有率为 7.10%。

4. 其他

除天猫、京东、唯品会外，亚马逊中国、当当网、苏宁易购等其他平台也占据了小部分 B2C 服装市场（见图 12-3）。

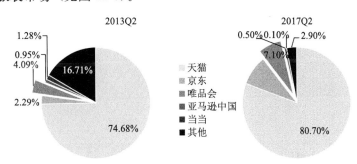

图 12-3　B2C 服装市场竞争格局变化

资料来源：易观研究院。

12.2.3 服装市场消费者特点分析

1. 女性购买服装的频率远高于男性

因女性购物的特点是"有目的，无目标"，多数女性往往是带着"买点什么"的想法逛街或浏览电商网站，在这种情况下，很容易在心情、价格、营销广告等影响下产生购物的欲望。我们收集的600余份问卷结果可以看出，女性购买服装的频率远高于男性：超过28%以上的女性购买衣服的频率高于一月一次，而男性低于10%（见图12-4）。

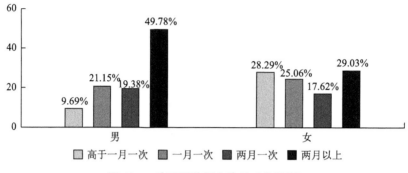

图 12-4 购买服装频率情况（分性别）

2. 网上购买服装的人群以18～35岁居多

目前服装产品网购者多以年轻人为主，处于这一年龄阶段的消费者思想活跃、好奇，喜欢追逐流行时尚，展现独特的个性。且受教育程度和经济收入水平的高低与参与网购率是成正比的，使用互联网的熟练程度的高低也与参与网购率是成正比关系。这群消费者喜欢网购时不受时空的限制，在节省了时间和精力的同时，还能"货比三家"，充分享受网购的便利性，在心理上也得到充分的满足感。由问卷数据可以得知，18～25岁人群（男70.41%，女89.66%）和25～35岁人群（男61.22%，女78.43%）的网购比例远高于其他年龄段（见图12-5）。

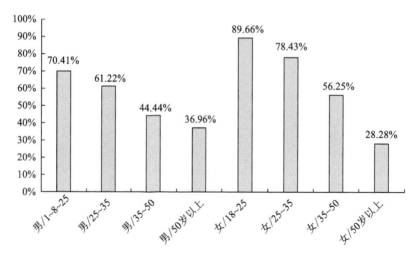

图 12-5 不同年龄用户网购服装比例（分性别）

3. 打折是最受消费者欢迎的优惠方式

近几年，各大平台为了吸引消费者、促成交易，纷纷推出各种优惠方式。常见的优惠方式有打折促销、满减促销、优惠券/代金券、会员专享等。据我们调查，83.02%的消费者认为打折促销是其最喜欢的优惠方式。相比之下，分期支付因为服装产品本身价格普遍较低，且在支付时还存在安全性、手续费、额度等原因，因而仅受少数人青睐（见图 12-6）。

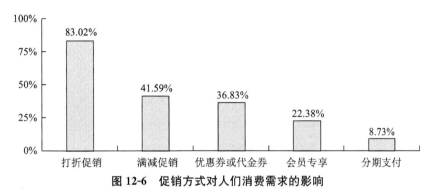

图 12-6　促销方式对人们消费需求的影响

4. 网购服装追求贴心化服务

网络购物是商家与顾客互在不见面的情况下进行交易，消费者希望商家尽可能多提供商品信息和建议，为他们提供周到的全程服务。此时，网站的设计、物流速度就显得尤为重要。网站的功能设计和配套措施是否完善决定着网络购物能否顺畅进行。网站品牌可靠性、产品种类丰富度、支付安全性、送货速度成为核心功能；网站设计美观性、搜索便捷性、网站安全问题、登录速度和客户服务解决效率为附加功能，影响用户的忠诚度。

12.2.4　网购市场与物流密切联系

因近几年网购人群迅速扩大，物流行业也发生了很大的变化。根据国家邮政局的统计，我国快递业务量迅速增加，自 2008 年 1 月的 11227.7 万件增长至 2018 年 1 月的 398613.3 万件，十年间增长了 35 倍。

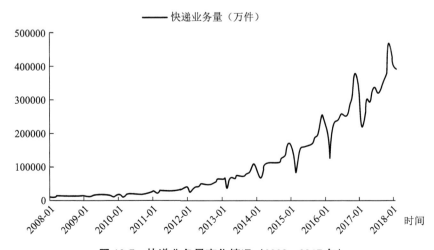

图 12-7　快递业务量变化情况（2008—2017 年）

物流业务原本属于交通运输业务，现在却成为电子商务行业的核心组成部分，因此电子商务行业的动态必然会对物流快递业务产生影响。

主要表现在三个方面。

（1）电商促销季中订单量激增，导致快递爆仓。

（2）电商的价格战导致它们在快递业务上压缩第三方快递的服务费用。

（3）快递业竞争加剧，为了抢占市场份额，快递公司会选择牺牲利润，而这些被牺牲的利润有时候不得不以服务质量打折的方式进行"弥补"。

12.3 唯品会"正品＋特卖"特色分析

12.3.1 企业基本情况

1. 企业发展历程

广州唯品会信息科技有限公司成立于 2008 年，总部设在广州，旗下网站于同年 12 月 8 日上线。唯品会是一家专门做特卖的网站，主营业务为互联网在线销售品牌折扣商品，涵盖名品服饰鞋包、美妆、母婴、居家等各大品类。2012 年 3 月 23 日，唯品会在美国纽约证券交易所上市。截至 2017 年 12 月 31 日，唯品会上市以来已连续 21 个季度实现盈利。目前唯品会已成为全球最大的特卖电商，以及中国第三大电商。且在美国零售行业杂志 Stores 联合德勤发布的《2017 全球 250 强零售商排行榜》中，蝉联"全球增速最快的顶尖零售商"（见图 12-8）。

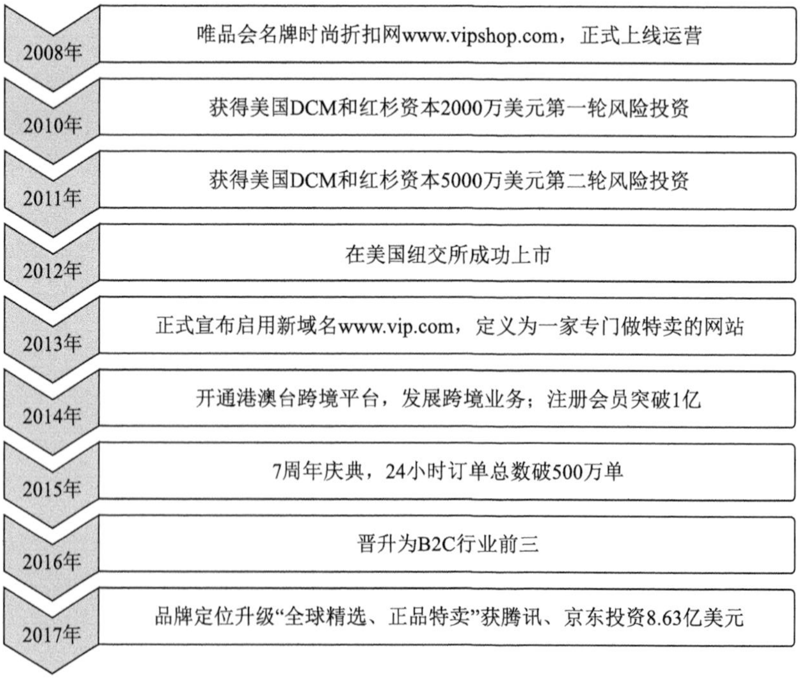

2008年	唯品会名牌时尚折扣网www.vipshop.com，正式上线运营
2010年	获得美国DCM和红杉资本2000万美元第一轮风险投资
2011年	获得美国DCM和红杉资本5000万美元第二轮风险投资
2012年	在美国纽交所成功上市
2013年	正式宣布启用新域名www.vip.com，定义为一家专门做特卖的网站
2014年	开通港澳台跨境平台，发展跨境业务；注册会员突破1亿
2015年	7周年庆典，24小时订单总数破500万单
2016年	晋升为B2C行业前三
2017年	品牌定位升级"全球精选、正品特卖"获腾讯、京东投资8.63亿美元

图 12-8 唯品会发展历程

2. 企业发展现状

唯品会总部设在中国广州荔湾区，占地面积 10000 平方米。截至 2016 年底唯品会在职员工逾 4.5 万人，注册会员数量达 3 亿，拥有五大仓储中心，分布在天津、广东、江苏、四川、湖北，并在福州、杭州、西安、郑州、沈阳、贵阳和昆明共开设了 7 个前置仓，仓储物流总面积达 210 万平方米。唯品会合作品牌 20000 多个，其中全网独家合作品牌达 2200 多个。

2017 年唯品会全年净收入 72.9 亿元，同比增长 28.8%，实现毛利 16.3 亿元，同比增长 19.8%，实现股东的非 GAAP 净收入 3 亿元，同比增长 3.45%；同时，2017 年唯品会的活跃用户数达 5780 万，相较 2016 年的 5210 万增长 11%，用户复购率高达 71%。

3. 唯品会经营模式

唯品会能够在网购 B2C 服装市场占有一席之地，源于对用户的精准定位和创新的经营模式。

唯品会的用户主要年龄层分布在 25～35 岁，并且大都集中在二、三线城市，甚至县级城市中。根据唯品会 CFO 杨东皓的分析，这类用户的月收入范围在 2000～8000 元，对品牌的敏感度并不高，对时尚与潮流也并不执着。他们的消费心理是"追求名牌"，可消费能力有一定局限，因此"性价比"是他们最关心的问题，只要品牌名称熟悉并且价格合适就愿意购买。这样精准的用户定位使得运营更有针对性，为用户提供高质量的内容、贴心的服务和极具吸引力的交互方式，提升了客户体验。

唯品会在中国开创了"名牌折扣＋限时抢购＋正品保障"的创新电商模式，并持续深化为"精选品牌＋深度折扣＋限时抢购"的正品特卖模式，这一模式被形象地誉为"线上奥特莱斯"。唯品会每天早上 10 点和晚上 8 点准时上线 200 多个正品品牌特卖，以低至 1 折的折扣实行 3 天限时抢购，为消费者带来高性价比的"网上逛街"的购物体验。

表 12-1 汇总了唯品会的主要经营模式。

表 12-1　唯品会模式介绍

模式	重点	简　　介
定位	中高端品牌＋女性用户	针对中高端品牌产品，通过网站进行销售；目标人群为 20～25 岁的消费人群、白领人群和品牌爱好者
商业模式	品牌＋特价＋限时	与正规品牌合作，与低价折扣限时限量供应给消费者；国内较早实行限时购买，激发用户的购买欲望
物流模式	干线＋分仓＋落地配	从五个仓库起到其他地区的干线运输，唯品会自建城市之间运输，采用当地物流公司
盈利模式	销售收入＋广告＋佣金	在销售商品收入中服饰类商品收入比例最大，鞋包类商品销售收入比例最低；在主页发布商品广告及连接、在类似商品信息页面提供相关连接、发布软文广告等；向品牌方取消销售佣金

12.3.2 唯品会"正品＋特卖"特色商业模式分析

2008年唯品会率先在国内开创了"名牌折扣＋限时抢购＋正品保险"的商业模式与"零库存"的物流管理以及与电子商务的无缝对接模式，致力于发展安全的交易环境和服务平台，低价位的高品质商品，专业的唯美设计，完善的售后服务，力图成为中国名牌折扣店no.1。唯品会依靠其独特的市场营销模式，迅速在电商平台中脱颖而出，已经成为中国第三大电商平台。调查问卷结果显示，唯品会比较其他购物网站的优势中位列前两位的分别为正品质量保证和折扣诱惑（见图12-9）。

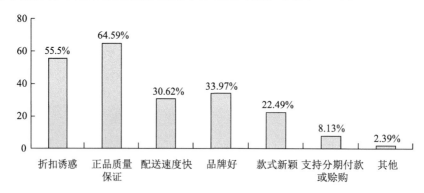

图12-9 您认为唯品会比较其他购物网站的优势是

1. 正品保障

唯品会一直以来秉承自营直采的理念，截至2016年底，唯品会合作品牌20000多个，其中全网独家合作品牌达2200多个，拥有超过1600名的买手团队。

（1）实行全球直采。唯品会所销售的商品均从品牌方、代理商、品牌分支机构、国际品牌驻中国办事处等正规渠道采购，且对供应商进行严格把关，并与之签订战略正品采购协议。

（2）严格供应商的评估程序和标准。为确保供应商在环境、社会和责任管治方面的合规表现，唯品会不仅审核其商务执照和税务登记，以及卫生许可证、食品生产许可证和工业产品生产许可证等行业相关证件，也实地考察其质量管理系统、创新能力、售后服务、环保活动、安保标准和版权问题等。同时，唯品会在技术和商务评估中也注重供应商在利益冲突、反腐惩治、职业健康与安全和社会责任方面的表现，优先考虑获得ISO9000质量管理体系认证、ISO14000环境管理体系认证和RoHS产品健康与安全管理体系认证的供应商（见图12-10）。

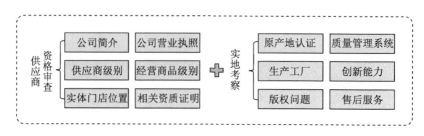

图12-10 唯品会供应商的评估方式

（3）考察供应商下属部门运作的合规情况，包括：

①商务部经办人定期从业务伙伴收集销售商品的相关文件和样板，监督产品的合规性和质量。对网络营销进行常规检查，保障会员的权利；

②品牌管理部门通过外部信息和线索分析品牌供应商的绩效和声誉；

③供应链管理部门参照产品类别的相应标准，对供应链进行审核、现场调研及质量管控；

④法务部处理会员的案件报告和诉讼以及政府的检查，涉及内容包括版权、营销、定价和信息可信度等；

⑤内审部进行风险评估和相关审计，记录所有供应商的合规情况和业绩表现；

⑥财务部对供应商的合同和履行情况进行财务清算。如果供应商不能满足唯品会关于客户投诉、诉讼案件和守法合规等方面的要求，唯品会将中止与他们的合同（见图 12-11）。

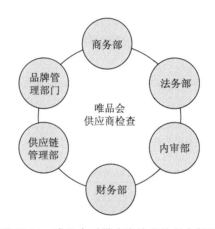

图 12-11　唯品会对供应商检查的各个部门

（4）打造优秀的买手团队。买手是唯品会的一大亮点。所谓买手（buyer），按照国际上通行的说法，是指往返于世界各地，时时关注最新的流行信息，掌握一定的流行趋势，追求完美时尚并且手中掌握着大批量订单的采购员。他们普遍是以服装、鞋帽、珠宝等基本货源不停地与供应商进行交易，组织商品进入市场，满足消费者不同需求。目前唯品会拥有 1600 余人的专业买手团队。每位成员均具备丰富的零售业经历，他们依照科学的消费者行为交易数据，专门负责在世界各地探寻知名、特色的品牌，以确保挑选的供应商品牌符合潮流和消费者的欣赏眼光。

（5）独立自理仓库，坚持入仓全检验。唯品会的自营商品，即使是一手货源，商品在发给消费者前，也必须再次进行检验，检验合格后才可进入仓库。同时，检验合格后的产品还要接受第三方的专业公正的质检抽查，抽检包含产品标识、包装、质量、安全、功能等方面。发现任意一仓抽检结果不合格，通报并通知其他仓安排退仓；同时，取消档期，待第三方全检或抽检合格后方可上线（见图 12-12）。

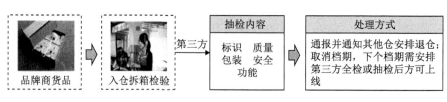

图 12-12　唯品会产品检测

2. 物流保障

（1）自营规模物流。国内已形成覆盖全国的五大分拨中心，前置仓数量已达14家，总仓储面积约240万平方米，直营站点近4000家；国外方面，公司在首尔、东京、悉尼、米兰等国际主要城市筹建仓储物流基地，铺设网点，境业务仓储面积达到约2.3万平方米。拥有全资控股的品骏物流，物流员工近2万人，配送站覆盖全国34个省级行政区4万多个市县镇，同时均可支持货到付款。

（2）限时送——"212服务"。在6个城市（天津、苏州、上海、广州、武汉及成都）内，在0点到12点支付成功的，在当日24点前送达；12点到24点支付成功的，在次日16点前送达。会员的订单如未能在承诺配送时效内送达，唯品会将为此20～30个唯品币作为补偿。

（3）全程可追溯。配送体系中的物流信息系统是唯品会自主研发的，从订单的核算、录入、问题单的查询、结算、客服等环节可以进一步了解物流的详情和消费者的需求。每个环节都实名登记实时记录，随时掌握物流信息。

表12-2显示了唯品会与京东自建物流的对比。

表 12-2　唯品会与京东自建物流的对比

分　类			京　东	唯品会
物流仓储建设			截至2017年三季度末，京东在全国范围内拥有7大物流中心，运营了405个大型仓库，总仓储面积约900万平方米，覆盖全国范围内的2691个区县	国内已形成覆盖全国的五大分拨中心，前置仓数量已达14家，总仓储面积约240万平方米，直营站点近4000家；国外方面，公司在首尔、东京、悉尼、米兰等国际主要城市筹建仓储物流基地，铺设网点，境业务仓储面积达到约2.3万平方米
配送	配送方式		2015年末，已满足98%的自营商品配送	2017年第三季度，实现98%的订单由自营物流配送
	配送时段		支持夜间配送（19：00—22：00）	配送时间为8：30—19：00
	配送时效	日内送达	"211限时达"：在全国至少23个城市内，当日上午11：00前提交的现货订单（部分城市为上午10：00点前），当日送达；当日23：00前提交的现货订单，次日15：00前送达	"212服务"：在6个城市（天津、苏州、上海、广州、武汉及成都）内，在0点到12点支付成功的，在当日24点前送达；12点到24点支付成功的，在次日16点前送达
			"极速达"：北京、上海、广州、成都等部分城市可实现2小时内配送	

分类			京东	唯品会
配送	配送时效	次日送达	覆盖全国大多数城市	覆盖北京、上海、广州、武汉、长沙、成都等直辖市或集中于江泸浙、广东地区的共计 16 个城市
		一般配送	北京、上海、广州地区一般次日送达，其余地区配送时间约为 1～7 天	北上广深及江泸地区一般 2～3 天，一般地区 7 天之内，部分偏远地区需 10～14 天
	其他		可选择 7 天内三个时间段的预约配送、2 小时/波次的精准送达服务"京准达"和配备专属包装、人员服饰及汽车的高端配送服务"京尊达"等	会员的订单如未能在承诺配送时效内送达，唯品会将为此 20～30 个唯品币作为补偿
退货	售后上门		支持 7 天内无条件或 15 日内因质量问题需退货的商品，在京东自营配送范围内提供免费上门取件服务；其中一般会员申请 7 天无条件退货需支附运费	支持 7 天无理由退货，且大约 72% 的客户退货由唯品会自营物流上门取货；且商品返仓后将得到 1000 个唯品币（价值 10 元）的运费补贴

3. 售后保障

（1）专柜验货，售后联保。唯品会联合品牌推出"货品保证单"，凭借"货品保证单"，商品支持线下品牌专柜验货，更可享全国专柜售后联保，线上购物同等享受线下专柜购物待遇。

（2）第三方保障，有假必赔。唯品会自营的每一件商品都经过层层严苛的品牌质量把关，保证正品，更由专业的中国人民财产股份有限公司进行承保，百分之百保证假货必赔。

（3）无理由、免运费支持 7 天无理由退货。大约 72% 的客户退货由唯品会自营物流上门取货；且商品返仓后将得到 1000 个唯品币（价值 10 元）的运费补贴。

（4）极速退货。得益于唯品会自营物流大范围覆盖用户终端，在覆盖范围内，用户一键退货后，上午提交，下午即有专人上门取货，当天便能收到退货押金。客户能感受到唯品会计划通过优化"退款节点"以及"退款路径"带来的飞速体验。

4. 信誉保障

易观智库发布的"2017 年第三季度中国网上零售 B2C 市场零售报告"显示，唯品会在中国网上零售 B2C 市场份额占据第三名。截至 2016 年底，唯品会注册会员突破 2.6 亿，订单量近 2.7 亿，且唯品会是艾瑞网 2017 年度电商网站月均重复购买率榜首，月均复购率达 71%，领先整个行业。

12.3.3　唯品会盈利的关键点

（1）授权品牌多。

唯品会合作品牌超过 20000 多个，拥有 1600 多个独家授权特卖品牌、3 亿会员，供应商在唯品会一个档期的平均销售量可达到 40％～50％，有些品牌甚至出现了供不应求的现象。唯品会为品牌提供强大的推广及销售平台，众多知名国内外品牌都乐于与唯品会合作，提供专享促销政策，使会员们享受更多的优惠。

（2）更新周期快。

唯品会首开国内品牌特卖的先河，采取限时特卖模式，商品集中销售，供应商的产品只会在唯品会上出现 6～8 次，上架时间仅为 5～7 天。网站内设计"我的特卖""收藏品牌"等快捷方式，通过手机信息和邮件等渠道尽快将信息传递给消费者，使消费者尽快了解自己心仪产品和品牌的动态。

（3）采购渠道好。

唯品会与知名国内外品牌代理商及厂家直接合作，免除中间商费用，大大降低采购成本。唯品会目前只与具备品牌生产商、授权总代理、授权总经销商、分公司、品牌分支机构、国际品牌住中国办事处之一的供应商合作，供应商品牌通过 100％太平洋正品保险和 70 项专业质检确保品质。唯品会与供应商的合作伙伴关系的建立，确保了商品采购渠道的正规性，而唯品会在与供应商合作时严格的审查程序，从源头上保证了正品，也保障了消费者权益。

（4）运营成本省。

唯品会还在全国自建 5 大物流基地并优化物流配送体系，拥有天津、广东、江苏、四川、湖北五大仓储中心，并在福州、杭州、西安、郑州、沈阳、贵阳和昆明开设了前置仓，仓储物流总面积达 240 万平方米。同时存货决策中的零存货管理使得唯品会 90％的商品采用代销寄售的销售模式，10％的商品为买断自营。代销寄售的商品未经售出的可退回至供应商，而且可以根据订单来定制货量，此种零库存模式减少了仓储和经营成本。

12.4　唯品会的企业战略分析

12.4.1　宏观环境分析（PEST 分析）

1. 政策环境

2016 年 12 月，商务部、中央网信办、发展改革委三部门联合发布《电子商务"十三五"发展规划》。《规划》中对我国"十三五"期间电子商务的发展提出了目标，明确了电子商务是网络化的新型经济活动，是推动"互联网＋"发展的重要力量。2015 年 3 月政府工作报告中，首次提出"互联网＋"行动计划，7 月国务院发布了《关于积极推进"互联网＋"行动的指导意见》。随后，在电子商务领域出台了《"互联网＋流通"行动计划》，提出巩固和增强我国电子商务发展领先优势，大力发展农村电商、行业电商和跨境电商。

2. 经济环境

21 世纪以来，我国最终消费支出大幅上涨，2016 年达 40 千亿元，比 2015 年同比增长 10％。国家统计局数据显示，2017 年最终消费对 GDP 的贡献率为 58.8％，同年投资对 GDP 的贡献率仅为 32.1％，消费已经超过投资，成为中国经济的"顶梁柱"（见图 12-13）。

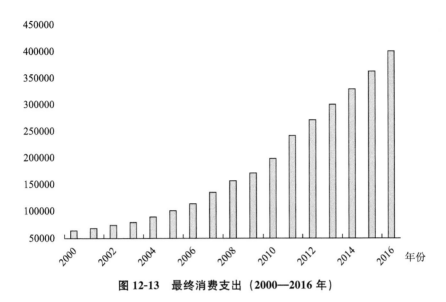

图 12-13　最终消费支出（2000—2016 年）

城乡居民可支配收入稳定增长，农村居民消费潜力亟待释放。随着农村网民规模增长、网络基础环境不断改善、农村网民消费意识逐渐转变，农村网络购物市场亟待释放。

"十二五"期间，我国电子商务交易规模从 2011 年的 6 万亿元增至 2015 年的 21.8 万亿元，已经成为全球规模最大、发展速度最快的电子商务市场。而围绕"一带一路""大众创业万众创新""供给侧结构性改革""制造强国战略""互联网＋"等国家重大战略举措，电子商务仍有很大的发展空间。

3. 社会环境

中国互联网信息中心（CNNIC）公布了《第 41 次中国互联网络发展状况统计报告》，截至 2017 年 12 月，我国网民规模达 7.72 亿，普及率达到 55.8%，超过全球平均水平（51.7%）4.1 个百分点，我国网民规模继续保持平稳增长。

2017 年网络购物用户在我国整体网民中所占比例已达 69.1%。伴随着互联网技术和移动通讯技术的发展，触网用户大幅增加，网络购物方式愈发流行，可以预见，未来网络购物用户在网民中的比例将越来越高。

此外，2018 年《政府工作报告》提出"四降低一取消"：7 月 1 日起取消流量"漫游"费，确保今年流量资费降幅 30% 以上，推动家庭宽带降价 30%、中小企业专线降价 10%~15%，进一步降低国际及港澳台漫游资费。网络降费提速将进一步促进我国网络购物人数的增长。

4. 技术环境

（1）移动互联网技术的发展，为客户随时购物提供了可能。据中国互联网络信息中心的数据，2017 年我国手机网络购物人数已经达到了 5.06 亿，在全部网络购物人数中占比达 67.2%，较 2016 年增长 16.7%。移动端已经超越 PC 端，成为网络购物市场更重要的消费场景。

（2）物流技术大大提升了电商购物体验。无线频射识别（RFID）等物联网技术的发展，逐渐实现了商品配送车辆位置以及配送商品状态的实时定位和跟踪，提高了企业之间的交易销量，优化库存结构、降低仓储成本；同时使得网购用户能够实时获取产品的配送信息，提升用户的体验和满意度。

（3）云计算的应用提高了服务大规模电商用户的质量。首先，云计算可以保证业务运作的平稳流畅，将内部的物流、资金流、信息流进行云化后，就可以克服硬件资源对于业务规模的束缚。其次，云计算可以提升营销推广准确度，帮助商家实现相关营销、促销信息的主动推送。最后，也可以将云计算用于库存管理，在技术上提升电商的管理运营水平。

12.4.2 SWOT 分析

1. 竞争优势

（1）正品保证。

"是否正品"一直是广大消费者越来越重视的问题，与同行业相比，唯品会就宛如"一股清流"，自成立以来，唯品会几乎没有收到过有关非正品的投诉信息。为践行正品保障，唯品会在 2017 年制定并执行了"正品十重保障"和"品控九条"两大举措，覆盖从售前到售后全生命周期，严守品质关，被业内称为唯品会的"杀手锏"。

（2）限时抢购。

唯品会从创立之初就秉承"正品折扣＋限时抢购"，囊括了名牌服饰、潮流化妆品、时尚配件、生活用品等各方面的商品，每天 100 个品牌上线销售。在唯品，消费者可以实现一站式的购物。

一方面，"既宽又浅"的库存激发消费者的"抢购"激情。因为唯品会可以满足普通消费者以较低价格买到心仪名牌产品的需求。

另一方面，实时更新的商品信息让消费者充满期待。一是当天上架的新产品，其销售情况明了清晰，服装的颜色、尺码等有明显的缺货标记，一旦销售完毕，则会出现"已售完"的印记；二是在当天新产品的宣传栏下方，会出现第二天上线的品牌栏，最后是"即将上线的品牌"，这样的页面布局和内容设计可以保证消费者的后续进入，实现提前锁定目标客户的目的。

（3）用户黏性强，复购率高。

唯品会 2017 年三季度报显示，实现净营收为 153 亿元，比去年同期增长 27.6%。值得注意的是，唯品会 2013—2017 年用户复购率一直在 60% 以上的高位且复购用户销售占比更是高达 90% 以上，2017 年复购率达 71%，复购用户销售占比达 95%，均为历史新高，用户黏性不断提高为唯品会的持续发展奠定了坚实基础（见图 12-14）。

2. 存在的劣势

（1）运营杠杆高。唯品会对供应商和消费者依赖程度高，而商品价格低利润低，想要保持盈利就得发挥规模优势。为了保持高增长，在物流、采购、推广和营销方面的投入持续加大。若无法维持与供应商的关系和用户流量则难以持续维持高增长的局面。且网站运营费用高，流量费用高，必须长期致力于物流费用、毛利率的改善和销售额的增长。

图 12-14 唯品会客户复购率及复购用户销售占比（2013—2017 年）

（2）资产负债率高，债务融资比重大。唯品会过分依赖外部资金，占用了大量供应商资金，资产负债率最高时达 80%，应付账款周转天数高达 95.32 天。

（3）毛利率增长空间有限。唯品会的盈利模式导致其毛利率增长幅度不高，已接近同行业 25% 的较高水平。且唯品会以特卖商品为主营，自营商品较少，仅仅依靠规模优势产生量的增长。

3. 存在的机会

（1）消费者消费升级。根据国家统计局数据，2011—2016 年，中国居民消费水平逐年上升，人们手中的资金越来越多，开始追求更高层次的商品和服务。不再是过去几年，购买商品时最先看重价格，而是更注重内在品质。

（2）腾讯、京东助力。2017 年 12 月 18 日，唯品会宣布获得腾讯与京东总计约 8.63 亿美元股权投资，合计占股 10%。其中，腾讯投资 6.04 亿美元，占股 7%，成为唯品会第二大股东；京东投资 2.59 亿美元，占股 3%，加上之前 2.5% 的股权投资，京东持股达 5.5%，成为唯品会第四大股东。且唯品会先后在京东和微信获得入口，新入口的设立使得三方受益，未来将成为唯品会新用户的主要来源。

4. 潜在威胁

（1）各电商企业发力"品质电商"。随着电子商务的日趋成熟，近年来，正品电商正逐渐成为行业热议的话题，假货泛滥一直困扰着电商发展，因此，通过高品质的产品、服务满足用户日益提升的需求成为了电商平台的核心竞争点。同时，以天猫、京东、唯品会、亚马逊等为首的电商企业积极完善相关治理规则，保证商品质量（见表 12-3）。因各大平台商品质量的提升，唯品会"正品"优势将会逐步削弱。

表 12-3 天猫、京东、亚马逊治理规则

模式	治理规则	供应商处理条款	消费者索赔条款
天猫	《天猫规则》《正品保障服务规范》	出售假冒商品每次扣 48 分、天猫删除会员所发布的假冒商品或信息。同时对涉嫌违反上述情形的商家，天猫视情节严重程度给予店铺监管	商家向消费者退还商品的实际成交金额，并支付实际成交金额的 4 倍作为赔偿

续　表

模式	治理规则	供应商处理条款	消费者索赔条款
京东	《商家积分管理规则》《京东全球购正品保障书》	出售假冒商品每次扣 100 分，并视情节严重程度采取市场监管措施；京东全球购商家，一旦被发现有出售假货及非海外直采商品，京东全球购有权立即与商家终止协议，并对买家进行先行赔付	在京东全球购物时，若经合法认定买家已购得的商品为假货或非海外采购商品，则买家有权在交易成功后 90 天内按本规则发起针对该商家的投诉，并申请"正品保障"赔付，赔付金额以"买家实际支付的商品价款的 4 倍＋买家支付的邮费"为限
亚马逊	《防止伪劣产品政策》《亚马逊商城交易保障》	如果销售假货，会立即暂停或终止该卖家的销售特权并且销毁亚马逊物流公司的库存，且无需赔偿。如果确定卖家的账户被用来从事欺诈或其他非法活动，则其账户中的资金及汇款和支付可能被扣留或没收。销售假冒产品还会导致权利人提起的法律诉讼及民事和刑事的处罚	收到的商品与描述不符，如物品损坏，质量有问题，部分缺失等消费者可向亚马逊提出申请索赔。亚马逊批准买家的索赔要求，直接退款给买家，同时会根据与买家的协议，从卖家账户扣除全额索赔金额

（2）网易严选的 ODM 模式。网易严选孵化于网易内部。最初是因为团队成员发现日本某知名毛巾在中国制造的出厂价只有十几块，就找到工厂定制了一些毛巾，以接近出厂的价格供网易内部员工内卖。这次内测的毛巾在一天内被抢购而空并创下单日 30 万元销售额。后来严选团队就开始了调研、测试，并最终把这个产品孵化出来。

网易严选运用 ODM（原始设计制造商）模式，以"好的生活，没那么贵"为品牌理念，通过和优秀的上游制造商合作，帮助他们解决生产剩余，自控整个生产链，削减高昂品牌溢价、挤掉广告公关成本、剔除中间环、摒弃传统销售模式，使价格回归理性，从而为用户提供物超所值的品质生活产品。ODM 模式将会占据一部分网络市场，对原有品牌市场形成冲击，这也是唯品会未来面临的挑战。

12.4.3　企业存在的问题

1. 用户流量遭遇瓶颈

（1）"知而不用"。

虽然大多数消费者知道唯品会的存在，但是，超过一半的消费者只浏览不买衣服，也就是所谓的"知而不用"，这一方面说明唯品会现在的知名度已经较为足够了，但另一方面也引人思考：是什么原因导致超过一半的客户在知道唯品会的情况下，却不会选择唯品会购物呢？这个问题有待解决。

（2）"用而不多"。

另外一个急需解决的问题就是"用而不多"。调查结果显示，70.33％的客户虽然使用唯品会,但是使用频率太低,超过两个月才有可能使用一次,在老客户购买频率低下的情况下,唯品会如果想要维持每个月的销售收入,需得不断增加新的用户流量,显然这是有一定难度的(见图 12-15)。

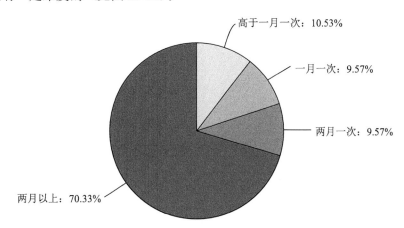

图 12-15　客户在唯品会购买衣服的频率

2. 对供应商和消费者依赖程度高

(1)从供应商的角度来说,唯品会占有先发优势,率先与各大品牌商建立了友好的合作共赢的关系。但是随着"品牌特卖"这个市场的发展,更多的竞争者争先恐后地抢占市场,如今这个市场已经从"蓝海"变成了"红海"。与唯品会类似的电商平台数量增加,但供应商的数量却未增加,长此以往,很可能造成"供不应求"的局面。

(2)从消费者的角度来说,唯品会的目标客户主要是 70 后、80 后和 90 后女性,客户人群较为单一,且"女人心海底针",万一哪方面做得不好,再加上这些女性客户之间的"以讹传讹",容易产生链式反应,所以值得注意。所以,必须提高客户黏性的问题。

12.5　发展建议——基于针对唯品会的网络调查结果及分析

唯品会在长期以来的发展过程中,已经具备了良好的竞争条件,但要保持竞争优势,取得更好发展,仍有很多地方需要改善。我们将从用户流量、页面设计、产品推送等多个方面给出建议。

12.5.1　增加用户流量

由调查问卷可以看到,在唯品会购买过衣服的用户仅占 32.86%,但未在唯品会购物的用户比例高达 67.14%。同时,在唯品会购买过衣服的用户,在唯品会的购买频次也是很低的(见图 12-16)。所以,发掘更多的用户流量,深耕原有用户,仍是公司重点发展的方向。

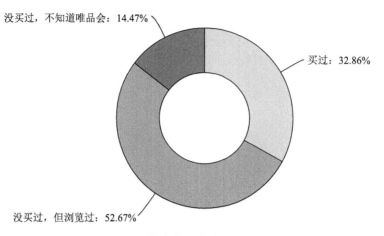

图 12-16 您在唯品会购买过服装吗

针对提升用户流量，提出如下建议：

（1）优化用户体验。可从唯品会的 APP 页面设计、内部产品功能、APP 使用是否便利等方面提升体验。

（2）优化广告行为。关于广告，给不同的人看不同的内容，选择与唯品会相符的平台，进行钓鱼式投放。进行长期的日常促销活动、策划吸引人的非日常活动。

（3）优化企业形象。要赢得用户的信任，因此要在网站上展示足够多的正面信息来获取访客的信任，包括企业介绍信息、网站运营资质、网警安全标识等，再者还需要通过线下的手段去提升企业形象，例如公益，发布正面的新闻，多搞节日促销活动等。

（4）优化产品。继续强化正品品牌效益，从产品质量、价格、功能、设计、包装、品种、品位等方面增加用户黏性与复购率，形成可观的口碑营销价值。

（5）充分利用渠道。利用京东和微信入口，通过把握消费者心理，推送消费者感兴趣的产品，在圈文化和消费升级的助力下，获取用户流量。

12.5.2 网页界面优化

调查显示，唯品会在网页界面方面仍然存在较多的问题（见图 12-17），需要进一步改进。

（1）增加网页版搜索栏。对于唯品会网页版，首页缺少搜索栏，不便于精准查找，类目繁多且类目不显眼，应该添加关键字查找、相似查找等搜索栏，可在商品列表页（首页）添加品牌入口，以国际大牌带动国内牌子的点击量。一定要确保用户在使用网站的过程中有充分的控制权。

（2）优化视觉体验。手机端及网页版共同存在页面内容冗杂的问题，应注意页面元素的逻辑布局、视觉重点。轮廓应清晰、主次分明，加入个性化元素，强调品牌 VI 色，以图标加文字的形式展示分类。加深用户的品牌印象。

（3）注重商品展示。应增加商品细节描述，商品详情页应在视觉上强化商品图片的展示，并突出折扣和品牌促销信息；可添加视频，视频可以从更加实际的角度向用户

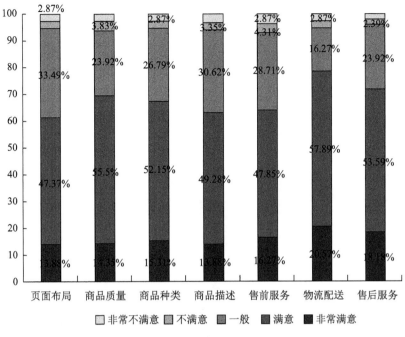

图 12-17　唯品会用户体验

展示商品，让用户全方位感受商品的质量。以更专业化的、让人信赖的方式在正确的时间传达正确的信息，与潜在客户进行有效的沟通。

（4）减少用户操作。尽量减少操作菜单及页面跳转，应注意减少顾客点击次数。保证流程的连贯性。

12.5.3　提高推送质量

1. 针对衣服款式和价格着重推送

款式、质量、价格是消费者在购买衣服时最看重的三点，由于质量这一点在推送中较难展现，因此，在推送内容时着重推荐款式和价格这两个方面（见图 12-18）。

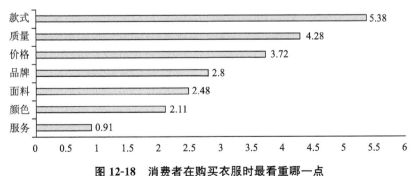

图 12-18　消费者在购买衣服时最看重哪一点

具体来说，在款式方面，产品图片展示的角度不全面，图片展示尺码不合身，看上去精神不振身材走形，搭配上不符合社会主流，没达到效果，甚至降低品牌档次。应该寻找合适的场景、合适的模特儿，再给模特合适的尺码和完美的搭配，对产品进行全方位的拍摄，尽可能地展示产品特色。

在价格方面，82.86％的消费者喜欢打折促销的优惠方式，且有 61.95％的消费者每月花费在服装上的额度为 100～500 元。因此，在推送产品的时候，应当尽量将折扣优惠大，价格在 100～500 的商品放在醒目的位置，最好能够让消费者在看到推送链接的同时就能看到"美丽"的价格（见图 12-19）。

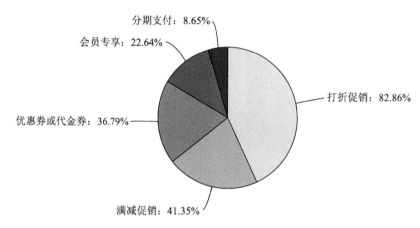

图 12-19　消费者喜欢的优惠方式

2. 增强推送内容的相关性

在推送内容的相关性这方面，应当借鉴国外成熟的工具方法，来研究消费者的偏好。现代化都市进程加快，导致消费者的耐心减少，如果推送的内容不是感兴趣的方面，消费者通常会认为占用了自己的时间，久而久之就会减少浏览唯品会页面的次数，所以，应当利用发达的信息技术，采集丰富翔实的信息，通过数据挖掘，把握消费者的行为特征，制定出有针对性的精准营销策略，向不同消费者推送高度相关的内容，从而提升销售业绩和品牌知名度。

3. 换季前后增加推送频率

促使消费者购买衣服的原因主要是换季的需要。根据这一特点，在换季前后，增加相关内容的推送频率和质量，频率越高，用户点击链接、入场观看的概率也就越高；同时在推送的界面上辅以明星的头像，利用明星效应也可以增加用户的点击率。

12.6　总结

通过此次对唯品会的调研，我们对 B2C 服装市场有了深入的了解。唯品会经过长期的发展，已经在网购 B2C 服装市场占据一席之地。然而，在这个颇具前景的行业中，竞争也十分激烈，前有天猫、京东两大巨头，后有网易严选、苏宁易购等步步紧逼。

因此，唯品会应当重视消费者的诉求，不断优化网络界面或手机终端，严格控制商品质量，持续发力物流以提高用户体验，充分利用"精选品牌＋深度折扣＋限时抢购"的特色经营模式，补足用户流量、网页界面等短板，在消费升级的大背景下和腾讯、京东的助力下，继续提升在网购 B2C 服装市场的市场份额。

13. 新型便利渠道智慧服务商——上海卓澎网络科技有限公司

调研团队：上海理工大学艾瑞巴队
调研队员：阎宇阳　单爽　刘玉莲　刘永凯　徐慧敏
指导教师：刘勤明

13.1　导语

13.1.1　选题背景与研究意义

1. 选题背景

作为商品流通发展的一个新阶段，电子商务具有虚拟化、透明化、高效率等特征。探索运用"新零售"模式来启动消费购物体验的升级，推进消费购物方式的变革，构建零售业的全渠道生态格局，必将成为传统电子商务企业实现自我创新发展的又一次有益尝试。

2. 研究意义

本次考察的上海卓澎网络科技有限公司是一家有着十年发展历程的互联网电子商务企业，它从最初的传统电子商务公司经过多次的尝试逐步转型为现在的新型互联网公司，即一种利用互联网思维运营的便利渠道智慧服务商。基于当前经济发展形态以及"新零售"模式的出现，传统电商的发展已到达瓶颈期。对这种经历过转型变革或是正处于转型的互联网公司的调研能够使我们更加直观深入地认识到电子商务企业在发展与运营过程中所遇到的问题，从而有针对性的根据这个问题提出相应的解决方案。

13.1.2　研究方法与过程

本次调研主要采用的是实地考察法，通过与公司管理者面谈及线上交流的形式完成访谈，了解到企业的现状、规划以及实际运营中的一些问题。主要分为以下三阶段完成。

（1）前期资料收集。前期通过互联网等工具搜索相关的行业资料，了解了电商目前的基本发展情况，以及经营情况，尤其是在上海的经营情况等。

（2）走访企业。根据前期了解的情况，讨论确定调研重点、设计采访提纲，走进企业与公司 CEO 进行实地访谈，了解了企业的发展历程、经营现状和未来展望，并就电商行业发展中的相关问题进行了一些采访。

（3）分析整理并撰写报告。收集整理调研过程中得到的资料，并进行相应的分析整理，通过运用 SWOT 分析法对调研企业进行分析，并就企业两次转型及经营模式的转变进行归纳总结。团队成员多次深度交流沟通，撰写报告。

13.1.3 研究内容与思路

本次调研我们以公司运营模式为重点，主要从公司基本信息、运营模式、企业文化、发展现状等几方面进行考察。基于公司近十年的发展历程，我们引入系统动力学的先进思想，做出企业转型变革因果关系图，从而使得公司的运营模式以及对发展转型历程的动机刻画更为清晰，同时也归纳整理出公司所面临的转型问题。最后，小组在分析政策、经济、法律等宏观环境的影响后，结合行业现状以及企业发展基本规律，运用 SWOT 分析方法提出了较为有针对性的意见和建议。

13.2 调查对象基本情况

13.2.1 公司发展历程

上海卓澎网络科技有限公司（简称卓澎公司）始建于 2008 年，定位为一家互联网公司，旨在通过公司自建网络平台进行线上商品交易。2008—2010 年，随着阿里巴巴的逐步发展以及影响力的不断提高，诸如此类小型电子商务公司面临较为严峻的形势。由此，公司于 2010 年决定调整战略重心，由以往的一味依靠自身电商平台经营转向跟随阿里巴巴，即入驻阿里巴巴电商平台，自建企业店铺完成经营活动。之后的两年内，得益于前期所作出的战略调整，紧跟阿里政策，卓有成效。

2012 年卓澎公司管理层经过讨论决定开设线下实体店，进行线上线下对接。但结果并不理想，于同年年底停止实体经营，进而专注于线上企业店铺经营。

2015 年，基于市场机遇，卓澎公司再次作出重大战略转型，重新定位成为"便利渠道智慧服务商"，旨在利用各种信息数据为便利店提供服务。2017 年底，卓澎公司决定更名为上海卓澎企业管理有限公司，并成功控股五家下属品牌公司。

13.2.2 企业定位

1. 公司定位

如图 13-1 所示，卓澎公司从 2008—2017 年十年间，定位主要发生了两次较大变化，先是从自建网络营销平台转而与阿里巴巴合作并依托于淘宝电商平台自建企业店铺，再到新型便利渠道智慧服务商。其中，从 C 店向新型服务商转变过程中，包含了一次 O2O 尝试。

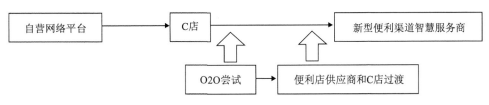

图 13-1 卓澎公司定位发展图

2. 人员定位

精确的定位是自我定位和社会定位的统一。从员工角度来说，在社会分工的大舞台上，员工确定自己在企业中能扮演何种角色至关重要。在任何一家企业，员工绝非偶然而是必然。没有员工，企业则无法经营。卓澎的员工对自己都有明确定位，都以企业价值最大化为目标，为实现公司目标而努力奋斗。

13.2.3 企业使命及愿景

1. 企业使命

所谓企业使命是指企业在社会经济发展中所应担当的角色和责任，是企业的根本性质和存在的理由，说明企业的经营领域、经营思想，为企业目标的确立与战略的制定提供依据。经过上述两次定位转型，卓澎公司更加明确了自身定位——新型便利渠道智慧服务商。

2. 企业愿景

企业愿景是指企业的长期愿望及未来状况，组织发展的蓝图，体现组织永恒的追求，是企业的发展方向及战略定位的体现。通过与卓澎公司CEO的访谈，我们将该公司的企业愿景分为公司层和员工层两方面。

首先从公司层来看，公司旨在成为一家新型便利渠道智慧服务商，通过各方面获取信息并对信息进行大数据分析，以此为依据与便利店进行信息互换，并最终实现互惠。

其次从员工层来看，企业希望员工能够做到自我服务、自我发展以及自我实现。

13.3 公司运营模式

13.3.1 主营业务

卓澎公司从2008年经营至今，主要销售的产品集中在食品行业，但在发展过程中也涉猎了一些其他产品，具体的公司主营产品变化如表13-1所示。

表13-1 上海卓澎网络科技公司主营产品变化表

时间	主营产品	主要营销模式
2008年5月—11月	母婴类	线上销售
2008年12月至2009年4月	隐形眼镜等	线上销售
2009年5月至今	进口食品类	线上零售
	食品类	线上零售&线下经销

从表中可以看出，卓澎公司在初创阶段，进行了多种尝试，从最初的母婴类制品到第二阶段的隐形眼镜类产品，再到最终确定并一直坚持下来的食品类产品，公司在多次试错中也总结了经验教训。例如线上的隐形眼镜类产品销售，由于涉及医药品销售，故而营销渠道受限，不利于发展。最终公司决定聚焦于食品行业，尤其是进口食

品类，也是捕捉到电子商务销售的一些规律以及潜在风险。

在与卓澎公司 CEO 的访谈中，我们了解并认识到线上销售中选对商品及销路有着举足轻重的作用。以内蒙古线上企业店铺为例，他们主要销售的是极具当地特色的牛肉类和奶制品等，一方面，产品的稀缺性使得他们的产品有较大的潜在市场；另一方面，内蒙古商家多是抱团式经营，真正做到了整体大于部分之和的效果。在物流方面，内蒙古较低的运输费用也为卖家提供了便利的发展条件。

13.3.2 公司转型变革分析

图 13-2 反映了卓澎公司三次转型变革的因果关系。

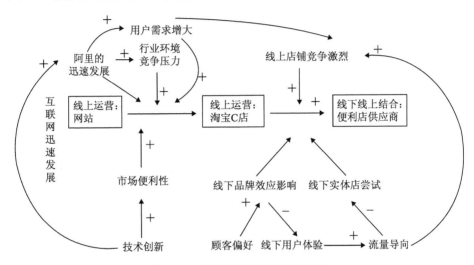

图 13-2 公司转型变革因果关系图

1. 第一次转型

卓澎公司转型变革过程是一个小系统，其主要包含两次转型，两次转型包含的主要变革过程如下：

（1）互联网发展→阿里迅速发展→行业环境竞争压力→C 店。

（2）互联网发展→阿里迅速发展→用户需求增大→C 店。

（3）技术创新→市场便利性→用户需求→C 店。

（4）技术创新→市场便利性→C 店。

随着淘宝逐渐的发展强大，导致电商整个大环境竞争激烈，卓澎公司不得不考虑企业的生存而跟随阿里的前进步伐，由原本的网站转型到淘宝 C 店。

2. 第二次转型

由于天花板效应导致企业无法线上进行长期经营，加上品牌效应、名人效应的影响，使得线上店铺竞争尤为激烈，但线下顾客体验并不高，客流量和利润不客观，实体店尝试失败。之后公司管理层把握机遇，利用公司沉淀下来的互联网基因，转型成为便利店智慧服务商。

（1）天花板效应→线上店铺竞争激烈→便利店供应商。

（2）顾客偏好→线上品牌效应→线下用户体验不良→流量导向→线下实体店尝试失败→便利店供应商。

（3）顾客偏好→线上品牌效应→线上店铺竞争激烈→便利店供应商。

13.3.3 盈利模式

基于公司新型便利渠道智慧服务商的战略定位绘制出如图 13-3 所示的卓澎公司盈利模式分析图。

卓澎公司两边分别连接的是上游各不同品牌方，即产品来源，下游是分布在不同区域的便利店，即目标客户群。一方面，公司为便利店提供供货服务，即提供便利店所需销售的各种商品。另一方面，公司与便利店之间存在一个信息互换的关系，公司从所服务的所有便利店获取顾客消费数据等资料，即便利店将信息反馈给公司，进而形成一个数据包，并且通过计算机及相应的数学统计分析方法对这些大数据进行分析，获取顾客消费偏好等信息，再将信息进行归纳整理，从而对上游品牌方的产品进行甄选采购，并进一步为下游便利店提供最新的便利市场变化信息。

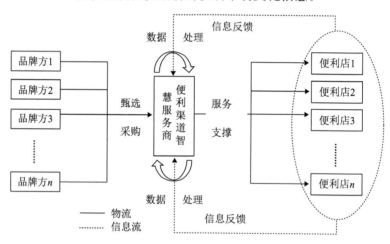

图 13-3 公司盈利模式分析

13.4 公司特色分析

13.4.1 企业文化

1. 以道御术，以术载道

道，即规律。企业中的道，指的是符合规律的使命、愿景和价值观。术，即方法。企业中的术，指的是有效的管理工具以及实现成功的方法。

当企业有了一个明确的发展理念及愿景，便有了前进的方向，而此时卓澎公司所作出的一切努力和经营策略都是为实现这一愿景服务的。具体到卓澎公司内部的各种日常活动表现为，各不同部门、不同员工虽采取的工具和方法不同，但最终的目的都是相同的，这一点也可以从管理方法中的"目标管理"得到印证。卓澎公司的既定目标和愿景在内部逐层下放并落实到具体的部门和人员，再采取不同的方法和手段实现部分目标，进而实现整个公司蓝图的构建。

2. 向内生发，沉淀基因

卓澎公司面对大环境下的压力，努力探寻企业的生存策略，激发员工创新意识，转变盈利模式。一旦氛围变成向内生发，创新就会出现，创新是企业的原动力，也是改变企业命运的法宝。卓澎公司的发展从未停止过，创新意识也从未消失过，利用创业一开始慢慢沉淀下来的互联网思维，结合整个电商环境的特点以及企业自身条件，进行合理的模仿和自我改良，形成了目前状态下利用互联网思维为便利店提供服务的"智慧服务商"。

3. 知行合一，止于至善

领导人提倡并坚持践行"知行合一"，注重内外兼修的自身道德修养，要求动静结合与躬身实践的践行良知；而"止于至善"就是能够在每个具体实践中做到恰到好处。企业在经营策略的改变和变革中坚持知行合一，有勇于落实的实践精神，保证在理念和实践之间不打折扣。企业经营产品重点由母婴到眼镜再到零食的转变，以及淘宝C店到实体店经营模式的变化，每一步都与其自身发展理念一致。

13.4.2　核心竞争力

1. 互联网基因

卓澎公司2008年成立时，就是网络有限公司。创业时利用网站渠道开展经营，慢慢拓展到淘宝C店到实体店，最后又把重点转回线上营销，这条主线一直没有离开过互联网，企业一直依托互联网思维进行战略模式的调整，最终形成的新型便利渠道智慧服务商，也离不开互联网大数据的作用。因此，我们可以称卓澎公司因为拥有互联网基因，并且经过多年的沉淀，不断发展。

2. 聚焦

只要有竞争存在，企业就需要聚焦。聚焦能使资源更集中，营销更专注，解决问题也会更简单。就卓澎公司而言，其经营理念中一直不乏聚焦的思想。在产品层面，虽经过多次试错，但最终选定了食品行业便一直坚持，目的是企业资源更为集中和规模化。就目标客户而言，企业目前定位的是集中于一种业态模式的供应商，即只为便利店提供服务，而不是与其他经销商供货商一样，只要有下游买家，都会提供供货等服务。公司的这种聚焦模式使得有效市场数量不断增加，市场质量不断提升，从而真正实现市场聚焦。

13.4.3　管理特色

文化理念是企业的德，"德"一直都是我国一直强调的。德是自律——自我约束，自我管理。对企业而言，员工的自律性极其重要，而卓澎的管理特色，则是领导者为每个员工精准定制一份属于自己的职业生涯计划，利用员工的德让其自我约束；同时，领导者将自己的想法理念传达给员工，使公司上下建立共同愿景。最终，反馈给领导者的结果是，员工主动加班，完全实现时间的自我管理，卓澎公司上下齐心协力为企业的"100亿"目标而奋斗。

13.5　公司现状分析

13.5.1　公司内外部环境分析——SWOT 分析法

1. 优势（Strength）

卓澎公司主要优势在于前身是一家传统互联网公司，拥有较为深刻的互联网基因，并善于将这种思维运用到线下经营活动。公司目前与其他行业竞争者不同之处便在于善于利用互联网及前沿电子商务科技对数据信息进行处理分析。另外，公司深知聚焦的重要意义，不是一味追求市场份额的扩大，也不是短期利润的提高，而是着力于开发专一市场（即便利店服务市场），并对这一市场进行深入分析刻画，从而实现市场聚焦并最终完成企业愿景——成为新型便利渠道智慧服务商。

2. 劣势（Weakness）

公司在现阶段不足之处在于资金的紧张和人才的稀缺。资金来源的不足使得公司发展受限，难以发展壮大以适应更大的市场需求，进而由于公司规模的限制，对高技术人才的吸收能力较弱，从而不能快速得到发展。归根结底还是公司可流动资金的缺乏，未来一段时间内公司主要任务都将是吸收外部资金。

3. 机遇（Opportunity）

随着互联网和电子商务的发展日渐趋于成熟，线上商品交易也逐渐趋于饱和状态，卓澎公司在 2015 年适时把握机会，转而由传统的线上电子商务企业成为一家利用互联网思维运营的线下便利店服务商。

4. 挑战（Threat）

从政策角度而言，上海市内近几年资金投入主要集中在文化产业和金融产业，而对电子商务、互联网相应的渠道建设关注较少。在信息传递和获取方面，目前的科技手段和信息化水平尚未达到一个较高的水平，从而导致信息系统不完善，卓澎公司很难从便利店群直接获取有效数据，进而影响数据处理时效性和准确性。

13.5.2　经营现状分析

根据访谈得知目前卓澎公司主要服务的便利店数量，并对其按地区进行汇总统计，详细数据如表 13-2 所示。根据各地区已开设便利店数量作出如图 13-4 所示的饼状图，得知公司以华东地区为主要客户对象，华南和华中也均有所涉及。从公司高层得知，公司计划短期内扩张市场，进一步提高华中和华南的市场占有率。

表 13-2　卓澎公司在各地区服务便利店数量

单位：家

服务地区	全家	喜之多	711	罗森
华东	1700	500	180	1000
华南	400	400	600	
华中（武汉）		300		200

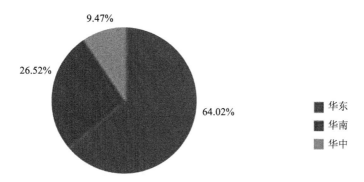

图 13-4　卓澎公司服务便利店各地区占比

2017 年，卓澎公司实现营收 1.3 亿元，根据公司所提供的各地区销售占比 6∶3∶1 进一步得出具体每一地区各品牌便利店的销售额大致数据，并绘制对比分析图（见图 13-5）。

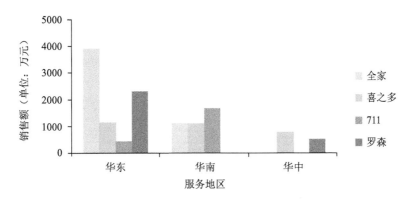

图 13-5　卓澎公司 2017 年各地区各品牌便利店销售额

13.6　相关问题与建议

13.6.1　问题披露

1. 行业角度

（1）法律层面。从中国目前的电子商务发展现状来看，中国还没有制定完备的有关互联网发展和电子商务法律，特别是有关商务信息服务的法律法规还较少。

（2）金融层面。对于电商企业的资金来源渠道较少，电商的进行需要支付与结算手段，需要高品质的电子化金融服务的支撑，而我国金融服务的水平和电子化程度并不高，小企业不易做大，金融层面也成为阻碍上海市电子商务发展的原因之一。

（3）政策层面。就上海市来说，政府更支持文化产业，比如一些历史产业，对于电子商务的支持力度不足，对金融产业发展的支撑力度较小，这也是上海市电商企业发展不大的重要原因之一。

（4）信息安全。目前电子商务的运营模式以三种形式为主：B2B、B2C、C2C。一般的网购主要指 B2C 和 C2C 两种模式，而在规范的电商交易活动中，通过发票获得的交易双方、金额、地址、货品等信息在互联网时代很容易泄露，因此，信息安全问题应及早解决。

2. 单个公司角度

上海市境内一直不乏电子商务企业，但一直未能实现较大规模，其中不仅因为行业所面临的大环境存在问题，单个公司内部也存在一些问题。

（1）经营规模。单个公司难以实现规模化经营主要原因在于行业竞争对手较多，且都是分散经营，这就在一定程度上使得市场细分程度过高，企业目标客户群体多样化程度较高，进而使得公司想要扩大规模的成本较高。

（2）信息获取。客户对产品和服务需求日益变化要求企业对客户信息的深入了解，而客户大数据的获取在现阶段仍存在较大问题。一方面信息获取的难易程度，信息安全的保护不完善使得信息获取途径受阻，从而难以及时准确地了解到各种数据；另一方面要想准确抓住客户核心需求，了解其变化，需要对各个方面的数据进行综合分析，但信息的复杂性和多样性加大了分析难度。

13.6.2 对策建议

1. 行业角度

（1）各企业应为营造安全健康的购物环境贡献力量，公开、透明地制定网络平台交易原则，共同推进电商行业安全健康的发展。

（2）有效地利用现有的网络资源，提高资源效益，有计划、有步骤地推进电子商务发展。

（3）政府应为电商企业提供多种融资渠道和多种优惠政策，为企业发展提供强有力的资金支撑。

（4）今后几年，我国电子商务标准、规范体系应该以信息安全为目标，建立电商行业标准以及信息披露标准，进一步加强信息安全建设的步伐。

（5）要针对当前我国电商存在的问题，借鉴电子商务发达国家的经验，结合实际情况，构建有利于促进我国电子商务健康发展的法律体系。

2. 企业角度

（1）规范化经营，多方吸收资金。单个公司要想获得持续发展，首先要做到规范化经营，在维持公司日常运营的基础上改革创新，保持一个较好的经营质量，最终目的是为了吸纳更多的社会资金，从而为企业的进一步发展提供资金支持，实现公司规模扩大。

（2）利用大数据分析等手段，充分了解客户需求。为提高企业在行业内的市场占有率和利润率的提高，需要在顾客信息获取和分析层面加大投入力度，通过各种途径了解客户尽可能多的信息，并利用各种分析手段对数据进行深入整合分析，这是企业提高运营效率的最根本要点。

（3）提高内部运营效率。在公司内部，除了要有较高认可度的企业文化，这可以为企业愿景服务，从内部运营方面，也可以采取多种方式提高运作效率，进而提高公司整理经营效率。以韩都衣舍为例，其在公司内部推行了"虚拟货币"政策，即将公司划分为若干事业单元，用虚拟货币的概念对各部门进行期初投资规划，之后的具体计划和实施由各事业单元自行完成，期间对其各种创新活动不予以额外约束，只在最终对各单元进行绩效评估，并根据虚拟货币的盈亏进行实际分配。卓澎公司应学习韩都衣舍的经验，用这种方式提高公司内部的创新热情，在公司内部形成一种良性竞争机制，从而提高运作效率，实现最终的经营目标。

13.7 总结与反思

调研期间，我们多次实地走访了卓澎网络科技有限公司，并与公司 CEO 进行了多次交流访谈，对该企业的十年发展进行了较为全面的剖析，也就整个电商行业的发展进行了多次深入探讨咨询。基于以上原始信息，我们对电子商务也有了一个全新的认识，改变了原先传统销售全然不如线上销售的这一认知，明白纯电商也应顺应社会需求进行合理转型，同时也有针对性地对电商企业的发展提出了一些看法和意见。

当然，本次调研报告也存在很多不足，比如对卓澎公司前期的运营数据掌握不足，以及缺乏卓澎公司目前的市场占有率和竞争对手的分析。这些不足都需要更进一步加以完善，这也是我们今后要努力的方向。

14. 在线教育内容服务商的创新之路——以上海微课信息科技有限公司为例

调研团队：上海理工大学舵手队
调研队员：辛悦　边伟秀　邓冰武　温振鑫　路杨
指导教师：李学迁
获奖情况：三等奖
关键词：在线教育　互联网＋　教育　微课

互联网的快速发展使碎片化、便携性学习成为可能。"互联网＋教育"打破了传统教育面对面教学的模式，在线教育不受时间和地域的限制，满足了学生的个性化需求，近几年市场规模不断扩大。但该行业也在课程内容版权保护、规范化、存留客户等方面存在痛点。本次调研选择了在线教育内容服务商——上海微课信息科技有限公司，该公司为教育供应端提供从在线课程研发到在线教育平台运营管理的一站式服务。本报告回顾了在线教育行业现阶段的发展状况，并对微课的盈利模式从主营业务、收入来源和运营成本结构三个方面进行了分析，指出了其中的不足之处，旨在通过调查分析该企业来窥探在线教育内容服务商的创新之路。

14.1　调研情况介绍

14.1.1　调研背景

搭载互联网的快车，在线教育突破传统教育时间和空间的限制应运而生。近几年在线教育市场进行得如火如荼，市场规模逐年增长，据智研咨询统计，在线教育市场规模在 2017 年已达 1600 亿元，并且 2018 年有望突破 2000 亿元。在线教育市场竞争激烈，目前涉足该行业的有网易公开课、新东方在线、网易云课堂、沪江教育等平台。

14.1.2　调研过程

本次调研以上海微课信息科技有限公司为调查对象，前期通过网络了解在线教育及该公司的大致情况；然后通过邮件来往和实地走访详细了解了企业的发展历程、主营业务、客户资源等信息；后来又通过资料整理得出本报告的框架，通过 PEST 分析在线教育的宏观环境，试图找出该企业的发展瓶颈并提出相应建议；最后向老师寻求建议，通过本小组多次修改，最终完成此报告。

14.2 在线教育行业研究

14.2.1 在线教育的定义、起源及发展历程

1. 在线教育的定义和起源

在线教育是以网络为媒介进行知识传播和学习的方式。在线教育又被称为 E-Learning，其中"E"表示学习的电子化。E-Learning 最先在美国兴起，用于培训企业内部员工。1998 年以后，在线教育从欧美地区传播到亚洲地区。

2. 在线教育产业链

从行业结构来看，在线教育系统由内容提供商、技术提供商、平台提供商和用户构成，如图 14-1 所示，行业结构的每一层分别有不同的影响因素，整个系统的良好运作涉及出版商、软件平台、公开课、微课等多个细分行业。以微课为例，微课作为在线教育的一种形式，相对于传统的教学课时来说，"微课"时间短，一般只有 5～8 分钟；教学内容十分精简，只针对某特定知识点；传播方式多样化，支持在移动端及 PC 端的多种媒体格式在线播放，其短小精悍的特点可以满足不同教育水平的用户，并且时间弹性很大，用户可以充分利用碎片化时间来学习。微课的制作除需要老师提供知识外，还需要用技术将其教学内容生动的表现出来，最后通过移动端或 PC 端的在线平台将微课视频展现给用户。

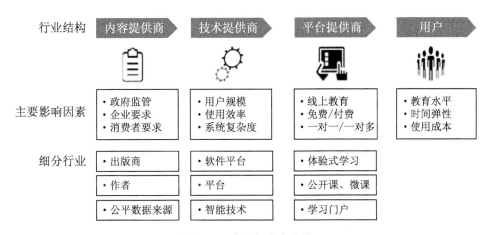

图 14-1　在线教育产业链

3. 在线教育的发展历程

与传统的教育比较，在线教育学习门槛低，传播效率高，不受时间地点的限制。如图 14-2 所示，20 世纪末就已经出现 K12 在线教育，但由于网络的普及度不高，当时在线教育主要还是以网校为主。21 世纪以来，陆续有企业 E-learning、在线教育职训、MOOC（慕课）等形式纷纷加入在线教育行列，在线教育市场竞争激烈。

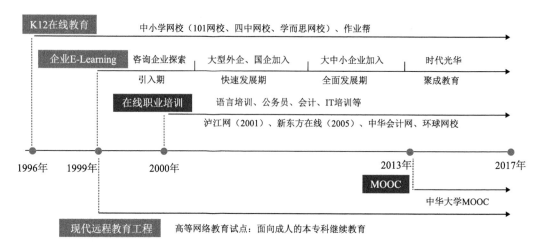

图 14-2 我国在线教育发展历程

14.2.2 在线教育行业 PEST 分析

1. 政策环境分析（Politics）

百年大计，教育为本。近些年，在线教育的发展尤其得到国家的支持。如图 14-3 所示，《国家教育事业发展"十三五"规划》《"十三五"国家科技创新规划》等多个文件提出要鼓励发展在线教育："互联网＋教育"、教育信息化为在线教育开拓了越来越广的市场空间。

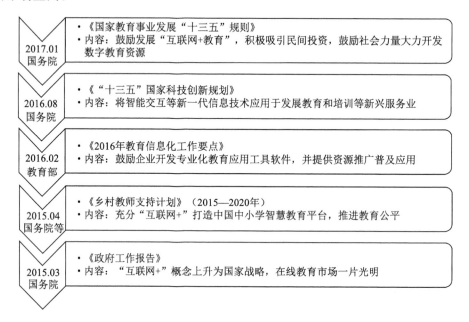

图 14-3 政府对于在线教育出台的相关政策

资料来源：根据网络资料整理。

2. 经济环境分析（Economy）

随着国家经济实力的增强和技术水平的提高，网络经济高速发展，人们网络化和移动化的生活习惯逐步养成。根据中国互联网络信息中心（CNNIC）发布的《第 41 次中国互联网络发展状况统计报告》，截至 2017 年 12 月，我国网民总量达 7.72 亿，普及率为 55.8％，超过世界平均水平 4.1％，超过亚洲平均水平 9.1％。网民数量的不断增长为信息化教育和数字化教育提供更多受众，信息化的普及便于各个年龄阶段的人享受互联网教育的成果。

3. 社会环境分析（Society）

我国新中产阶级消费不断升级，可支配收入引导更加个性化和定制化的教育消费。城镇化水平的提高催生了越来越多的富裕人群。国家统计局最新数据显示，截至 2017 年末我国城镇化人口占总人口的 58.52％，比 2016 年提高了 1.17％。社会的瞬息万变和生活水平的提高推动富裕人群的消费升级，教育付费意识不断觉醒。这暗示着在线教育有巨大的市场需求。

4. 技术环境分析（Technology）

信息技术的快速发展加速了传统教育的改革，移动互联网、大数据、云计算、人工智能等技术推动我国信息化教育使在线教育呈现不同形态。直播教育为学生提供了一个虚拟课堂，在直播的过程中，学生和老师可以随时互动，将传统的课堂了移到网络上。从教学活动方面看，大数据分析使教学活动更加规律，便于施教者不断改善优化教学过程；从学习活动来看，大数据能更加细微的分析每个学生的学习行为。人工智能是现阶段在线教育应用的一个热点，例如图像识别技术减轻教师阅卷批卷工作量，语音识别技术辅助学生纠正并改进英语发音，人机交互技术老师在线答疑。虽然人工智能在教育中的应用还处于初级阶段，但其发展潜力不可小觑。

14.2.3 国内在线教育发展现状分析

1. 在线教育市场分析

在线教育突破了时空的限制，使人们的学习方式发生了根本性变化。如图 14-5 所示，从 2013 年起我国在线教育市场规模持续高速增长，增长率在 20％上下浮动；在互联网＋的推动下，人们的消费习惯渐渐改变，在线教育市场稳定增长。2015 年市场规模首次超千亿元，预计 2018 年将突破 2000 亿大关。我国在线教育在 2013 年呈现大热，2014 年呈现井喷模式，2016 年搭上"直播"快车，在新零售的大背景下，在线教育或将融合线上线下资源更好地提供教育服务，2018 年市场规模预期仍较乐观（见图 14-4）。

2. 在线教育用户分析

根据《2017—2022 年中国网络教育市场专项调研及未来前景预测报告》的数据，在线教育用户规模以近 15％的增长率迅速增长，截至 2016 年底，在线教育用户已过亿。预计未来几年还将保持强劲的增长势头（见图 14-5）。在线教育用户参与课程以职业技能培训和语言培训为主，分别占了 38.6％和 13.7％（见图 14-6）。

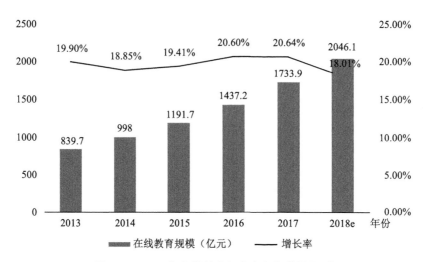

图14-4 2017年在线教育行业市场规模及预测

数据来源：中国报告网。

图14-5 2008—2017年在线教育用户规模及预测

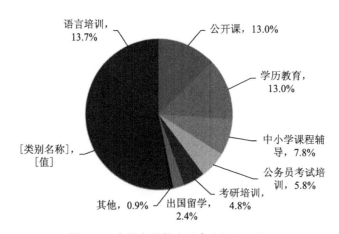

图14-6 中国在线教育用户参与课程情况

14.3　上海微课信息科技有限公司概况

14.3.1　公司简介

上海微课信息科技有限公司（Shanghai Weike Information Technology Co. Ltd，简称上海微课）是一家提供全领域课程资源开发、运营、服务的专业教育机构，于2013年成立于中国上海，旨在通过引进国际先进教学理念和成果，结合中国特有的文化和教育认知形式，以全方位、多层次、宽领域的主旨思想注入品牌理念，树立"微课·中国"的整体品牌形象。

上海微课公司自创立以来，通过不断研究、发展，逐步形成针对高校、企事业单位、教育培训机构的全网络在线课程研发产品线，通过提供优质的服务，形成以PC端、移动端为主要载体的在线教育产品，并承担课程运营服务，形成了一套完整的项目解决方案，帮助客户快速部署在线教育平台，定制化开发课程内容，并提供共享课程资源。

作为第一家发起并尝试探索中国本土化大规模在线教育道路的课程研发、运营公司，上海微课公司秉承"提高课程效果、共享学习机会、促进教育改革、提高人才质量"四位一体的服务理念，致力于国内互联网教育模式的研究和探索，并长期专注于中国教育事业的发展和创新。通过与美国、英国知名在线教育平台的合作，引进澳大利亚大健康教育体系，不断深化国际合作，将国外先进的教育教学理念带入中国，同时，与国内高校、中高职、社区学校、企事业单位展开深度合作，积极开展产学研项目，公司投资成立的培训学校也正在为国内职业教育培训添砖加瓦。

以人为本，以心至诚，伴随科学技术的发展，将教育与技术融为一体，以教育为核心，以技术为手段，全方位、多层次、宽领域地培养中国当代人才，是上海微课公司不变的初心，也是公司的宗旨。

通过几年的发展，上海微课公司目前已在武汉、天津、广州等全国多个大中城市设立行政分布和项目中心，同时积极与海外公司关联。

14.3.2　创新转型之路

近几年，互联网教育形态进入了高速演变期，大规模开放式网络课程（MOOC）、乃至小规模私有在线课程（SPOC）等在线教育模式在全世界范围内的爆炸式兴起，打破时间和空间的限制，让更多的人更容易地接受个性化的教育。上海微课公司在大背景下迅速成长，但在发展过程中也在课程内容版权保护、规范化、存留客户等方面存在痛点。面对问题，公司结合自身的优势，逐步探索，走出了一条创新转型之路。

1. 独立版权

现有在线教育平台的教育教学资源是碎片化数字资源，其中以视频和文档为主。不同类型的资源又有各式各样的格式。不同类型不同格式的教育教学资源都面临着很严重的版权问题，处理方式也不尽相同。

上海微课公司发展过程中，制作的大多数课程是不能够独立完成的，是由学校或平台方提供资金，同时涉及教师，存在版权风险。在课程中所产生的资源也会带来一定的版权问题，比如教师的批改，学生的笔记，课程过程中的讨论，论坛里的一些留言等。某些学科的课程资料更新比较频繁，如果课程制作团队发生变动，课程文献、资料或教材发生变化，也会影响版权归属。

面对种种版权问题，上海微课公司在课程定制开发、平台开发运营、职业培训认证、沉浸式实训建设、立体教材开发、校企课程共建等方面有意识地开发具有自主版权的内容，并且事前明确版权，细化版权协议，以减少版权争议。一旦事后出现版权纠纷，则首选法律方面处理，维护公司权益。

2. 产品标准化

当前，网络课程建设中普遍存在缺乏统一的技术标准、难以共享、不易再利用。引入网络学习资源标准，规范网络课程的设计与开发，保证网络课程建设的质量和应用效果是必然趋势。虽然针对数字学习资源，国家出台了相关的教育技术标准、网络教育质量评价标准等，但这些标准在推广应用时与市场接轨不是很紧密，导致制作出来的网络课程标准化程度不高。

上海微课公司发展初期为了满足客户的要求，没有意识到产品标准化带来的益处，产品的成本居高不下。在后期的发展中认识到形成适合公司发展的标准化模式，既可以降低成本还可以提高工作效率。公司将课程开发和平台运营结合于一体，同时探索设置出 18 种标准化课程呈现形式，解决了在业务量大的时候无法完成订单的问题。同时，公司允许和鼓励个性化课程的定制开发，既提高产品利润，又深受客户欢迎。

3. 平台化

互联网时代的教与学已经不再受时间、空间、地点和条件的限制，知识获取的渠道变得更为灵活与多样化，网络在线教育平台随之应运而生并且不断推陈出新。起初上海微课公司只提供课程资源开发，主要方向是内容制作。虽然得到客户的认可，但是想要做大做强，公司认识到教学平台化是优质课程内容的积淀，拥有自己的网络在线教育平台是必然趋势。

上海微课公司顺应发展，联合市北智库（学员在线视频学习、考试题库练习平台）推出各类职业教育课程，如《母婴护理》广受欢迎。该课程帮助母婴护理从业人员更快地融合各种新知识、新技术，采用领先的视频流媒体技术实现学生高清视频视听体验，通过 ESNS 系统整合微课、检测、疑难问答多个学习环节，实现了名师的个性化高效指导，帮助学生实现学习的跨越式进步。

14.4　公司盈利模式分析

上海微课公司 2017 年的营业额约达 2600 万元，毛利率达到 30%。本节将从主营业务、收入来源和运营成本结构三方面对微课的盈利模式进行分析。

14.4.1　主营业务

上海微课公司 2013 年成立至今主营业务仍是系列在线课程的制作，通过不断研究和发展，逐步形成针对高校、企事业单位、教育培训机构的全网络在线课程研发产品线，提供从课程设计到平台运营的一站式服务，定制化开发课程内容，保证独立版权。

目前，上海微课根据客户导向，将自己的课程产品分为了四大类：学历教育、职业教育、企业内训和兴趣教育（见图14-7）。

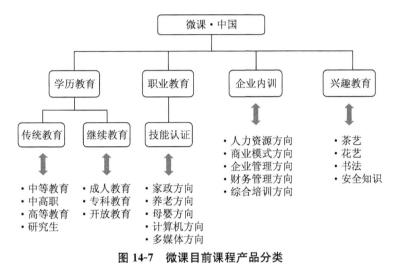

图14-7 微课目前课程产品分类

其中主要的部分是与国内985高校合作开发制作系列精品课程，主要的合作对象有上海交通大学、复旦大学、武汉大学等，经典案例包括与上海交通大学合作的数学之旅系列课程、与武汉大学合作的方言与中国文化系列课程等（见图14-8）。

中国商务部·文化软实力与国际谈判　　上海交通大学·数学之旅

上海交通大学·中医药与中华传统文化　　上海交通大学·唐诗宋词人文解读

上海中医药大学·中国功夫与经络　　武汉大学·古文字学

武汉大学·方言与中国文化　　暨南大学·数字营销传播

图14-8 微课开发的部分经典案例

其次是与上海市北职业技术培训中心合作，针对目前热门的大健康领域，引入了澳大利亚长者照护三级资格证书的认证体系，开发了在线教育平台市北智库。截至2017年3月，上海微课公司是国内唯一的民政部认可的认证类课程在线教育发证机构，同时也是国内唯一澳大利亚认可的社会工作资质发证机构。

14.4.2 收入来源

据调查，目前在线教育企业的收入来源主要有两种模式：佣金模式和平台模式，而平台模式下又分为付费优质课程模式、付费人工答疑模式、付费认证证书模式、广告收费模式、员工后续教育培训模式五种类型（见图 14-9）。

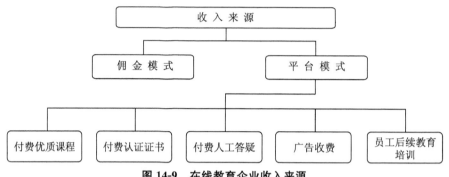

图 14-9　在线教育企业收入来源

1. 佣金模式

采用佣金模式的企业多为在线教育的视频提供商，他们通过向合作高校竞标一门课程几十节课或一揽子的不同门类课程共计上百节课的制作订单，为高校定制在线课程，并从中收取佣金或制作费。

2. 平台模式

平台模式是指在线教育企业从"知识付费"的出发点，利用所开发的优质课程形成口碑或免费公开课的宣传，自行运营一个在线教育平台，吸引有相关需求的人群在平台付费学习。

（1）付费优质课程模式与付费人工答疑模式。由于目前大部分在线课程仍属于免费公开课，企业建立在线教育平台后，可以通过不断开发优质、高端的系列付费课程以满足学生的需求，如考研课程、考公课程等。学生在学习的过程中会有部分重、难点有问题，这时学生可以通过系统提交学习中遇到的问题，教师和学习服务团队会在短时间内进行回复。如果学生希望有更准确的学习指导意见和更详细的答疑反馈信息，他们可以选择付费形式的人工辅导等服务，辅导团队可以通过分析系统记录的学习情况、错题记录等，更高效地为学习者答疑解惑。

（2）付费认证证书模式。国外著名在线教育平台 Coursera 部分课程提供了付费课程认证证书，学生完成了在线课程的学习后，如有需要可以付费获得一张证明学习完毕的证书，作为展示自己相关技能、赢得职业发展的工具。据了解，国外企业对在线课程认证证书的认可度还是比较高的，从杜克大学和 RTI 联合进行的一项研究中我们发现，来自各行各业的雇主都认可在线课程和相关的学习记录，但国内课程认证证书的认可度还有待提升。

（3）广告收费模式。在线广告是网站很大一部分的收入的来源，企业可以凭借有品牌优势、有流量和点击量的网站，通过接受广告商投放的广告赚取收入，如按点击次数收费等。几乎每家在线教育机构都会提供相应的广告位，主要的形式有在学习过程中暂停时播放广告等，但一般数量很少。这是由于在线教育行业的特殊性决定的，在学习时出现广告可能会对学生造成干扰，有的广告内容偏离教学相关内容，会降低学生的学习体验，影响在线教育平台的口碑。

（4）员工后续教育培训模式在某些行业中，对员工进行后续教育培训是很有必要的，因此有很多在线教育平台就把目光放在了这一块领域。他们通过和企业签订合同，通过在线平台为企业员工提供后续教育培训，在课程结束后通过考试即可获得后续教育合格证书，大大节约了企业请人来现场培训的成本，同时也为员工提供了便利。

在调研中，我们发现上海微课公司从 2013 年成立至今，主要的收入来源模式仍是佣金模式。微课目前业务的核心还是为合作高校制作课程、提供内容服务，所签订的课程制作合同金额大小不一，大部分在 30 万～40 万一门课程的区间内，有些合同包含 4～5 门课程的制作，金额可达到百万元，平均每门课的利润在 20 万元左右。在 2017 年已为复旦大学、上海交通大学等多所高校开发制作了 40 余门在线课程，累计开发课程数量超过 300 门，课程总集数超过 2000 集。上海微课公司提供的内容服务的取胜点是课程质量、用户体验以及以此积累起来的品牌口碑，而这些因素是需要一定时间来实现积累沉淀的。

从 2015 年 4 月开始，上海微课公司联合上海市北职业技术培训中心共同开发在线教育平台——市北智库（见图 14-10）起，开始向平台模式逐渐转型。

在线教育平台市北智库于 2015 年 12 月正式发布，2016 年 12 月启动职业资格认证项目，2017 年 6 月项目满足培训资质并上线免费公开课。作为上海卫计委唯一的联合推广的专业课程学习平台，市北智库推出了母婴护理职业鉴定考核的系列认证课程（见图 14-11），截至 2018 年 4 月 8 日已有 3360 人参与到课程学习中，加上其他专业课程和兴趣课程，市北智库目前已有超过 2 万名学员参与到平台的在线教育。市北智库还联合了上海 21 家养老院，在学员完成健康系列课程的学习并拿到认证证书后，对口推荐，在一定程度上帮助学员解决就业问题。未来，市北智库还将目光放在养老方面的在线教育课程（目前国内本科尚未开设相关课程，极少专科院校可能开设）。

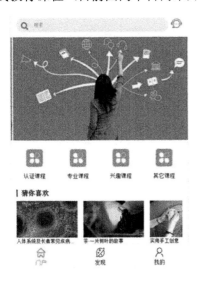

图 14-10　在线教育平台—市北智库　　　　图 14-11　市北智库认证课程

护理、机械等有一定难度并需要一定实际操作的学科，为了使老师在讲到不易理解的点时，能让学生更容易掌握上课的内容，上海微课公司优化课程体验，2017年起微课推出沉浸式云教室概念。云教室完全不改变现有教学模式，只在需要时让学生戴上头盔，利用VR技术通过头盔推送给学生沉浸式教学内容，让学生能更方便地进行实训操作。在调研中我们得知，微课在2017年4月开始立项研发沉浸式教学（VR）和立体教材，云教室项目预计将于2018年末上线，这也是沪上地区首家拥有沉浸式实训的在线教育平台。

14.4.3 运营成本结构

在线教育企业的运营无时无刻都在产生费用，软硬件的投入和后续的设备维护都是其成本的重要组成部分。调研发现，上海微课公司的运营成本主要由内容成本、技术成本、管理成本和获客成本四个方面组成。

1. 内容成本

课程内容建设是在线教育的核心，企业为了保障高品质的课程资源，常常需要为课程版权付出一定的"代价"。以国外的MITOCW为例，在项目建设初期，每门课程提供给内容提供者的费用是2万美元。MIT项目希望为学习者提供一站式服务，其中很大一部分支出是购买参考文献的版权，通过版权购买充分拓展了学习者的知识内容和范围。

在调研中，我们发现上海微课公司在版权方面投入很多，上海微课公司是目前国内唯一一家承诺全课程版权处理的课程定制开发公司，也是国内同行业专业素材资源最全的公司，拥有约4.8万张正版图片素材和丰富的独立版权视频素材库（见图14-12）。内容成本大概在微课的日常运营成本中占1成。

- ● 121893 GB 影视素材（已去版权化处理）
- ● 81912 GB 视频素材（已去版权化处理）
- ● 4150 GB 音频素材（部分版权化处理）
- ● 47558 张正版图片素材
- ● 39542 集学术视频
- ● 60125 套特效模块
- ● 4495 套三维模型

图 14-12 微课的独立版权视频素材库

2. 技术成本

在线教育的课程资源是通过互联网进行传递的，这意味着对技术有很高的要求。技术成本包括软硬件系统成本、视频拍摄工具成本、平台日常运行维护成本等。在调研中我们了解到，微课实验室专注于课程画面设计，能有18种课程形式相互组合，累计超过 5800 种课程效果，保证让每一个项目都独一无二，在这后面是大量的软硬件系统和视频拍摄工具的成本投入（部分拍摄设备见图 14-13）。技术成本大概在上海微课公司的日常运营成本中占了 5%。

图 14-13　部分拍摄设备

3. 管理成本

管理成本也是一个初创企业的主要开支部分。在调研中我们发现上海微课公司的管理成本主要来自人力资源成本和场地成本，在线教育内容服务商的属性使得微课公司的成本中人力资源成本占了很大部分。目前微课上海分公司拥有约 50 人的团队，包括项目组（按学科分组，一组 6~8 人）、摄制组（包括灯光、摄像师、摄像助理，6~8 人）、化妆组（为录课老师出镜做准备）和人数最多的剪辑组（包括 2D 动画制作组、3D 动画制作组和字幕组）。在场地方面，除了日常办公用场地之外，微课上海分公司还专门搭建了两个课程录制中心（见图 14-14），通过标准化流程结合专业设备和经验丰富的摄像团队，打造个性化的课程。管理成本占了微课日常运营成本半数以上。

图 14-14　微课课程录制中心

4. 获客成本

获客成本高是目前在线教育行业的普遍状况，对于在线教育行业而言，流量和用户早已成为破局的关键，尤其在流量几乎被垄断在老牌教育机构手里的时候，流量就是命脉。目前在线教育行业营销获客主要有三种模式：传统线下模式、网络线上模式和代理合作模式。

（1）传统线下模式是最普遍的方式，一些规模大的在线教育企业可以通过自己线下报名点渠道向学员推荐在线课程，或通过面授将部分网络课程作为赠品向学员推荐，典型的企业如新东方、学而思等老牌教育机构。

（2）网络线上模式是通过运营微信公众号来宣传课程，或是利用如淘宝同学、腾讯课堂等大型在线教育平台背书来推广自己的课程，但效果一般。

（3）代理合作模式则通过与其他在线教育企业抱团取长补短交换资源，或者开发课程充值卡给线下代理商销售宣传。

调研发现，上海微课公司作为一个口碑积累期的初创企业，主要选择的营销获客模式是网络线上和代理合作模式。他们通过和上海市北职业技术培训中心合作开发认证课程，将有母婴护理学习需求的学习者吸引到市北智库平台上来学习，同时市北智库微信公众号也在不断地进行线上宣传。在微课的成本结构中获客成本约占到全部成本的 30％，和线下传统教育机构的获客成本已经相差无几。如果获客成本降不下来，线上相对于线下教育的优势也就不存在了，会给公司的利润带来较大压力。

目前，上海微课公司处于从课程内容制作向自运营平台模式的转型口碑积累期，收入来源还存在一定问题。在成本方面，首先由于自身还是以课程内容制作为主，人力资源成本在成本结构占了大头；其次是推广营销办法过于粗放，造成获客成本居高不下，复购率太低，进而使原属轻资产的行业，背负上了沉重的成本压力。这是因为市北智库目前主要上线的课程还是受众较小的母婴护理，大部分的课程学习者还是要靠与市北职业技术培训中心合作宣传获取，因此自运营平台获客成本高是转型初期不可避免的阵痛。

14.5　对策及建议

14.5.1　实现内容与用户的精准匹配，提升用户体验及用户留存率

一个优秀的在线教育平台需要具备以下条件：提供内容＋平台＋社交的综合教育；汇集多类垂直领域课程；多样化的选择满足各个阶段用户的学习需求；高质量精品化的内容。由于教育具有多样性和模糊性，要发挥平台的价值，就要重视供需双方的精准匹配，实现大范围的个性化、定制化教育。通过学生在上课中的个人表现，平台可以完整记录学生的行为数据，依据对教育行为的数据沉淀，建立针对于每个学生个性化的需求模型，并将总结推送给网师，促进老师和学生之间的交流。

全方位覆盖供需管理，完善课前及课后各环节上的服务体系，基于用户的需求实现教育场景的优化升级。随着数据技术的进步及在线教育行业专业性的加强，平台在未来应着力于开发线上工具，逐渐覆盖招生、授课、测评、管理的各个环节，实现一站式全方位的用户服务，提升用户体验。

引领社群学习，打造社群生态。协助和鼓励成员建立共同的学习目标，合理的分工和秩序，建立情感连接和归属感，提升用户留存率。社群学习运营工作的一方面是机械式的，如测验等，这些可交由平台的智能运营助手来完成；另一方面则涉及情感

问题，可在科学的奖惩规则的辅助下完成。

14.5.2 致力于拥有独立的版权，加强课程内容的版权保护

内容生产方的主要业务有课程资源的研发、授课过程的实施、教学成果的总结，内容供应是整个产业链的重点，拥有独立的课程版权也就意味着抓住了行业发展的命脉。可以通过招纳名师和专职辅导团队来建立高质量的课程，在获取课程版权的同时，实现教学经验和课程内容的积累。

由于互联网的数字化内容具有快速复制和二次传播的特点，使得版权保护成为敏感问题。对于平台用户发布展示的视频课程等原创内容，有任何商业用途均须联系原作者。原创内容的发布者必须确保其拥有发布内容的全部原创版权，或已经获得版权所有者及相关法律的授权，且不得侵犯他人著作权、肖像权、商标权等。未经平台许可，任何人不得盗取平台资源。平台的标识、源代码及所有页面的版式设计等，归平台所有，未经授权，不得用于除平台之外的任何站点。

14.5.3 实现产品标准化，不断规范完善平台运营

在线教育平台作为教与学的中介方，其本质是面向大众资源共享及无间交流的一种新方式，涵盖内容资源、在线教育、测评体系及社交讨论四大板块。作为在线教育资源的整合方，应严格审核及评价课程内容，提供标准化的课程产品，规范和完善平台运行，降低学生端的风险。与此同时，也要注重网师端的用户体验，提供友好的运营服务，设计行之有效的规范机制及营销推广。

14.5.4 创新盈利模式，探索多样化路径

目前，国内在线教育的盈利模式单一。伴随着移动网络、大数据、云计算等技术的发展，在线教育将进入"基础知识免费，增值服务收费"的盈利模式，通过网络为用户提供个性化、专业化的服务，使其更具有付费价值。

国外先进在线教育的盈利模式之一就是MOOC（大规模开发在线课程），其代表性平台包括Coursera、Uda City等。其盈利模式主要包括向用户端、组织或个人收费。用户端主要是收取认证费、考试费、高级专业培训课程的学费等。而组织和个人方面主要对象则是招聘及合作企业的利润分成。这些盈利模式是值得企业学习的。

15. "百联集团"调研报告

参赛团队：上海理工大学 Traffic Elite 队
参赛队员：李少波　赵炎　陈凯佳　赵杰
指导教师：赵靖
获奖情况：三等奖
关键词：新零售　O2O　用户体验　全渠道

当前，我国经济发展进入新常态，电子商务 O2O 模式发展迅速。互联网与经济活动的全面结合、对传统商业模式的影响和改革进一步深化，传统企业与互联网企业的分界将越来越模糊，互联网将成为企业日常经营中不可分割的部分。作为传统零售业巨头的百联集团必须拥抱改变，积极融入，走出作为国有企业电子商务转型的特色之路。本文着力于从用户体验角度研究百联在电子商务转型上的营销和运营策略，与其他平台对比，从而发现优势与不足，为国内其他传统零售企业发展提供借鉴。

15.1　调研背景与方法

15.1.1　选题背景

随着中国的深度开放，零售业涌入了许多国外巨头，他们凭借着规模优势、现代化管理和和强势品牌力量，迅速在国内零售百货业中占据了中高端市场，给我国传统零售百货业带来较大的冲击。同时，纯电商零售凭借着管理和物流的优势向线下渗透，压缩传统零售业市场。在巨大的压力之下，传统零售企业必须谋求转型实现新发展，走出现有困境。

15.1.2　研究意义

在传统零售业发展遇到重重困境的今天，如何能够结合电子商务的线上优势做到全渠道销售，从而增加企业优势，提高企业利润，是值得研究探讨的问题。本项目选择百联集团为调研对象，最主要的原因是百联作为中国零售业当之无愧的巨无霸，其转型发展的经验具有典型性。我们探讨其转型过程中所面临的问题和积累的经验，可以对国内其他传统零售企业的发展和转型提出很好的借鉴意义。

15.1.3　研究方法

首先，我们走访了百联旗下线下企业，了解企业的特色化经营理念、转型中存在的问题以及实际运营状况。其次，我们通过互联网收集了百联以及其他电商平台的数据，通过对数据的处理，分析他们之间的区别和差异。针对不同目标人群设计调查问卷，对消费者的口碑和覆盖率进行调研，分析处理问卷的数据。最后，将所收集的数据信息分析汇总，完成调研报告撰写。

15.2　电子商务"用户体验"相关概念

电商模式是一种用户体验至上的经营模式，用户体验直接决定订单成交量。用户体验具体是指在人们使用一个产品或者是一个系统之前、使用期间和使用之后的全部感受。它不仅包括消费者的情感和信仰、喜好、实践和认知印象等方面，还包括消费者针对该产品或者系统的看法，比如产品、系统的易用性和效率性。它可以认为是消费者的主观体验，是一个整体的过程。它不仅强化了企业的专业化形象，也代表了消费者对产品或者系统的认可。

15.2.1　"用户体验"定义

国际标准化组织的用户体验定义：用户在特定环境下与产品、系统或服务交互过程中形成的全部心理感受。

用户体验分为两部分：实效价值和享乐价值。实效价值主要强调的是网站的功能性及易用性方面，而享乐价值更多是强调网站带给人们的愉悦、个性彰显、刺激等方面的体验。

良好的服务质量和用户体验能够增强用户购买意愿，以获得新用户的持续增长和老用户的重复购买。

15.2.2　"用户体验"分类

消费者在选择商品的整个过程中，包括从浏览网站到选择产品、活动产品，这一过程中的用户体验分为信任体验、网站体验、物流体验、商品体验。

（1）信任体验。

诚信乃经营之本，奉行正品行货，坚持诚信经营，以消费者为中心，为消费者服务。如同京东，消费者提及正品就会想到京东。

（2）网站体验。

网站的响应速度，页面分类设置是否清爽干净，有利于消费者快速找到自己所需的商品，又能够让消费者有闲逛的兴致。

（3）物流体验。

在技术创新的驱动下，多地建仓、仓配一体，以保障物流配送的"最后一公里"。

（4）商品体验。

品种齐全，样式繁多，质量和新鲜程度有保证，既可打包购买，也可以单品购买，达到"多、快、好、省"的目的。

15.3 调研结果

15.3.1 百联简介

百联集团是上海市属大型国有重点企业，由原上海一百集团、华联集团、友谊集团、物资集团合并重组的大型国有商贸流通产业集团，挂牌成立于2003年4月。主要业务涵盖主题百货、购物中心、奥特莱斯，大型卖场、标准超市、便利店、专业专卖等零售业态，涉及电子商务、仓储物流、消费服务、电子信息等领域，是中国最大的国有商贸流通产业集团。其与电子商务相关企业包括：

（1）电子商务渠道公司：上海百联集团商业经营有限公司，百联全球购贸易有限公司，上海百联云商商贸有限公司。

（2）电子商务公司：上海百联商贸有限公司，安付宝商务有限公司，亦佳电子商务有限公司。

（3）线上交易平台：全品类的 i 百联（http://www.bl.com/）。

其愿景是将百联打造成"体验人文情怀、享受购物生活"的区域垂直全渠道生活方式提供商。

15.3.2 百联O2O电子商务之路

1. 发展历程

2016年5月19日，百联集团 i 百联全渠道电商平台正式上线。作为以实体零售为立足点，拓展全渠道、全业态、全客群、全品类、全时段的上海区域垂直电商平台，i 百联平台围绕"云享生活"的核心理念，为沪上消费者带来触手可及的新时代海派品质生活。

表 15-1 百联电子发展历程

时间	发 展 历 程
2013年	初步实现了130万个SKU单品管理并上线运行
2014年	以319个生鲜基地为基础，提高生鲜商品采配技术，承诺价格优势，增加商品品种，加强自加工能力
2015年	建立了以"百联通"会员卡为基础的全渠道会员体系
	落实所有门店的客服工单对接人，完成相关培训
	成立百联全渠道电子商务有限公司
	积极推进了实体门店的数字化改造（门店改造309家）
	完成覆盖中环以内区域并辐射外环内部分重点商圈的网订店取
2016年	八佰伴新装开业，通过打造数字化应用场景，结合线上线下优势，实现全渠道销售场景
	百联集团 i 百联全渠道电商平台正式上线

2. 发展优势

百联集团旗下拥有八佰伴、联华超市、青浦奥特莱斯等4800家线下实体购物场景，近10万零售业从业人员，把握着每年超过10亿的线下客流，是其他企业难以匹敌的优势。如果能够充分把握科技发展，积极优化线下服务场景，对接线上，就能有效提高用户黏度和线下客户的线上转化率，从而达到提高购买积极性，推动企业发展的目的。

15.3.3　i百联

1. 产品概述

i百联作为百联集团对接旗下所有零售场景的线上购物平台，在网站的场景布置上清晰易懂，简洁明快。纵向为商品种类划分，做到全品类列表，分类清晰，横向则体现了百联的特色（见图15-1）。

图 15-1　i百联网站页面

2. 运营模式

i百联拥有移动端APP"i百联"和网页"i百联"两个购物入口，而商品均出自百联集团自有仓库，由自营物流和第三方物流进行配送，而退货换货则需要与客服沟通来解决。相比于纯线上电商平台，百联集团提供了线下自提渠道，订购商品出现问题可以及时与售货人员协调解决，提高购物体验。

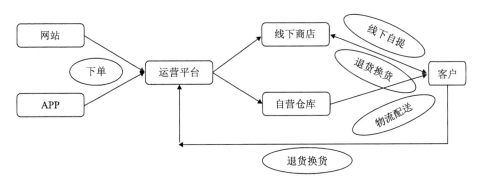

图 15-2　运营模式示意图

3. 特色产品

（1）奥莱代购。

百联集团拥有全中国营销额最大的奥特莱斯——青浦奥特莱斯，产品齐全，价格优惠。但是也有一些难以改变的缺点：距离远，购物人数众多，匹配设施数量少。而奥莱代购则承诺与线下相同的价格，线上扫货，送货上门，线下商品线上买，一对一客户交流，既分流了线下顾客，又提供了更好的购物体验。

（2）百联卡。

礼品卡作为一些大型零售企业的营销手段，深受事业单位和机关的青睐，可作为过节礼发放给员工。而百联卡作为百联集团独有的礼品卡，可以在百联线上线下所有购物场景使用，更加适用实用，从而刺激购物积极性。

（3）百联到家。

i 百联立志为上海用户提供极速服务，推出了百联到家，其服务范围覆盖线下近 500 家超市，线上下单，超市 3 公里以内承诺 3 小时内送达，19 点之后下单承诺次日 12 点之前送达，从而达到快递订单，外卖体验。

15.3.4 线下购物场景

1. 奥特莱斯（青浦）

奥特莱斯（青浦）作为全中国最大的奥特莱斯，以品类齐全，大牌云聚，款式较新，折扣巨大著名，每年吸引了过亿的客流量。2017 年，奥特莱斯（青浦）以 45.8 亿元蝉联中国奥特莱斯营销额排行榜冠军。奥特莱斯（青浦）能够有如此巨大的吸引力，与其良好的线下购物体验有关。

（1）便利服务：换开发票业务、代借雨伞、轮椅、童车、手机充电处、急救药箱。

（2）离境退税：面向中外游客，国外游客退税服务可以享受国内客户同样的优惠。

（3）品牌导购咨询：为了能让顾客更便捷的购物，在入口处和园区内都有专人为顾客提供咨询，避免顾客在盲目寻找中产生烦躁和疲累，降低购物体验。

（4）交通路线问询（专线公共汽车）：奥特莱斯（青浦）最大的缺点在于远离市区。为解决这一问题，开通了沪青专线、沪朱专线等公交线路。

（5）停车服务：为能够满足众多顾客的停车需求，其在四个入口共建有 2085 个停车位，并且注册会员卡后附赠免费停车券，购物满一定金额也可享受免费停车服务。

（6）投诉接待受理：畅通顾客投诉渠道，切实解决顾客需要。

2. 联华超市

作为中国最大的零售超市和上市公司，联华超市开始业态转型：定位中高端消费者，标准超市向高端生活馆、生鲜超市方向转变，以生活质量和品位为主导。

（1）目标人群：根据所获取的销售数据分析得到图 15-3 的目标人群示意图。这是联华超市转型策略的决策基础。

（2）经营方式：经营管理承包到个人，方式灵活，很好的调动营业员的销售积极性。

（3）商品质量：在不改变供货商的前提下，对所供应的生鲜商品进行深加工，改善商品感观，提高商品质量。

（4）商品种类：除了常见的生鲜品类外，新增了许多进口商品，丰富商品种类，为顾客提供更多选择，迎合了主要目标人群的喜好。

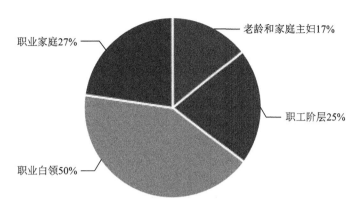

图 15-3　各目标人群所占销售总额比例饼状图

3. 百联南方

百联南方作为上海西南部最大社区型购物中心，现有新老两座大楼。老楼定位为大众消费场所，130 余家品牌特色专卖店涵盖了服装、小百货、大小家电、通信器材、体育用品等多种经营项目，满足了人们的个性化消费需求，更为居民生活提供了便利。新楼则是在原有的购物中心经营模式上，从品牌提升、错位经营的角度考虑，在百货为主力业态基础上引入了好乐迪、苏浙汇、世纪友谊影城等。

百联南方地理位置得天独厚，地铁线路，公交线路众多，更有众多免费班车开往各个住宅小区，其时间距离均在半小时以内，社区服务优势突出。购物中心有中西餐饮、咖啡馆、游乐城等，还有药店、邮局、银行、旅行社、洗衣店、美容美发等一系列社区服务项目。

15.3.5　线上购物平台比对

i 百联作为百联集团的 B2C 购物平台，对于其品类、质量、服务，我们选取了纯电商 B2C 平台京东和与百联类似的苏宁云商作为比对目标。并且选取了各个品类中具有代表性的商品进行比对。

（1）美容护理（男性）：飞利浦 HX6730/02 充电式声波震动牙刷（雾白）（见表 15-2）。

表 15-2　飞利浦震动牙刷购买用户体验分析表

飞利浦（PHILIPS）HX6730/02 充电式声波震动牙刷（雾白）					
电商品牌	价格	好评	中评	差评	差评率	送货速度
i 百联	399	1210	1	2	0.1649%	2
苏宁	349	42308	279	303	0.7065%	3
京东	379	34000	3000	2800	0.8097%	1

其中差评的主要原因为产品质量问题。

（2）美容护理（女性）：芙丽芳丝 freeplus 净润洗面霜 100g（见表 15-3）。

表 15-3　芙丽芳丝洗面霜购买用户体验分析表

芙丽芳丝 freeplus 净润洗面霜 100g					
电商品牌	价格	好评	中评	差评	差评率	送货速度
i 百联	139	474	0	0	0％	2
苏宁	109	6865	18	27	0.3907％	3
京东	139	190000	1900	1600	0.8589％	1

（3）食品粮油：光明莫斯利安原味酸奶钻石装 200g×12 巴氏杀菌酸牛奶（见表 15-4）。

表 15-4　光明莫斯利安酸奶购买用户体验分析表

光明莫斯利安原味酸奶钻石装 200g＊12 巴氏杀菌酸牛奶					
电商品牌	价格	好评	中评	差评	差评率	送货速度
i 百联	58	63300	53	41	0.0647％	2
苏宁	52.99	283	6	1	0.3448％	3
京东	56	330000	3300	2200	0.6557％	1

其中主要差评原因为食品不够新鲜，售后得不到保障。

（4）手机数码：APPLEAirPods 蓝牙无线耳机 MMEF2CH/A（见表 15-5）。

表 15-5　APPLE 蓝牙耳机购买用户体验分析表

APPLEAirPods 蓝牙无线耳机 MMEF2CH/A					
电商品牌	价格	好评	中评	差评	差评率	送货速度
i 百联	1138	1889	16	13	0.6743％	2
苏宁	1158	3413	21	18	0.5214％	3
京东	1199	100000	300	200	0.1990％	1

其中主要差评原因为消费者对产品质量存在疑虑。

（5）各类产品品牌数（见表 15-6，图 15-4）。

表 15-6　品类丰富程度

品　牌　数					
电商品牌	手机	T 恤	冰箱	牛奶	洗发水	包邮
i 百联	13	25	17	19	68	99
苏宁	151	377	96	109	213	86
京东	163	489	125	33	983	99

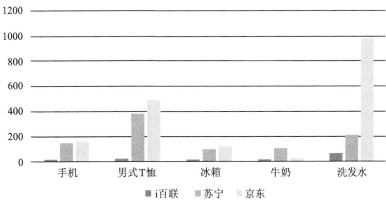

图 15-4　产品品牌数

（6）产品品类数（见表 15-7）。图 15-5 显示了 i 百联与苏宁和京东的差距。

表 15-7　小品类数目

小 类 数 目		
电商品牌	生活电器	女士上装	家居
i 百联	13	25	6
苏宁	151	377	15
京东	163	489	21

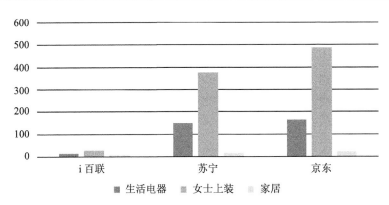

图 15-5　小类品类数

（7）物流服务水平（见表 15-8）。

表 15-8　物流服务水平

电商品牌	物流系统	是否送货上门
i 百联	“百联到家”，承诺门店周边 3 公里半径内，3 小时内配送到家	是
苏宁	苏宁易购独创的凭验证码收货方式，既保证了不会送错货，也保证了顾客的利益，从而实现安全收发货	是
京东	全国拥有 486 个大型仓库，线上线下库存共享，既提高物流的速度也有效得保证了准确性和安全性	是

（8）客户服务质量（见表 15-9）。

表 15-9　客户服务质量

电商品牌	客户服务
i 百联	只有在线客服服务
苏宁	包括苏宁帮客、查找门店、建议反馈、退还维修、退货、在线客服等服务
京东	包括在线客服、电话客服、金融咨询、售后服务、意见反馈、客服邮箱等服务

由于各个平台的品类布置不同，在调研中我们选取的商品要符合热销、共有、知名的特点，因此结果相对局限。

根据以上所收集的数据可以得出表 15-10 的对比结果。

表 15-10　i 百联品牌分析

类别	优势	劣势
商品	商品质量比较有保障，线上较线下价格保持统一或更低	同市面均价对比，价格上不具有优势
品类	分类齐全，大品牌齐全	各分类商品数较少，局限选择
物流	上海本地物流效率高，可当天送达	配送时间限制大，较远地区配送质量差
客服	退货换货可通过线下商店，达到较好的服务质量	服务手段单一，响应不及时
目标人群	以上海本地用户为主，很大部分通过线下客户引流线上，客户忠诚度高	用户体量小，月增长较低，用户回购率不高，使用黏度不高

15.3.6　生鲜分析

生鲜相较于其他商品更具有特定的要求，比如安全，口感，新鲜程度等。所以对于供应商的加工、配送和检测提出了更高的要求，一般不会异地配送，而是同城送达。这种介于传统电商和外卖之间的产品，百联具有自己独特的优势。

（1）新鲜水果（见表 15-11）。

表 15-11　新鲜水果分析

品牌	价格	新鲜程度	口感	配送	安全检测
i 百联	较贵，较其他平台不具优势	非常新鲜，除少数挤压无腐烂	分量足，爽口，但是甜度不高	一天内送达（19 点以后订单第二天送达）	自有基地和产地直采，抽检

（2）精选肉类（见表 15-12）。

表 15-12　精选肉类分析

品牌	价格	新鲜程度	口感	配送	安全检测
i 百联	较贵，较其他平台不具优势	非常新鲜，肉色鲜亮	肉质较其他平台较突出	一天内送达（19 点以后订单第二天送达）	自有基地和供应商，全检

（3）海鲜水产丰富程度（见表15-13）。图15-6显示了i百联与苏宁和京东的差距。

表15-13　海产品类数目

品牌	鱼类	三文鱼	虾类	虾仁	蟹类	贝类	海参
i百联	12	4	11	6	5	7	4
苏宁	123	380	57	93	30	44	59
京东	288	134	391	175	260	62	235

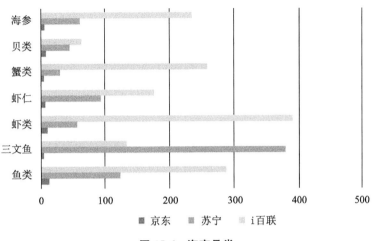

图15-6　海产品类

（4）速冻食品

种类齐全，包装保温效果好，但是配送慢，价格持平于其他平台。

15.4　发展前景分析及对策

15.4.1　现阶段问题

根据线下问卷调研，百联转型以来消费者对其服务的不满主要有：线上品类选择少、售后服务困难、配送不及时、网页反应慢、价格贵。各因素所占比例如图15-7所示。

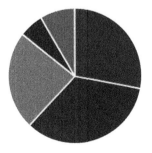

■ 线上品类选择少　■ 售后服务困难　■ 配送不及时　■ 网页反应慢　■ 价格贵

图15-7　用户问题反馈

百联电商发展至今，用户对其线上品牌的认同感仍然比较低，大部分用户更愿意在线下购物，其主要原因包括：

（1）服务质量：对于购物存在的问题只能通过线上客服解答，并且客服响应时间长，处理效率低，许多问题并不能有效解答。在退货换货上，服务时间长，用户往往失去耐心，不利于用户忠诚度培养。

（2）网站设计：虽然网站简洁美观易操作，但是功能单一，线上购物体验枯燥，用户浏览时间短，缺少购物趣味性。

（3）商品：虽然知名品牌齐全，但是销售手段单一，缺少网红品牌和亲民品牌，未能形成商品层次差异化，难产生同类比较，难以提高用户购物兴致。

（4）物流：配送质量参差不齐，有时候难以保证商品完好，物流服务未能为顾客留下深刻印象，第三方配送往往是差评来源。

（5）线下/上活动：活动形式单一，以促销为主，用户参与度低，未能形成自己的品牌效应。

15.4.2　策略与建议

（1）服务革新：从传统的以"货"为本转向以"人"为本，建立 24 小时客服机制，强化丰富客服专业技能，创新服务手段。以上海为发展中心，整合线上线下服务机制，客服人员在接待顾客的同时也可以通过网站和社交媒体为顾客提供咨询服务。

（2）改善物流：实施差异化配送服务，对物流有特殊要求的商品（如生鲜、大型电器等）实施专线配送机制。完善自营配送物流，建立有效的奖惩机制，选择优质第三方物流。

（3）打造精品活动：结合自身特点，打造具有百联特色的商业活动，引入更有效的科技应用增加用户互动体验。

（4）加快线上线下融合：进行组织机构重建工作，使机制匹配新的发展战略，打通不同渠道，不同部门的隔阂。管理者应统筹门店和电商的发展，使不同渠道的人员、资源、货物能够自由流通。建立与供应商、物流企业、甚至竞争对手的合作机制。打造线上线下统一的企业品牌形象，以统一的口号和标识给顾客以全新的印象。

15.4.3　发展前景与总结

作为一家零售业巨头和国企，百联不缺少资源和人才，缺少的只是思维和定位的转变。都说"船大难掉头"，百联集团作为传统零售业的领军集团，难度尤甚。

但只要能够在电商领域深耕细作，以用户体验为导向，以大本营上海为试点，积极转型"新零售"，百联零售就能够成为全国第一家真正的新零售巨头，实现老字号的新飞跃和新发展。